中山大学人文学科中长期重大研究与出版计划

"近代中国研究的基础与前瞻"资助项目

近代中国的知识与制度转型丛书

主编　桑　兵

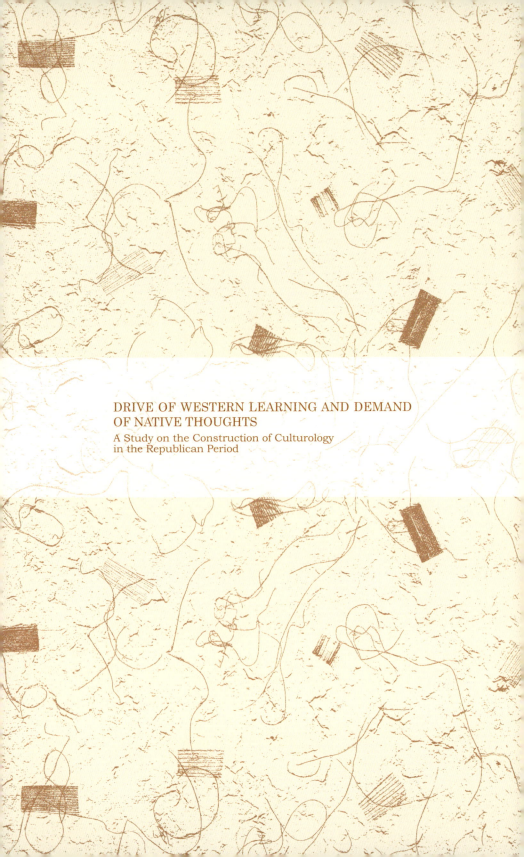

DRIVE OF WESTERN LEARNING AND DEMAND OF NATIVE THOUGHTS

A Study on the Construction of Culturology in the Republican Period

西学驱动与本土需求

民国时期"文化学"学科建构研究

赵立彬 著

社会科学文献出版社
SOCIAL SCIENCES ACADEMIC PRESS (CHINA)

目　录

绪　论

从学科史透视思想史

1950 年 12 月，钱穆由香港到台北，在台湾省立师范学院做了连续 4 次共 8 小时的演讲，演讲内容构成了他的重要著作——《文化学大义》。这是钱穆自抗日战争时期著《中国文化史导论》后，再一次对"文化学"做系统的讨论。他在演讲中说：

> 今天的中国问题，乃至世界问题，并不仅是一个军事的、经济的、政治的、或是外交的问题，而已是一个整个世界人类的文化问题。一切问题都从文化问题产生，也都该从文化问题来求解决。

> "文化"二字，现在已成口头禅，时时听人讲到，处处看人文章上写到，但至今还没有正式成为大学一学科。然亦早该是需要正式成立这一学科的时候了。我们本来没有社会学，因我们需要有社会学，社会学终于成立；我们本来没有经济学，因我们需要有经济学，经济学终于产生。一切学科全都如此。今天我们已急切需要有一门"文化学"，而此学科尚未正式产生、成立，则我们又将如何来讲这门学问呢？……这尚是一门新学问，尚是一门未成熟的新学

问，这比较尚是一门活的学问。

钱穆讲的主题是"文化学"，同时又指出"文化学"此时尚未正式成立，这一判断当然是基于他自己对于"文化学"内涵和意义的认识。在钱穆那里，"文化学"的对象偏重于人生，"文化学是就人类生活之具有传统性、综合性的整一全体，而研究其内在意义与价值的一种学问"。① 实际上，在钱穆之前，已有一部分执著的中国学人致力于建构独立的"文化学"学科，并有相当活跃的表现。钱穆当然知道此三数学人对于"文化学"的倡导和贡献，这时说"文化学"尚未产生、成立，并非有意抹杀他人的先创之功。但他确实比较客观地指出了所谓"文化学"在当时的实际状况。毫无疑问，此时钱穆大谈"文化学"，特别是大谈他心目中的"文化学"，是与国民党残守台湾岛后的政治时局和对大陆政权易手后文化发展的悲观预测分不开的，撇开国民党此时鼓吹民族文化的政治出发点不谈，钱穆对于"文化学"学科认知的表述，确也提示了一个重要的问题，那就是所谓"文化学"这一特殊的学科构建，需要放在近代以来民族文化意识觉醒和思想论争的历史过程中加以考察。民国时期，"文化学"曾经作为一门独立学科得到一些学人的倡导和建构，这是近代中国知识和制度转型过程中的一个重要而独特的现象，它不但与学术本身发展有着密切的联系，而且与近代中国探寻文化出路的思想背景紧密相关。

一　作为一门"学科史"的研究回顾

"文化学"的建构首先表现为中国近代学术史或"学科史"的重要内容，近代中国"文化学"的建构，很自然的是作为近代学科史的一

---

① 钱穆：《文化学大义》，《钱宾四先生全集》第 37 卷，台北：联经出版公司，1998，第 1、5、9 页。

种而受到关注的。近年来，海内外学术界对中国近代学术史的研究取得丰硕成果，对于近代中国知识转型后出现的各门现代学科，已有了分门别类的专题研究，涉及的领域从哲学、历史学、社会学、人类学、地理学、政治学等大的学科，到某一学科的次一级领域或具体知识，都有学者或研究生投入相当精力，或纵论源流，或条分缕析，或补苴罅漏。这些成果对于整个中国近代史研究产生了重大影响，对于学科史研究的方向也有重要的启示意义。其中较为典型的是：艾尔曼从"格致"到"科学"的研究；陈以爱、罗志田、桑兵从笼统的国学到"分科治学"的研究；邹振环、郭双林对地理学在近代中国发展的研究；刘龙心对学科体制与现代中国史学确立的研究；孙宏云对近代中国政治学发展的研究；姚纯安对社会学在中国的早期发展的研究等。①　其他各学科，也都有各自的学科史的叙述，不一而足。而从总体上论述近代知识和制度的转型和学术体制的形成，则有桑兵主持的重大攻关课题"近代中国的知识和制度转型研究"，以及相关专著、论文集和专栏论文。桑兵关于此类研究的着眼点和基本取径的解说，对于本课题的研究具有重要的意义。桑兵指出，在方法上，特别需要重视典章经制与社会的互动、制度渊源与实际运作及其反应。在研究视野上，特别需要考虑以下方面的问题，即中国固有知识与制度体系的渊源、变化与状况；外来知识与制度体系的具体形态及其进入中国的过程；中国人如何接受外来的知识与制

---

① 本杰明·艾尔曼：《中国近代科学的文化史》，王红霞等译，上海古籍出版社，2009，第五章"从教科书到达尔文：现代科学的到来"；陈以爱：《中国现代学术研究机构的兴起：以北大研究所国学门为中心的探讨》，台北：政治大学历史学系，1999；罗志田：《国家与学术：清季民初关于"国学"的思想论争》，三联书店，2003；桑兵：《晚清民国的国学研究》，上海古籍出版社，2001；邹振环：《晚清西方地理学在中国：以1815至1911年西方地理学译著的传播与影响为中心》，上海古籍出版社，2001；郭双林：《西潮激荡下的晚清地理学》，北京大学出版社，2000；刘龙心：《学术与制度：学科体制与现代中国史学的建立》，台北：远流出版公司，2002；孙宏云：《中国现代政治学的展开：清华政治学系的早期发展（1926～1937）》，三联书店，2005；姚纯安：《社会学在近代中国的进程（1895～1919）》，三联书店，2006。

度？外来知识与制度如何与中国固有的知识与制度发生联系？本土与外来知识与制度如何产生变异，形成新的形态？这些变异对中国的发展产生的制约。① 此外，左玉河著《从四部之学到七科之学——学术分科与近代中国知识系统之创建》和《中国近代学术体制之创建》对于近代学科史的研究也有一定贡献，尤其是后者分别从中国古代学术体制、现代学术研究主体、现代学术共同体、现代学术研究中心、现代学术研究机构、近代图书馆制度、现代学术讨论平台、现代学术成果交流、新式奖励评估体制、学术资助体制等方面探讨了中国近代学术体制创建的历程。②

与中国近代学术史的其他领域相比，"文化学"的学科史研究相对薄弱。长期以来，对于中国近代文化的相关问题，海外学者的主要兴趣和研究重点都集中于对中西文化关系的宏观探讨，而对于中国"文化学"的发展与实践则未见专门研究。国内由于学科类型框架的限制，"文化学"并没有在学科和教学体制中成为一门实在的学科，这一课题在过去也未受到足够的重视。1980 年代以来，各种概论"文化学"的著作，如刘伟《文化：一个斯芬克斯之谜的求解》、郭齐勇《文化学概论》、李荣善《文化学引论》和陈华文《文化学概论》及其《新编》等，③ 均有专门的章节叙述了"文化学"的基本发展历程。刘伟简要介绍了现代文化科学的产生及"文化学"在中国发展的过程，将"文化学"在中国的发展分为三个阶段：一是五四前后十余年的东西文化论战时期，二是 1920 年代末至 1940 年代末中国"文化学"全面发展时期，三是 1980 年代以来"文化学"回归热潮，视野稍为宏观。④ 吴克

---

① 桑兵：《晚清民国的知识与制度体系转型》，《中山大学学报》2004 年第 6 期。

② 左玉河两部著作分别由上海书店出版社于 2004 年、四川人民出版社于 2008 年出版。

③ 各书出版情况：刘伟：《文化：一个斯芬克斯之谜的求解》，人民出版社，1988；郭齐勇：《文化学概论》，湖北人民出版社，1990；李荣善：《文化学引论》，西北大学出版社，1996；陈华文：《文化学概论》，上海文艺出版社，2001；陈华文：《文化学概论新编》，首都经济贸易大学出版社，2009。

④ 刘伟：《文化：一个斯芬克斯之谜的求解》，第 20～21 页。

礼《文化学教程》提及了倡导"文化学"的主要学者黄文山、朱谦之及其相关著作。① 陈华文在其《文化学概论新编》中提到，人类学演化形成了文化人类学，文化人类学脱胎演变出了"文化学"，三者之间的发展演变关系和序列非常清楚。② 一批提议创建"文化学"的学者，在他们的论述中，重新回顾了"文化学"在近代的建构过程，周洪宇等提到了"文化学"在民国时期得到提倡的主要经历、人物和论著，因论文篇幅所限，论述比较简略。③ 李宗桂、林坚等人也都在自己的相关论述中简述了"文化"概念的演变过程和"文化学"在国际和国内学术界的发展情况。④

而对于"文化学"学科史的专门研究，始见于少数近代思想文化史研究者。黄兴涛有专文《近代中国文化学史略》，对"文化学"在近代中国的出现做了钩沉，指出中国的"文化学"孕育于五四时期，"文化学"一词至少在 1924 年即已出现。作者提出应当从"文化学"的方法入手，对其做全面、深入、细致的历史总结。⑤ 黄兴涛主编的《中国文化通史·民国卷》有专节论述了民国时期"文化学"的发生和发展概要，介绍了其中比较重要的学者及其著作。⑥ 田彤《转型期文化学的批判：以陈序经为个案的历史释读》虽然是专门研究陈序经的著作，但作为背景，该书专门论述了近代中国"文化学"的产生过程，特别论述了其产生的必要性、可能性和学术派分，论述较以往研究更为详细。⑦

---

① 吴克礼主编《文化学教程》，上海外语教育出版社，2002。
② 陈华文：《文化学概论新编》，第 31 页。
③ 周洪宇等：《关于文化学研究的几个问题》，《华中师范大学学报》1987 年第 6 期。
④ 李宗桂：《"文化学"建设与文化现代化》，《中山大学学报》2005 年第 6 期；林坚：《文化学研究的状况和架构》，《人文杂志》2007 年第 3 期；林坚：《文化概念演变及文化学研究历程》，《文化学刊》2007 年第 4 期。
⑤ 黄兴涛：《近代中国文化学史略》，载氏著《文化史的视野》，福建教育出版社，2000。
⑥ 黄兴涛主编《中国文化通史·民国卷》，中共中央党校出版社，2000。
⑦ 田彤：《转型期文化学的批判：以陈序经为个案的历史释读》，中华书局，2006。

关于中国"文化学"建构者的研究，因这些建构者同时又是在近代思想史上比较有影响的学者，既有研究多以他们的思想为对象。近年来，将他们作为"文化学"学者的研究，也取得一定的进展。民国时期，倡导建构"文化学"的中国学者，主要是黄文山、陈序经、朱谦之等。黄文山1960年代在台湾出版《文化学体系》后，在海外产生一定的影响，1976年，张益弘主编了《黄文山文化学体系研究集》一书，收录文章48篇，分"黄文山的生平介绍""文化学的内容概述""文化学的体系原理""文化学的方法运用""文化学的理论与展望"等部分，主要是对黄文山生平的回忆、对黄文山著述的介绍和对黄文山"文化学体系"研究的心得。① 大陆学术界对黄文山的研究，过去多在论述早期的无政府主义思潮时，对"黄凌霜"之名有所提及，专文不多。阮青曾撰有《黄凌霜》一文，作为《中国现代哲学人物评传》之一，对黄文山的生平和主要学术、思想有初步的介绍。② 黄兴涛在提议开展"文化学"的学科与理论研究时，特别注意到黄文山在"文化学"领域的贡献，指出黄文山称得上近代中国最早具有明确的"文化学"方法论意识并试图在此基础上建构中国"文化学"的先驱人物。③ 作为学者的黄文山，近年来有钟少华、田彤、黄有东做过研究。钟少华的《中国学的文化创建者黄文山》，对黄文山和他的"文化学"做了简单介绍。田彤指出黄文山不仅是"文化学"的倡导者，而且是"文化学体系"的构建者，并比较了黄文山与陈序经"文化学"观念上的不同。黄有东以黄文山的"文化学"思想为中心，结合研究其文化观，完成了博士学位论文，分别探讨了黄文山为什么要建设"文化学"，怎样建设"文化学"，其建构"文化学"体系到底是什么样子，如何评价其"文化学"体系及其学术地位等问题并在此基础上发表了

---

① 张益弘主编《黄文山文化学体系研究集》，台北：中华书局，1976。
② 载李振霞、傅云龙编《中国现代哲学人物评传》（下），中共中央党校出版社，1991。
③ 黄兴涛：《近代中国文化学史略》，载氏著《文化史的视野》。

一系列论文。① 拙作《黄文山文化学与文化观述论》对黄文山创建"文化学"的动机和契机，及与其文化观的关系进行了初步的探讨，指出黄的文化观的转变，充分显示了"文化学"理论对其文化思想的影响，力图以此作为典型个案，反映近代思想与学术的密切关系。② 反映黄文山主要思想主张的《黄文山文集》将纳入《中国近代思想文库》，由中国人民大学出版社出版。

对陈序经的研究，也主要集中在他的思想方面。1990 年代以来，陈序经的有关著作陆续得到重新出版，如杨深编《走出东方——陈序经文化论著辑要》，收录了陈序经有关论文和著作节选；邱志华编《陈序经学术论著》，即陈著《中国文化的出路》和《东西文化观》两书的合编；中山大学编辑出版了《陈序经文集》，收录了陈的多篇文章，归纳为"文化学""社会学""教育学""东南亚与华侨问题"四大类。③ 陈序经是民国学人中对"文化学"倡导较力和出版系统专著较早的学者，对于陈序经"文化学"方面的研究，首先在对其中西文化观的研究中有所涉及。台湾学者张俊在《试论三十年代全盘西化思想的理论基础》一文中，将全盘西化思潮的理论基础概括为进化论、生物与环境决定论、文化有机整体论、文化世界主义。④ 刘润忠

---

① 大陆学者对黄文山的研究，主要有钟少华：《中国型的文化创建者黄文山》，《中国文化研究》1998 年第 2 期；田彤：《转型期文化学的批判：以陈序经为个案的历史释读》。黄有东对黄文山有系列的研究，除《黄文山文化思想研究》（博士学位论文，中山大学哲学系，2007）外，还发表了《黄文山与"五四"时期的无政府主义思潮》，《燕山大学学报》2008 年第 3 期；《黄文山与现代"文化学"》，《中山大学学报》2009 年第 5 期；《中国现代"文化学"双峰：黄文山与陈序经之比较》，《理论月刊》2010 年第 7 期；《民族本位·中庸型文化：黄文山的"文化出路"观述论》，《现代哲学》2010 年第 4 期。

② 赵立彬：《黄文山文化学与文化观述论》，《暨南学报》2004 年第 6 期。

③ 杨深编《走出东方——陈序经文化论著辑要》，中国广播电视出版社，1995；邱志华编《陈序经学术论著》，浙江人民出版社，1998；余定邦、牛军凯编《陈序经文集》，中山大学出版社，2004。

④ 张俊：《试论三十年代全盘西化思想的理论基础》，《中国历史学会史学集刊》（台北）第 19 期，1987 年 7 月。

《陈序经全盘西化论的文化学基础》一文对陈序经文化思想的理论基础也进行了研究，从文化的模仿与创造、文化进步与人的发展、"全盘西化"与民族意识等方面，论述了陈序经全盘西化论的"文化学"基础。[①] 这些论文虽然以全盘西化论为着眼点，但一定程度上，已触及了"文化学"理论的基本层面。张太原《试析陈序经"全盘西化观"的理论基础》一文，在陈氏理论系统内部就其本身固有的内容进行了整合，使之明晰化。[②] 南开大学刘集林著《陈序经文化思想研究》则是大陆公开出版的第一部研究陈序经文化思想的著作，虽然该书主要论述的是陈序经"全盘西化"思想，但部分章节大量涉及了陈序经的"文化学"理论，并对其理论得失做出了客观的评价。[③] 田彤多层面探讨了陈序经的"文化学"体系，从陈氏各个具体研究领域的内在逻辑中"重建"这一体系并置于中国"文化学"发展的进程中加以评析，认为"陈序经是中国文化学的真正草创者"。[④] 拙作《陈序经文化学理论与全盘西化论》一文，对陈氏"文化学"理论的基本框架，特别是其学术渊源进行了分析。拙著《民族立场与现代追求——20世纪20~40年代全盘西化思潮》有专章讨论了陈序经"文化学"的理论体系，对其建立"文化学"的努力进行了初步的论述。[⑤]

朱谦之的研究在过去也长期不被学术界重视。戴康生的《朱谦之传略》、黄心川的《百科全书式的学者朱谦之先生》及《朱谦之与〈中国景教〉》、于光的《智者永远受人尊敬：纪念朱谦之先生诞辰100周年》、黄夏年的《朱谦之先生的学术成就与人格风范》，对朱谦之的生

---

① 刘润忠：《陈序经全盘西化论的文化学基础》，《新东方》1992年第12期。

② 张太原：《试析陈序经"全盘西化观"的理论基础》，载陈传汉、詹尊沂、陈赞日主编《东方的觉醒——陈序经学术研讨会论文选集》，延边大学出版社，2000。

③ 刘集林：《陈序经文化思想研究》，天津人民出版社，2003。

④ 田彤：《转型期文化学的批判：以陈序经为个案的历史释读》，第279页。

⑤ 赵立彬：《陈序经文化学理论与全盘西化论》，《中山大学学报》2000年第3期；《民族立场与现代追求——20世纪20~40年代全盘西化思潮》，三联书店，2005。

平和学术有简要的介绍。① 黄夏年整理了《朱谦之著述目录》，张国义编有《朱谦之学术年谱》，对于了解朱谦之的生平和学术颇有价值。② 1990 年以来，朱谦之的宗教研究和哲学著作被多次重版，特别是《朱谦之文集》的出版，使他在 20 世纪中国思想界的地位及所起的作用也日益成为学者关注的问题。1999 年 10 月，在北京召开了朱谦之先生诞辰一百周年的纪念会，学者对他的学术成就予以高度评价。目前已有多篇论文分别从哲学的角度阐述了朱谦之的文化思想和哲学思想，力图廓清其理论体系。③ 日本学者森纪子以朱谦之的古学为中心，探讨了 1920 年代国粹主义的有关问题，对朱谦之的唯情哲学与柏格森哲学的关系有简要论述。④ 对朱谦之的唯情哲学进行论述的还有方用的《朱谦之"唯情哲学"批判》《试论朱谦之〈周易哲学〉中的"情"》《试论朱谦之唯情哲学的理想人格》等论文，⑤ 此外还有一批以朱谦之的历史学研究为对象的成果，张国义的博士学位论文《朱谦之学术研究》和专著

---

① 戴康生：《朱谦之传略》，载中国社会科学院哲学研究所编《中国哲学年鉴》（1985 年），中国大百科全书出版社上海分社，1985；黄心川：《百科全书式的学者朱谦之先生》，载朱谦之《中国景教》，人民出版社，1998；黄心川：《朱谦之与〈中国景教〉》，《世界宗教研究》1993 年第 1 期；于光：《智者永远受人尊敬：纪念朱谦之先生诞辰 100 周年》，《世界宗教文化》1999 年第 1 期；黄夏年：《朱谦之先生的学术成就与人格风范》，《宗教比较与对话》第 2 辑，社会科学文献出版社，2000。

② 黄夏年：《朱谦之著述目录》，《世界宗教研究》1999 年第 2 期；张国义：《朱谦之学术年谱》，《世界宗教研究》2004 年第 3 期。

③ 秦一散：《一种时空对应的文化寻绎——朱谦之文化思想探略》，《福建论坛》1990 年第 5 期；黄心川：《朱谦之与〈中国景教〉》，《世界宗教研究》1993 年第 1 期；董德福：《朱谦之生命哲学初探》，《天津社会科学》1996 年第 1 期；洪九来：《略论朱谦之的文化观》，《中州学刊》1995 年第 5 期；曾德雄：《鉴往以知来——略论朱谦之的历史哲学》，《开放时代》1995 年第 5 期；曾德雄：《朱谦之的仁论与儒学的承续》，《广东社会科学》1996 年第 2 期；董德福：《朱谦之哲学思想梳要》，《镇江师专学报》2001 年第 3 期；方国根：《读朱谦之〈日本的朱子学〉和〈日本的古学及阳明学〉》，《日本学刊》2001 年第 6 期；张国义：《朱谦之与西方生命史观的输入与改造》，载盛邦和、井上聪主编《东亚学研究》，学林出版社，2000。

④ 森纪子：《二十年代中国的"国粹主义"和欧化思潮》，载中国现代文化学会编《东西方文化交流的道路与选择》，四川人民出版社，1993。

⑤ 方用的三篇论文，分别刊于《华东师范大学学报》2003 年第 4 期、《周易研究》2007 年 2 期、《兰州学刊》2007 年第 4 期。

《一个虚无主义者的再生——五四奇人朱谦之评传》详细论述了朱氏一生的治学著述，特别侧重其历史观和历史学论著的分析，[①] 不过对其"文化学"的建构方面，仅有大略提及。拙作《西方理论与朱谦之的文化学思想——以〈文化哲学〉为中心》，试图从朱氏"文化学"的理论建构过程中，揭示其所受西学的启示，指出在广泛采择西方各种理论的基础上，朱谦之受到来源于德国的理论影响十分显著，使他的"文化学"思想具有显著的思辨色彩和追求"生"与"情"的生命哲学特征。[②]

从群体角度进行论述的，有蒋志华《广东文化学研究一瞥》，介绍了广东"文化学"学者对于"文化学"研究的贡献。[③] 在研究"文化学"学科史及朱谦之、黄文山、陈序经在"文化学"建构过程中的作用时，对于其他相关人物，如张申府、陈高傭等人的作用也有所提及。

以上简述了目前学术界关于"文化学"和"文化学"倡导者的研究状况。此外，与"文化学"学科建立相关，在社会学与人类学学科史方面的一些专门研究，对于了解"文化学"的理论输入和发展十分重要。在社会学方面，王康主编的《社会学史》将社会学在中国的历程作为单独一编，对民国时期社会学史做了简要介绍，篇幅约占全书四分之一。[④] 韩明汉的《中国社会学史》对社会学在中国成长的背景、过程及主要代表人物和流派进行了介绍，其中包括文化社会学派的介绍。[⑤] 杨雅彬著《近代中国社会学》两册，是作者在 1980 年代《中国社会学史》基础上更为详细的论述，着重介绍了民国时期各种流派的

---

① 张国义：《朱谦之学术研究》，博士学位论文，华东师范大学史学所，2004；《一个虚无主义者的再生——五四奇人朱谦之评传》，中国文联出版社，2008。

② 赵立彬：《西方理论与朱谦之的文化学思想——以〈文化哲学〉为中心》，《中山大学学报》2006 年第 1 期。

③ 蒋志华：《广东文化学研究一瞥》，《广东社会科学》1997 年第 3 期。

④ 王康：《社会学史》，人民出版社，1992。

⑤ 韩明汉：《中国社会学史》，天津人民出版社，1987。

社会学家及其学术实践，探讨了社会学中国化的问题。① 姚纯安著《社会学在近代中国的进程（1895～1919）》分西方社会学的输入（1895～1903）、思潮激荡中的社会学（1903～1911）、社会研究视野中的社会学（1911～1919）三个阶段，考察清末民初社会学在中国发展的渊源脉络、内外因缘，指出社会学在中国的发展深受西方和日本早期社会学、中国传统学术文化观念及当时国内社会政治的影响，另外，作为一种思想理论资源，也对清末民初社会文化变迁（如民族主义思潮、社会改良思潮、无政府主义思潮、社会主义思潮、社会研究、国学研究等）产生了深远的影响。在人类学方面，黄淑娉、龚佩华的《文化人类学理论方法研究》，对中国人类学的发展进行了回顾与展望，分阶段论述了1949年以前人类学在中国的发展，分析了理论方法上的不同特色。② 王铭铭著《西学"中国化"的历史困境》考察了西学东渐背景下人类学在中国的发展命运，对人类学在近代中国的"国家化"因素进行了深入论述，对人类学所受西学影响和本土成就有深刻的认识，其中许多观点对于本课题的研究有重要的启发意义。③ 这些著作虽然不是以"文化学"作为研究对象，但"文化学"及其相关内容与之有着密切的联系，对于"文化学"建构的研究，也具有重要的价值。

二　思想史关注下的研究取向与方法

"文化学"建构者的一切努力，客观上参与和丰富了近代中国的知识转型，同时扩展着近代中国思想和文化发展的深度与广度。"文化学"在近代中国的倡导与命运，具有特别的认知意义。

从本课题的研究史中可以看到，既往研究重在近代中国"文化学"

---

① 杨雅彬：《中国社会学史》，山东人民出版社，1987；《近代中国社会学》，中国社会科学出版社，2001。
② 黄淑娉、龚佩华：《文化人类学理论方法研究》，广东高等教育出版社，1996。
③ 王铭铭：《西学"中国化"的历史困境》，广西师范大学出版社，2005。

学科本身的发展线索，虽从后视的角度看，所选对象和考察范围有着重要意义，但多以"文化学"学科的"成功建立"为基本预设，以预设支配事实，往往易于忽略"文化学"发生发展的点滴历程和本身局限。仅有少数论述，将学术的发展与思想环境有机结合，个案研究也为细致的了解提供了基础，但开展既能注重历史细节，又具整体上把握"文化学"学科历程的研究，仍有相当大的努力空间。联系思想史的背景，考察其"建构"的过程及其所反映的意义，比简单评判其学科建立的程度，更具有研究的价值。

笔者认为，关于"文化学"学科历史的研究，不应囿于"文化学"在现今之残存影响，而要突破单纯勾勒学科线索的思维模式，从发生的角度，以时间为经，对文化理念在近代中国的传播、中国学人对"文化学"学科的倡导和试图建立完整体系的自觉努力、"文化学"学理与民国时期中国文化问题的思想主张和文化论战的关系、"文化学"在近代中国的实际命运等方面进行深入的考察。这一视角，不仅可以揭示近代学术与思想变迁之间的关系，而且从世界学术的角度看，也提供了一个相对于一般学科发展具有一定特殊性的学术史研究的特例和补充。从这一视角出发，可以看到"文化学"的建构在近代中国思想史、学术史上的独特性。这是一个涉及知识与社会、中学与西学、传统与现代等种种重大关系的研究课题，可以从一个独特的方面揭示近代中国学理与思潮的互动和学术体系的演变。要达到这一研究目标，从研究方法上，有以下几点需要特别予以重视。

一是需要特别注意历史的"异"处。既往研究较多地归纳了"文化学"倡导过程中的"同"，以便勾勒和证明整个"文化学"在中国的"成功建立"。而"文化学"的实际倡导过程，十分复杂并充满矛盾。桑兵指出，在考察近代中国知识系统所受西方影响时，一旦从笼统的"学"或"文化"落实到具体的学科、学说，就会看到由不同的民族和国家的历史文化渊源发生而来的独立系统，其中的"异"对于各种学科或学说的核心主干也许影响不大，但对于边缘或从属部分则相当关键。① "文化学" 在近代中国的倡导和建构，对此有充分的体现。如果不重视建构者之间来源不同、目标不同、建构的途径不同等 "文化学" 建构的 "异" 处，在研究中难免受建构者思想牵引，而得出似是而非的笼统结论。

二是需要特别注意历史联系间的 "实" 处。既往研究同样较多关注 "文化学" 建构过程中西方理论对中国学术界的影响，关注中国学人间相互联系中活跃的方面。而中国学人对外来理论接受的实际情形、"文化学" 在近代中国建构的具体内涵和影响的局限性、中国学人之间不协调的方面、中国学人建构学术共同体不成功的方面，对于 "文化学" 建构的命运有着更大的影响。因而在本课题的研究中，在观察对象的确立上，力求克服笼统，更多地以一个个参与提倡和建构 "文化学" 的学人为主体，而不是以被建构的所谓 "文化学" 为主体来进行观察；充分尊重历史事实间的实际联系，而不是一切以预设前提为准。本课题力求仔细分别中国学人对西学的实际接受、中国学人间的实际关系，并在此基础上认识学术与思想、与政治、与社会之间的密切联系。

本课题主要从上述思路来阐述 "文化学" 在民国时期的建构及其意义，努力从学科史透视思想史。主要论述的内容如下。

绪论 "从学科史透视思想史"，主要介绍本课题研究的学术史、基本思路和主要资料。与既往研究的不同在于，本课题不主张从 "文化学" 学科 "成功建立" 的预设出发来条理史料，评判结果，而是力图将 "文化学" 学科史的内容置于近代思想史的背景之下，对其倡导过程和命运进行实事求是的梳理和分析。

第一章 " '文化' 的 '译' 与 '释'：一个元概念的生成"，主要讨论作为 "文化学" 最基础概念的 "文化" 术语在中国传入和发展的过程及原因。现代意义上的 "文化" 一词作为一种新概念，在近代中

---

① 桑兵：《晚清民国的知识与制度体系转型》，《中山大学学报》2004 年第 6 期，第 91 ~ 92 页。

国经历了译介和阐释的过程，与其相关的讨论吸引了众多民国学人。"文化"概念被中国思想界广为接受，对其内涵、理论的认识不断丰富和深入，使关于"文化"的理论研究在中国达到了一个与众不同的高度。"文化"的概念引进与近代中国文化论争的思想史背景息息相关，表现了进入 20 世纪以来中国文化自觉的渴求。

第二章"自西徂东：'文化学'学科概念与理论的输入"，主要讨论产生于西方的"文化学"学科概念以及相关的理论、学说对民国时期的中国学人产生吸引和启示，从而使这一学科概念自 1920 年代起在中国植根。与大多数现代学科的情况不同，"文化学"在西方发育缓慢，又与既有学科界限不明，因而它在中国的引入，并非简单的学科理论移植。"文化学"建构中的西学驱动，更多地体现在中国学人敏锐把握西学中"文化科学"对中国思想和学术的启示意义。西学的学科概念、学术理论和学科形式，启发和推动了中国学人对"文化学"的建构。而在学科内容上，由于在西方学术界"文化学"发展不充分，中国学人反而有更大的建构空间。

第三章"思潮与学理：文化问题与'文化学'的本土需求"，主要讨论 1930 年代"文化学"的学科建构与民国思想界文化论争的关系。进入 20 世纪以来对于本土文化问题的广泛关注，提供了"文化学"理论在中国独特的社会需求，特别是 1930 年代的文化论战，刺激和推动了理论层面的思考和争鸣。"文化学"从学理深处影响着近代学人对中西文化的基本认识，是各种文化思想的学术根源，无论是本位文化派，还是全盘西化派，背后均以相应的"文化学"理论作为支撑。黄文山、陈序经、阎焕文的"文化学"与文化观的个案，充分说明中国文化问题的本土需求导致"文化学"在中国这样一个处于近代文明边缘、学术文化落后的国家如何获得特别的发展。

第四章"执著者的建构：'文化学'的系统理论著述"，主要讨论"文化学"系统理论著述在中国的出现。在"文化学"的倡建中，以黄文山、陈序经为代表的少数执著学人，在 1930 年代至 1940 年代，致力于"文化学"的系统理论著述，形成了黄文山的"文化学体系"系列论著（作为其《文化学体系》的主要部分）和陈序经的巨著《文化学概观》。而另一位特殊的参与者朱谦之则撰著了《文化哲学》《文化社会学》等重要著作，对"文化学"的学科建构，起到了一定的呼应作用。他们的学术背景和文化立场不尽一致，对"文化学"的理解和阐释也各不相同，而均在西方学术理论启示下，因应时局和思潮，通过理论著述，对于"文化学"的建构做出了重要努力。

第五章"寻求体制：走向讲堂与学术共同体的'文化学'"，主要讨论了"文化学"建构者使这一学科进入课程体系、建立学会等组织的种种努力，以期在学术体制上提升"文化学"的地位。特别是1940年代后期，"文化学"建构者在相互协调、呼应的基础上，致力于建立学术共同体，营造合作气氛，但因共识难一、时局骤变而成效有限。建构者的后来命运和1980年代后"文化学"在中国的重新提倡，也在本章予以讨论，以见民国时期"文化学"学科建构的余绪及其在当代的影响。

结语"从文化自觉到知识'自觉'"，对本课题研究的主要观点加以总结。民国时期"文化学"的学科建构，在近代中国知识转型的一般进程中，成为多少有些异样的特例。它以学术史的问题形式而展现近代文化思想变迁的多维面相。与其他现代学科在中国的境遇相比，"文化学"显示了异乎寻常的"发展"之势，这是近代以来在西学驱动下的民族自觉和文化自觉发展的结果。知识自觉（"文化学"的学科自觉）是文化自觉（民族意识觉醒和对中国文化历史地位的自觉）的派生，近代中国社会恰好提供了这一具体学科转型的土壤。

三　基本资料

研究民国时期"文化学"的学科建构问题，民国学人关于"文化学"的专门著作历来是基本依据。这些著作主要有黄文山的多篇关于呼吁创建"文化学"及论述其原理与方法的论文、相关论文结集出版的《文化学论文集》、1940年代末出版的《文化学及其在科学体系中的位置》，以及晚年完成的《文化学体系》等；陈序经的《文化学概观》是他最重要的"文化学"著作，其次则有《中国文化的出路》和《东西文化观》等著作；朱谦之有《文化哲学》《文化社会学》可以作为其代表性论著；阎焕文著有《文化学》长文，在"文化学"的学科建构中也有一定的研究价值。

但是研究民国时期"文化学"的建构，绝不是仅仅把依据的资料限定在这些"建构"性著作就能够完成的。从学科史透视思想史，需要把研究视野扩大到极广泛的政治、思想和社会的范围中，因而本课题的研究资料实际上也需要是尽量广泛的。除上述论著外，本课题主要还利用以下种类的资料。

一是报刊资料。在报纸方面，有《中央日报》《广州民国日报》、汉口《大同日报》等。在期刊方面，有综合性期刊《东方杂志》《国闻周报》等，有政治性期刊《中央导报》《中国革命》等，有文化类期刊《文化建设》《文化批判》等，有学术类期刊《社会学刊》《民族学研究集刊》《史地学报》等。所利用期刊中有立场比较偏向国民党的（以《前途》《更生评论》为代表），也有立场比较带有自由倾向的（以《独立评论》《现代评论》为代表），还有值得注意的校园出版物如《北京大学学生周刊》《南大思潮》（岭南大学）等。在广泛使用的期刊中，有些过去较少受学术界重视，如《新社会科学季刊》《社会学讯》等，在本课题的研究中得到较多利用。

二是人物文集和著作。除了黄文山、陈序经、朱谦之等民国时期"文化学"建构者的相关文集外，还广泛关注当时一些重要政治人物和思想家如孙中山、梁启超、吴稚晖、陈立夫、李大钊、梁漱溟等，学人如孙本文、叶法无、林惠祥、柳诒徵等，以及稍晚的学者钱穆、戴裔煊等，他们的思想性或学术性论著，无论作为背景性资料，还是作为与"文化学"建构直接相关的知识性资料，都应予以高度重视。

三是译著。民国时期外人著作的中译本，对于"文化学"的建构产生了极其重要的作用。黄文山、钟兆麟、吕叔湘、马绍伯、王璧如、李宝瑄、张资平、何炳松等翻译了大量欧美或日本的学术著作，如哈尔的《社会法则》、爱尔乌德的《社会进化论》、路威的《文明与野蛮》、奥斯瓦尔德的《文化学之能学的基础》、米田庄太郎的《现代文化概论》、西存真次的《文化移动论》、关荣吉的《文化社会学》、鲁滨逊的《新史学》等，均成为本课题重视的资料。

四是资料汇编。本课题主要利用了《中华民国史档案资料汇编》《中国文化建设讨论集》《全盘西化言论集》《全盘西化言论续集》等文献汇编。其中《中国文化建设讨论集》《全盘西化言论集》《全盘西化言论续集》均为当时人编辑的文献汇编，不仅具有便于检索查询的功能，而且其选编出版本身亦提供了相当重要的思想信息。

在外文资料方面，重点参考了 L. A. White 的 *The Science of Culture: A Study of Man and Civilization*，和各国学者发表在 *American Anthropologist*（《美国人类学家》）、*Monumenta Serica*（《华裔学志》）、*The American Journal of Sociology*（《美国社会学杂志》）中的一些英文论文。日文资料则主要有米田庄太郎著《现代文化概论》、桥川时雄编《中华文化界人物总鉴》等文献。

以上各种资料的出版信息，请见本书所附参考文献。

第一章

"文化"的"译"与"释":
一个元概念的生成

　　"文化"是"文化学"学科建构中最基本的学术概念。现代意义上的"文化"一词，对于中国语文而言，实际上是一个新词和一个新概念。"文化"概念在近代中国的生成，是西学输入的结果，并且主要是19世纪末以来通过日文转译而来。石川祯浩认为"文明"和"文化"二词是日本制汉语，在传播到中国的过程中，梁启超的作用最大。但方维规指出这两个概念来自东洋，更来自西洋，而且从某种意义上说，来自本土的因素对西方"文明"概念在中国的传播起到了很大的作用。① 关于"文化"和"文明"概念的形成，已有相当多的学者进行过深入探讨，② 既有研究对于

---

① 相关讨论见方维规《论近现代中国"文明"、"文化"观的嬗变》，《史林》1999年第4期。
② 参阅铃木修次《"文化"与"文明"》，载《文明的词语》，东京：日本文化评论出版株式会社，1981；Wang Gunwu："The Chinese Urge to Civilize: Reflections on Change," *Journal of Asian History*, vol. 18, no. 1, 1984；龚书铎《近代中国文化结构的变化》，《历史研究》1985年第1期；柳父章《文化》，东京：三省堂，1995；方维规《论近现代中国"文明"、"文化"观的嬗变》，《史林》1999年第4期；石川祯浩《梁启超与文明的视点》，载狭间直树编《梁启超·明治日本·西方》，社会科学文献出版社，2001；黄兴涛《晚清民初现代"文明"和"文化"概念的形成及其历史实践》，《近代史研究》2006年第6期；石川祯浩《近代中国的"文明"与"文化"》，载日本京都大学人文科学研究所编《日本东方学》第1辑，中华书局，2007；川尻文彦《近代中国的"文明"——明治日本的学术与梁启超》，载桑兵、赵立彬编《转型中的近代中国——近代中国知识与制度转型学术研讨会论文选》（上），社会科学文献出版社，2010。

"文化"与"文明"等词汇的语言学研究和转输过程的讨论，已经走出了就概念来理解概念的阶段，近期成果十分注意将其置于历史语境之下来进行解析，提示了极佳的研究方向。

第一节 对译问题与"文化"概念的民族性基因

一 如何对译

"文化"和"文明"这两个中文词语如何用于对译西语中的相关概念？在西语及其输入过程中的意义指向如何？本身具有哪些合理的、适应于中国国情的学术"基因"？如何因中国本土的文化讨论和学科建构的需要而得到不同的阐释？最终"文化"概念如何成为中国学人广泛接受和使用的概念？解决这些问题需要联系文化问题在近代中国发生发展的思想史背景，展现"文化"这一术语在引进后的相关理论发展，"通过概念展现思想文化的历史进程"。[①]

自晚清以来，"文化"与"文明"与其在西语中的相关术语的对译问题时常引起中国学人的讨论，相关论述十分丰富，其中不乏一些主观的附会。钱穆 1961 年在论及中文的"文化"与西语的 culture 一词时指出：

> （文化学之兴起）在西方不过百年上下之事，但中国古人实早有此观念。《易经》上有"人文化成"一语，文即指人生多彩多姿各种花样言。人群大全体生活有各部门、各方面，如宗教、艺术、政治、经济、文学、工业等，各相配合，融凝为一，即是文化。此多样之人文，相互有配合，先后有递变。其所化成者，正与近代人

[①] 参见桑兵《解释一词即是作一部文化史》，《学术研究》2009 年第 12 期。

文化一观念相吻合。故此一翻译，实甚恰当。①

　　钱穆这里所言的"文化"，实际上已是"文化"概念在中文中定型后的一种事后描摹，在已经定型的基础上再与中国古典实现沟通。不仅是钱穆，许多论者都采用了类似的附会方式，一般都认定，从汉语的语源上看，"文"原是表示线条相互交错的象形字，"五色成文"（《礼·乐记》）即彩色交错的"花纹"。它显示了各种事物的多样性和全部内容。"化"从"人"从"七"，是一个会意字，它显示了与"人"的相关性。实际上，这种看上去"实甚恰当"的对译，在历史上却经历了复杂过程。西语中的 culture 和 civilization 如何对译成汉语，历来富有争议。1929 年 2 月，李之鸥译英国经济学家、费边社会主义者沃尔夫（Leoneard Woolf，李译为乌尔佛）所著 *Imperialism and Civilization* 一书，由上海新生命书局出版。按通行的译法，书名本应译为《帝国主义与文明》，但李之鸥译为《帝国主义与文化》。刘英士曾在《新月》发表对这本书的评论："谁都知道英文中之 Civilization 一字应译为文明，而含义等于文化的英文为 Culture。文化和文明是有区别的，在许多地方不可混用。本书的名称应该译为帝国主义与文明，而李君译为帝国主义与文化。"② 但刘英士认为"谁都知道"的这一事实并未一统天下，有趣的是，该书有多种译本，宋桂煌的译本、邹维枚的译本都取"文化"来翻译书名中的 Civilization。③

　　还有许多其他的翻译著作，也同样将 civilization 译作"文化"。许仕廉依据美国社会学家威廉·托马斯（William Isaac Thomas）和英国人类学家爱德华·泰勒（Edward Bernatt Tylor）的理论，将"文化的总定

---

① 钱穆：《如何研究文化史》，载氏著《中国历史研究法》，三联书店，2001，第 133 页。

② 英士评《帝国主义与文化》，《新月》第 2 卷第 2 号之《书报春秋》，1929 年 4 月。

③ 武尔夫：《帝国主义与文化》，宋桂煌译，开明书局，1929；Leoneard Woolf：《帝国主义与文化》，邹维枚译，民智书局，1930。

义"概括为："文化是渊源于团体的经验和知识作用，从心灵所创造，或意志所模仿，所得且具有社会价值的一切事物能力的总称。"此处"文化"在作者心目中的英文表达是 civilization，为避免误解，许仕廉特地用英文将此句表述为：Civilization is the complex whole of those capacities and concrete products from telic creation or volitional imitation, possessing social values, as a result of group learning process. [①] 直至 1940 年代，邓公玄在翻译美国学者威尔·杜兰特（W. Durant，邓公玄译为杜兰）的 The Story of Civilization 时，还将它译为《世界文化史》，将其"导论"部分译为"文化导论"并予以发表。[②] 陈序经也将阿尔贝特·施韦泽（Albert Schweitzer，陈序经译为什维兹尔）的 The Philosophy of Civilization, The Decay and the Restoration of Civilization, Civilizations and Ethics 几部书名分别译为《文化哲学》《文化的衰败与复兴》《文化与伦理》。[③] 王云五《编纂中国文化史之研究》中也说："Civilization 一语，我国人译为文化。"[④] 类似的例子举不胜举。故而有些论者认为"文化"与"文明"两个概念可以混用。张申府指出，"文化"与"文明"这两个概念就如同"算学"和"数学"一样，"只是一物事之二名，或一学名一俗名"，没有什么有意义的区别，"不必强为之区异"。[⑤]

---

① 托马斯认为，社会价值与态度互相影响，由价值而定态度，又由态度而定价值，此来彼往，产生许多行动，结果产生许多思想、言语、制度、美术、一切生活方法和理想，"文化"就是这些东西的总称。泰勒的"文化"定义以及英语世界里从 civilization 过渡到 culture 的过程，影响到一般认识中以"文化"对译 civilization，泰勒认为文化是人从社会生活所得的知识、信仰、美术、道德、法律、风俗及其他能力和习惯的"复杂的总名称"（英文原文为 complex whole，此为许仕廉的译法）。见许仕廉《论文明问题并答胡适之张东荪诸君》，《真理与生命》第 2 卷第 16 号，1927 年 12 月，第 7 页。

② 杜兰：《文化导论》，邓公玄译，《中山月刊》第 3 卷第 1 期，1940 年 3 月，第 29 页。同时，邓公玄将原文中的 culture 译为"文教"。

③ 陈序经：《文化学概观》（二），商务印书馆，1947，第 6~7 页。

④ 王云五：《编纂中国文化史之研究》，载胡适、蔡元培、王云五编《张菊生先生七十生日纪念论文集》，商务印书馆，1937，第 603 页。

⑤ 张崧年：《文明与文化》，《东方杂志》第 23 卷第 24 号，1926 年 12 月，第 88 页。

林晓庄也有过专门的解释："很多中国人对于 kultur，culture 与 civilization 的分野，不大明了，所以译前者为'文化'，译后者为'文明'。若问他们：'文化'与'文明'有什么区别？他们便答复'文化是物质的'，'文明是精神的'。其实 culture 一字何尝没有精神的含义？civilization 一字何尝没有物质的含义？kultur，culture 与 civilization 没有区别！在中文上'文化'系指人类适应环境的具体事物而言，'文明'系指人类适应环境的高尚作为而言，实在两者也没有严格的区别。"①

将一般认为包含"文明"意义的 civilization 译作"文化"，或主张"文化"与"文明"没有区别，这在一般情况下无关宏旨，但在两词之中，为何"文化"一词最终成为更重要、更流行的术语，进而在日后能够成为一门专门的新学科的名称，究竟"culture"与"civilization"应当如何译为汉语，在它们的汉译中是否存在一种隐含其中的特别考虑？这是一个值得细究的问题。寻找概念原本不同的意义指向，或可揭示当时使用者的主观动机和思想背景。

二　西语中的不同指向

如果追本溯源的话，西语里的"文化"（culture）和"文明"（civilization），② 不同来源的解释并不一致。法国历史学家布罗代尔（Fernand Braudel）指出，对于"文化"（culture）和"文明"（civilization）两者如何区分的回答因国家而异，在一国之内因时期而异、因作者而异。③ 如果完全忽视这种语源上的差异，将之视为简单的仅仅表现为文字差别的转口引进，会在一定程度上掩盖不同民族在思想

---

① 林晓庄：《释"文化"》，《北平周报》第 110 期，1935 年 4 月，第 8 页。
② 在本书的行文中，为叙述的便利，一般仍以目前通行的译法，以"文化""文明"分别与西文中的 culture、civilization 相对应。为示准确，在必要的地方均在中文词后标注其西文词汇。
③ 参阅费尔南·布罗代尔《文明史纲》，肖昶等译，广西师范大学出版社，2003，第 1 章。

和学术上的不同诉求，而忽略其本身隐藏的相关信号。"文化"
（culture）和"文明"（civilization）两个概念的使用，在西语中有不同
的旨趣。culture 一词在早期英语、法语中已经出现，但尚不是现代的
"文化"的含义。由拉丁语 cultura 演变成英语、法语的 culture，最早在
英法，仅取意于"耕作、培养"和"精神的修养"而已，广义的"文
化"概念，通常以 civilization 来表达。现今通用的 civilization 一词，是
由伏尔泰及其友人百科全书派学者首先在法语中使用的，后来传译到英
语，得到广泛的应用。① 而在德国，18 世纪末的德文词汇 cultur，到 19
世纪，被拼写为 kultur，其用法是作为 civilisation 的同义词。即其意义
为：（1）指的是抽象意涵——变成 civilized（有礼貌）、cultivated（有
教养）的一个普遍的过程；（2）指的是启蒙时期的历史学家所确立
civilization 的意涵——作为一种描述人类发展的世俗过程。②

诺贝特·埃利亚斯（Norbert Elias）在 20 世纪 30 年代已对德语中
"文化"概念的形成及其与英、法文的区别有深入的论述。埃利亚斯提
示，相较于英法两国以"文明"（civilization）概念集中表现"对于西
方国家进步乃至对于人类进步所起作用的一种骄傲"，德国却习惯于采
用"文化"（德文 kultur）概念来"表现自我，来表现那种对自身特点
及成就所感到的骄傲"。德语中的"文化"（kultur）概念，就其核心来
说，是指思想、艺术、宗教，所表达的一种强烈的意向就是把这一类事
物与政治、经济和社会现实区分开来。换个角度说，英、法文的"文
明"（civilization）强调的是人类共同的东西或者说应该共同的东西，它
倾向于消除不同民族特点上的差异；与之相反，德文的"文化"
（kultur）概念强调的是民族差异和群体特性。埃利亚斯指出：

> 德语中的"文化"概念，就其核心来说，是指思想、艺术、

---

① 谢康：《中西文明及文化论丛》，台北：台湾商务印书馆，1966，第 70 页。
② 雷蒙·威廉斯：《关键词：文化与社会的词汇》，刘建基译，三联书店，2005，第 104
页。

23

宗教。"文化"这一概念所表达的一种强烈的意向就是把这一类事物与政治、经济和社会现实区开来。①

与德文 kultur 相对应的英文 culture，在现代意义上的普遍使用，是更为晚近的事情。后来之所以在西语中经常将 culture 和 civilization 作为同义词使用，是因为这些概念不仅在一个民族自身的范围内得到认可而成为"可供使用的工具"，并且不同语言之间也逐渐相互传播，经历着普遍化的过程。德语的"文化"（kultur）概念渐渐吸收了英法的影响，而与英、法文"文明"（civilization）相互接近。埃利亚斯指出："事实表明，在 19 世纪，特别是在 1870 年以后，当德国在欧洲强大起来并逐步成为一个殖民国家的时候，这两个词汇在使用中的对立有时候就不那么明显了。与今天英国和法国的部分地区一样，这时候'文化'这个词汇只是用于某种特定的范畴或表示文明的最高形式……德国的文化概念似乎已经很接近于法国和英国对'文明'的理解了。"② 当然，"文化"概念起源时期那种认为"文明"只是次一等价值的看法仍未完全消失，并且对德国的学术有一定的影响。在德文里，最先在现代意义上使用"文化"一词的，是克莱姆（G. F. Klemm）1843 年出版的《人类一般文化史》（*Allgemeine Culturgeschichte der Menschheit*，或译《人类文化史通论》），在这部书里，他说文化应包含"风俗、知识、技巧、和平与战争时的家庭与公共生活、宗教、科学、艺术"。③ 随之英法方面，也对于所谓"文明"做了同样的解释，有了"物质的文明""精神的文

---

① 诺贝特·埃利亚斯：《文明的进程：文明的社会起源和心理起源的研究》，王佩莉译，三联书店，1998，第 62～63 页。
② 诺贝特·埃利亚斯：《文明的进程：文明的社会起源和心理起源的研究》，第 334 页。
③ Gustav F. Klemm, *Allgemeine Culturwissenschaft*, 1851, p. 217, 转引自戴裔煊《西方民族学史》，社会科学文献出版社，2001，第 74 页。

明"，并且也出现了"政治的文明"的说法。①

反过来，德文中的"文化"（kultur）也影响到英语和法语世界，与德文 kultur 相对应的英文 culture 在学术上逐渐被接受。与德国不同，英法两国虽然拥有广大的殖民地，但由于帝国主义的心态，对其他不同生活方式、不同文化在知识上的意义比较漠视，从而导致 culture 一词发育缓慢。在英语世界中，在 19 世纪后半期，culture 与 civilization 是被混用的。影响最大的是人类学家爱德华·泰勒。在其 1865 年出版的《人类早期历史与文明发展研究》（*Researches into the early history of mankind and the development of civilization*）中，使用的是"文明"（civilization）一词，1871 年出版的《原始文化》（*Primitive culture*），则使用"文化"（culture）一词。在《原始文化》一书里，泰勒明确地表示，"文化"（culture）与"文明"（civilization）这两个词所指的具体内容是相同的。泰勒使用的 culture 一词，是从德文中移借过来的。就他书中的若干引据来说，无疑是受到了克莱姆的影响。但他对于这一概念的内涵，却比克莱姆清晰，并直接作为书名。泰勒在《原始文化》一书中开启了现代意义上 culture 的使用。这一词语的使用意义重大，因为在此之前，欧洲人习惯于用"文明"（civilization）作为一种进步的标准来自视和量度其他民族，civilization 一般是在单数意义上加以理解，正如王赓武看到的，"那种认为只有一件事情可以称之为文明，并可用于描述人类进步的最后阶段的看法，在 19 世纪末变得盛行起来。人类经过蒙昧、野蛮而至文明的阶段。没有各种文明，只有一种文明（Not civilizations，but civilization）。人们科学地认为，可以为所有的人类创造出一套文明的标准"。② 而 culture 一词的使用，实际上已经承认

---

① 德语中另有 gesittung 一词，表示人类社会发展的总体。它分为两个方面，一是实质的总体，二是获得和保持这一总体的方法，前者谓之"文化"，后者谓之"文明"。这其实是将德国原有的"文化"（kultur）观念和英法原有的"文明"（civilization）观念加以广义的解释。

② Wang Gunwu, "The Chinese Urge to Civilize: Reflections on Change," *Journal of Asian History*. vol. 18（1984）: 3.

了"各种文化"，"文化"已经得到复数意义上的理解，而与"文明"表达的唯一性完全不同了。后来的学者评论道："泰勒不仅正式确立了用文化来区分不同的异地生活方式，也认可通过研究外族人的方式来审视本族人……（泰勒的这两部著作）标志着英国人文历史上重要时刻的到来，从此开始了对社会制度的系统研究。"① 不过这一定义之普遍化，中间仍经历了很长的时段，直到 1933 年，泰勒的定义才被牛津大字典收入其补编。② 英国对于这一概念的接受相当迟缓，到了 1940 年前后，culture 的含义，才逐渐为英国人所熟悉。

美国的思想气候对于"文化"概念的发展非常适宜，因而 culture 一词在美国呈现极为迅速的发展。进入 20 世纪以来，当美国的学术在世界范围内日益重要起来时，关于"文化"与"文明"词语的使用及其内涵和意义的差别，倒反而较少引起争论。从 1930 年以后，美国的学者大多不复从事"文化"与"文明"在概念上的区分，他们通常使用 culture，而把 civilization 作为 culture 的同义词。"文化"与"文明"的区分，在现实中的意义逐渐减弱。③ 只是，在一个特定的学科领域里，观念的定义必须澄清。④

三　"文化"概念进入中国及其民族性基因

"文化"二字，先进入日文，再传入中文。日文是在直接借用汉字及利用汉字创作平假名和片假名的基础上发展的，正是借助日语与汉语

---

① 弗雷德·英格利斯：《文化》，韩启群、张鲁宁、樊淑英译，南京大学出版社，2008，第 55 页。

② 克娄伯、克罗孔：《文化：概念和定义的检讨》，载冷定菴编《文化的研究》，香港：友联出版公司，1970，第 29～30 页。

③ 克娄伯、克罗孔：《文化：概念和定义的检讨》，载冷定菴编《文化的研究》，第 31～32 页。

④ 这种定义上的澄清未必按照理所当然的方式呈现出来，有意思的是，在考古学或文化人类学里，"文化"主要指的是"物质的生产"，而在历史与文化研究里，"文化"又常常主要指"表意的"或"象征的"体系。见雷蒙·威廉斯《关键词：文化与社会的词汇》，第 107 页。

的这种不解之缘，在发音、字形等物质性特点的制约下，日本在学习西方、翻译西学的过程中，一方面利用汉语的构词法创作新词，另一方面为古代汉语词汇赋予新意，前者如"现实""意识""哲学"等，后者如"经济""文化"等。① 但就"文化"一词而言，追本溯源的研究仍有很大难度。日文中的"文明"和"文化"最早如何与西语的相关术语对译，这在日本学术界也是有待深入研究的问题。石川祯浩指出，19世纪中叶，福泽谕吉是在"文明开化"这个意义上使用"文明"一词的。在福泽谕吉那里，与"文明"相对应的，是"野蛮"和"半开化"，文明的变化发展，就是"从野蛮进入半开化，从半开化进入文明"。福泽谕吉将作为名词的"文明"也划分为"外在的事物"和"内在的精神"两个方面，从狭义和广义来区分"文明"的含义，指出"若按狭义来说，就是单纯地以人力增加人类的物质需要或增多衣食住的外表装饰。若按广义解释，那就不仅在于追求衣食住的享受，而且要砺志修德，把人类提高到高尚的境界"。但这一概念本来是从英法的"文明"概念产生的。福泽谕吉的"文明"，是英语 civilization 的对译，"文明一词英语叫作'civilization'，来自拉丁语的'civilidas'，即国家的意思。所以'文明'这个词，是表示人类交际活动逐渐改进的意思，它和野蛮无法的孤立完全相反，是形成一个国家体制的意思"。② 福泽谕吉受英国和法国学者的影响至深。石川祯浩指出："博克尔（Henry T. Buckle）的《英国文明史》（*The History of Civilization in England*）不仅提供了福泽《文明论之概略》的大体构架，对整个明治日本的文明认识也产生过巨大的影响。"③ 除博克尔外，福泽谕吉受基佐的影响也较深，在其著作中多处引用基佐的文明史论述。④ 川尻文彦认为，在日

---

① 见《中国大百科全书·语言文字卷》中的"日语"条目（顾海根撰），中国大百科全书出版社，1988，第 329~330 页。

② 福泽谕吉：《文明论概略》，商务印书馆，1995，第 11、30 页。

③ 石川祯浩：《梁启超与文明的视点》，载狭间直树编《梁启超·明治日本·西方》，第 97 页。

④ 福泽谕吉：《文明论概略》，第 34、121 页。

本，大约是先把 civilization 或 enlightment 译为"文明开化"，而后被分开使用，出现"文明""开化""文化"等，其后与德语 kultur 的语意相调和，开始使用"文化"。大概是第一次世界大战后，与德语的用法相应，日语中的"文化"和"文明"也被认为是不同的概念。[①]

"文化""文明"这两个概念含义的衍生过程和相互影响，20 世纪初的日本学术界有过深入的辨析。日本社会学家米田庄太郎 1921 年在京都帝国大学的夏季讲演会上，做了《现代文化人的心理》的连续演讲，演讲稿同年由东京改造社出版，1924 年再修订出版，书名改为《现代文化概论》。在演讲中，米田氏就"文化""文明"在德文和英、法文中的渊源、差异和相互关系做了系统的介绍。米田氏指出，英法等国人使用 civilization，而德人重视 kultur，这一事实不仅在"民族心理学的研究"上，极有意味，而且二者差异的缘由，也可从历史的发展中加以考究。从 18 世纪初开始，英法习惯使用 civilization，德国习惯使用 kultur，是因为在政治生活方面，英法进步，德国落后，英法国民鄙夷德国文明程度不足（英文的 civilization，更多地表现政治、法律方面的成就）。德人却因为政治生活方面较为落后，反而重视精神方面的文化（德文的 kultur，更多地表现宗教、精神生活方面的成就）。19 世纪以后，德国突飞猛进，凌驾于英法之上，而盛倡 kultur，以此显示自身的优越性，但此时所谓精神生活自 18 世纪后半叶起，已由宗教趋向于哲学、伦理、艺术等方面，将"文化"为"哲学的究明"之倾向发展起来，文化概念的"精神的意义"也日益显著。总的来说，德国以 kultur 对抗英法的 civilization，是出于对自身"文化"成就的优越感的自觉，德人的"文化"概念与民族主义有密切关系；其他各民族，也都通过认识和充分发挥自己"民族精神的特质"，而构成各民族"特有的文化"。[②] 米田庄太郎这本书于 1927 年由王璧如译为中文，1928 年 4

---

① 川尻文彦：《近代中国的"文明"——明治日本的学术与梁启超》，载桑兵、赵立彬编《转型中的近代中国——近代中国知识与制度转型学术研讨会论文选》（上）。

② 米田庄太郎：《现代文化概论》，京都：弘文堂，1924，第 9、23、26 页。

月在上海出版，① 对当时中国学界影响甚大。尤其在关注文化问题和
"文化学"学科建构的中国学人中，米田氏对于"文化""文明"渊源
的梳理，受到特别的重视。如张申府注意到米田氏对"文化"与"文
明"的概念区分，② 葛绥成也从米田氏的《现代文化人的心理》中引述
德语的 kultur 与德语的 zivilization 不同，也与英语的 culture 不同。③ 朱
谦之后来在自己的《文化哲学》中，大段引述了《现代文化概论》来
说明"文化"与"文明"在语意上的分别，④ 阎焕文撰写《文化学》
时也将米田氏的这本书作为重要的参考书。⑤ "文化"（culture）与"文
明"（civilization）在语源上的区别，变成了较多学者讨论时有自觉意识
的问题，并在两个词语的中文对译上有意加以区别。1930 年杨宙康在
《文化起源论》中提到：

> 我们平常讲"文化"，总很容易想到德语 Kultur，这个字翻成
> 中文"文化"。我们平常讲"文明"，就很容易想到英语
> Civilization，这个字最好翻成中文"文明"二个字。德国的学者，
> 通常以文明（civilization）指外部生活的发达，譬如殖产、工业、
> 及其他制度的进步，而文化（kultur）乃指学术宗教等的发达。⑥

这一现象提示，研究者需要不断注意这种词义和语种的差别，进而
深入概念背后的思想乃至立场。前文中刘英士、许仕廉、陈序经、张申

---

① 米田庄太郎：《现代文化概论》，王璧如译，北新书局，1928。日本侵华期间，该书
的第一部分又为刘蕙所译，刊登在南京出版的《中日文化》上。见米田庄太郎《文
化和文明——文化之社会学的概念》，刘蕙译，《中日文化》第 1 卷第 6 号，1941 年
11 月。
② 张崧年：《文明与文化》，《东方杂志》第 23 卷第 24 号，1926 年 12 月。
③ 葛绥成：《文化科学的人生地理学》，《大夏》第 1 卷第 2 号，1934 年 5 月，第 79 页。
④ 朱谦之：《文化哲学》，商务印书馆，1935，第 7 页。
⑤ 阎焕文：《文化学》，附录于黄文山《文化学论文集》，中国文化学学会，1938，第
13 页（文页）。
⑥ 杨宙康：《文化起源说》，商务印书馆，1930，第 1 页。

府等人关于"文明"与"文化"译法上的纷歧，就是其中一个表现。总的来说，在用汉语词汇指认中国的各种成就和历史传统时，"文化"一词越来越受到学人欢迎，尤其是在面向公众的讨论之中。与"文明"相比，"文化"二字越来越展现出某种特殊的魅力。

这种魅力的关键何在？从米田氏的分析中可以看到，源出德语的现代"文化"概念具有表现德国民族自我意识的重要功能，非西方民族之于欧洲，恰如欧洲的德国之于英法，根据同样的理由，"文化"这一概念更有利于其他民族，特别是落后地区民族接受和使用。"文化"在语源上本来更注重内在精神方面，因而在外在物质成就方面稍逊或落后的民族中，自然更关怀这些民族的"内心世界"和"精神特质"，以便反映这些民族的历史成就。中国正是一个历史成就非常突出而却被屏斥在西方人所认为的"文明"世界之外的民族，"文化"一词浓烈的民族性基因，对于中国学人选择采用这一术语，具有十分重要的意义。1934年陈公博撰文讨论文化问题时，开篇就明确提出，无论如何低等的民族，都有自己的"文化"，只有进步的民族，常常拿"文明"两个字来作骄傲的幌子，因此他表示："我今天所谈的是'文化'，而不是'文明'。"陈公博心目中的"文化"主要包含"传统的人工、伦理、技术的进程、理想、习惯、和价值"六个方面，从他心目中的"文化"角度，他主张"若提倡中国文化，不只要从进化、组织、生活着想，更应从印度文化和西洋文化冲突中，跳出来把握住中国民族的精神着想"。① 在陈公博这里，"文化"成为区分中国与域外的工具，是中国据以平视世界列强的事物，是可以提倡的东西。

太平洋战争爆发后，中国成为世界反法西斯同盟的一员，在名义上成为世界强国之一，寻求与列强的平等，成为当时国人的心理追求。这种心理和诉求，在1943年大后方一篇专论"文化"与"文明"的文章

---

① 陈公博：《提倡什么的文化》，《民族》第 2 卷第 8 期，1934 年 8 月，总第 1117～1123 页。

里表达得更为明确。作者黄欣周在文中说：

> 文化一词本系德文 kultur 之译语，德人重视 kultur，必使之不
> 与文明 civilization 一词相混，英法以往喜用 civilization 一词，对于
> 与 kultur 同源的 culture 亦不常用。近代 civilization 一语，本含有反
> 抗中世纪贵族僧侣之特权身份而赞扬市民阶级之政治的法律的生活
> 之意义，英法以民治国家生活之发达为人类进步的理想，故自居于
> 文明国民。德人则因近代政治生活发达较迟，但又不甘屈居人下，
> 所以盛倡 kultur 一语，意谓人类进步的中心，与其求之于表面上的
> 政治法律生活，毋宁求之于精神的理想生活，即关于宗教、伦理、
> 哲学、艺术的生活。我国学者把 kultur 译为"文化"，实在非常确
> 当，因为中国的"文化"二字原就具有"文治教化"、"化民成
> 俗"、"精神修养"等等的含义。[①]

此处黄欣周指出将 kultur 译为"文化""非常确当"，与前述钱穆
认为将 culture 译作"文化""实甚恰当"，尽管他们给出的理由并不一
致，在钱穆那里，"文化"概念的含义更广，但显然，中国学人已经惊
喜于"文化"这个词汇的特殊功用，"文化"变成了更受人们欢迎的概
念工具。当然，就中国思想界和学术界的具体情况而言，就算对"文
化""文明"在不同西语中的原始语义有所觉察，但因知识来源不一，
认识也不尽准确，也有论者认为，因为西文中 civilization 与 culture 在当
代的含义已经混同，中文中的"文化""文明"与西文间的对译，也不
需要那么严格。有论者辩道：

> 文化一词在英文是 civilization，在法文是 civilisation，在德文则
> 是 kultur。我们中国人把这三个字都译作"文化"。但也有人把英

---

① 黄欣周：《文化与文明》，《东方文化》第 2 期，1943 年（具体日期不详），第 23 页。

> 法文的 civilization 一字译作"文明"，尚有 culture 一字则译作"文
> 化"。其实在英法文的 civilization 和 culture 二字，英法人早就把它
> 混用着了——都可作文化的意义解。①

然而众人都观察到的现象是，当两者混用时，国人仍偏向于以
"文化"一词作为通用的和根本的概念，"都可作文化的意义解"，而很
少有人主张都可作"文明"的意义解。在近代中国发生这种现象，与
德人针对英法人而倡导 kultur、日人对"文化""文明"语源意义上区
别的重视，在思想脉络深处是一致的。因而无论是社会生活和一般论述
中，还是在专门的学术论证和概念鉴别时，"文化"一词所带有的民族
性基因仍常常发挥作用。到 20 世纪 20~30 年代，"文化"一词的使用
频度显然逐渐增高，1924 年，林砺儒已将"文化"列为"最易误解
的""最流行的名词概念"之一，而有解释的必要。② 1927 年刘叔琴观
察到，"近年来时常听到的新语，我想要算'文化'这一语了。的确
'文化'是现在底流行语。犹之二三十年前所流行的'文明'一样，几
乎是谁都会使这个语"。③ 1930 年，社会学家孙本文拟了一份社会学的
术语汉译，均采意译，对于"凡意义确当，且已通用之旧译，概存其
旧"。其中 culture 之译为"文化"，就属于此例。④ 关注于"文化"的
理论研究和"文化学"学科建构的陈序经在 1930 年代提醒众人注意，
"近年以来，而尤其是十余年来文化这个名词的应用，在我国却逐渐的
普遍起来而代替了文明这个名词……可以见得文化这个名词流行之广，
而与十余年前的国人之喜用文明两字的情形，恰恰相反"。⑤

---

① 刘元钊：《"文化"之涵义》，《晨报》1935 年 6 月 19 日。

② 《什么是文化——林砺儒先生演讲》，《北京师大周刊》1924 年 12 月 14 日，第 1 版。

③ 刘叔琴：《文化琐谈》，《民铎》第 8 卷第 4 号，1927 年 3 月，第 1 页（文页）。

④ 孙本文：《社会学名词汉译商榷》，《社会学刊》第 1 卷第 3 期，1930 年 5 月，第 3 页
（文页）。

⑤ 陈序经：《文化学概观》（一），第 42 页。

第二节 "文化史"撰述与"文化"的盛行

一 梁启超与"文化史"

陈序经对于"文化"代替"文明"盛行的情形揭示虽然较晚，而在此之前，"文化"概念在中国思想界和学术界大规模地有意识地使用，在各种学术撰著中已有明显体现，这就是 20 世纪初开始的"文化史"撰述的潮流。这一潮流典型地反映了中国学人在接受、传播和运用"文化"概念上的旨趣，也颇能说明西语中"文化"的思想基因如何对中国学术界产生吸引力。

在民初"文化史"的撰述潮流中，梁启超有着开创和示范之功。梁启超一生重视史学，他对"新史学"的倡导及其实践，历来为学界所关注。就近年来的研究情况看，对梁启超史学思想的研究，多着眼于史学史本身，或从史学思潮角度评价梁氏学术地位，或探讨西方史学对梁氏史学研究的影响。① 关于梁启超"新史学"中包含的政治内容和政治诉求，成为学术界关注的焦点。俞旦初认为，当时史学界的革命和革新，与"救国"和"兴国"有着十分重要的关系；黄敏兰认为梁启超

① 如张书学《中国现代史学思潮研究》（湖南教育出版社，1998）主要从相对主义史学思潮的角度论述梁启超的史学观；葛志毅《梁启超的文化史研究及其所受西方文化思想的影响》和《梁启超文化史观形成原因的若干研究》（均见氏著《谭史斋论稿》，黑龙江人民出版社，2001）讨论了西方学术思想特别是西方文化史观派对梁氏文化和文化史观念的影响；宋学勤《梁启超与社会学》（《史学月刊》2007 年第 12 期）探讨了梁氏对社会学的认识和以社会学治史的理论和实践等。鲍绍霖等著《西方史学的东方回响》（社会科学文献出版社，2001）、李孝迁《西方史学在中国的传播》（华东师范大学出版社，2007）有专章对梁启超新史学的思想进行了考源，对梁氏在近代史学史上的地位给予肯定，并揭示了西方的文明史思潮与中国近代史学的关系；桑兵《近代中国的新史学及其流变》（《史学月刊》2007 年第 11 期）系统论述了近代新史学的全体，同时对梁氏倡导新史学的具体贡献有深入揭示。

的《新史学》首先是一部政治理论著作；许小青揭示了梁启超等倡导的新史学对中国近代民族国家观念兴起的促进作用。① 虽然政治上的求新是梁启超史学主张的意义所在，但当时新出现的"文化"概念及由此兴起的"文化史"研究的趋向，也是影响梁氏并通过梁氏影响到国内思想界的重要方面。自然，因甲午之后，梁启超的活动"益带政治的色彩"，② 以政治理解梁的新史学，本来符合梁氏思想初衷。但因过于注重考察其中的政治因素，导致另一重要因素——"文化"概念在其史学思想中的意义反而不彰。关于"文化"和"文化史"的观念对梁氏历史认识以及对后来思想界、学术界的影响，郑先兴曾专门探讨近代中国的"文化史学史"，在重点论述西方史学理论对中国文化史研究的影响时，细分了梁启超 20 世纪初的文明史研究和五四时期的文化史研究，对其理论来源和相关实践进行了详细的论述。③ 另有一批论述文化史的论著，包括一些研究梁启超文化史实践的论文，因其"文化史"概念系由自己规定的特指的狭义范畴，恰好掩盖了广义"文化"概念对梁氏史学主张的影响。

　　19 世纪末，日本形成"文明史"研究的热潮，出现一批以"文明史""开化史"为主题叙述日本本国历史及翻译西洋历史的著作。这一趋势受到康有为、梁启超等人的注意。梁启超将"文明史"这一概念专门介绍给国人。这一时期，梁氏流亡日本，以极快的速度不断吸收、更新东洋新知，同时也积极进行传播、介绍。鲍绍霖注意到，梁的"新史学"至少在其提出的初期，极为注重文明或文化方面。这种偏重

① 俞旦初：《二十世纪初年中国的新史学》，载氏著《爱国主义与中国近代史学》，中国社会科学出版社，1996；黄敏兰：《梁启超〈新史学〉的真实意义及历史学的误解》，《近代史研究》1994 年第 2 期；许小青：《20 世纪初新史学与民族国家观念的兴起》，《社会科学研究》2006 年第 6 期。

② 梁启超：《清代学术概论》，商务印书馆，1921，第 139 页。

③ 郑先兴：《文化史研究的理论和实践》，博士学位论文，华东师范大学史学研究所，2004；《新史学思潮的文化史研究理论与梁启超的文化史研究》，《南都学坛》2007 年第 1 期。

文化及文明的倾向以及梁氏"新史学"的主要倡议和当时流行于日本的文明或文化史学（包括已经日译的欧洲作品或日人编著的同类作品）的基本持论十分相似。①

日本学界"文明史"的理念对于中国有较大的影响。当时中国学者中，有人干脆将此一并理解为"文化史"。如汪荣宝认为："研究各社会之起源、发达、变迁、进化者，是名'文明史'。"若商业史、工艺史、学术史、美术史、宗教史、教育史、文学史均属之，"与谓'文明史'，宁可谓'文化史'。"② 严格地说，在西学中，就像"文明"与"文化"在内涵上有所区别一样，"文明史"和"文化史"也是有一先后递进的顺序的，梁启超本人正是在文明史的基础上，受鲁滨逊（A. H. Robinson）、李凯尔特（H. Rickert）文化史家的影响，从"文明史"发展到"文化史"的。③ 从对史学的范围、内容和对象的认识来看，"文明史"和"文化史"两者又具有一定的联系。如果说梁启超在倡导"新史学"初时特别强调的是"人群进化"和"公理公例"而深刻影响到后人史观的话，1920 年代以后，他对于中国新史学影响的一个重要方面，是以"文化"来理解历史并提供历史编纂的提要或样本。在《中国历史研究法》中，梁启超说："质言之，则史也者，人类全体或大多数之共业所构成"，"实乃簿录全社会之作业而计其总和"。"欲成一适合于现代中国人所需要之中国史，其重要项目"都是为"校其总成绩以求其因果"。受"文化"概念和"文化史"潮流的影响，梁启超认为通史应当克服单纯政治史的弊端，成为文化史。"普遍史即一般文化史也"。梁启超强调："作普遍史者须别具一种通识，超出各专门事项之外，而贯穴乎其间。夫然后甲部分与乙部分之关系见，而整个的

---

① 参见鲍绍霖等《西方史学的东方回响》，第 39 页。
② 衮父（汪荣宝）：《史学概论》，《译书汇编》第 2 年第 10 期，1902 年 12 月，第 70 页。
③ 参见郑先兴《新史学思潮的文化史研究理论与梁启超的文化史研究》，《南都学坛》2007 年第 1 期。

文化，始得而理会也。"①

但从前期的《新史学》到后期的《中国历史研究法》，梁启超史学思想的这两个阶段并不是完全分离的，实际上前期已经为后来"文化史"的张目奠定了理论基础。在日本时，梁启超计划编写一部《中国通史》，其中的叙论部分，即1901年在《清议报》发表的《中国史叙论》。梁氏反对将历史视为"一人一家之谱牒"，提出"近世史家必探察人间全体之运动进步，即国民全部之经历，及其相互之关系"。这里面既包含以"国民史观"对抗传统的"君主史观"的意义，同时也带有以"文化史"的广泛内涵代替传统政治史的隐义。这一广泛内涵到底包括哪些方面，可从梁启超引述德国哲学家海尔曼·洛采（Hermann Lotze）的话里看出："德国哲学家埃猛·埄济氏（梁启超的译法——引者注）曰：'人间之发达凡有五种相：一曰智力（理学及智识之进步皆归此门），二曰产业，三曰美术（凡高等技术之进步皆归此门），四曰宗教，五曰政治。'凡作史读史者，于此五端，忽一不可焉。"② 1902年，梁启超在《新史学》中提到，凡政治学、群学、平准学、宗教学等，皆近政治界（从西方思想史常常将"历史"与"自然"对举的一般用法，和梁氏在本文的上下文来看，这里的"政治界"都应为"历史界"的手误，但后来收入各种文集时仍从未改变过，何以如此，待考——引者注）之范围。与之相对，凡天文学、地理学、物质学、化学等，皆天然界之范围。前者所谓"历史界"，庶几广义的"文化"。梁启超将"历史界"与"天然界"对举，其所理解的"历史界"实际上包含广义的"文化"含义。因为在西方哲学史中，将"自然"和"文化"对举，是认识现象的重要范畴。可见他理想中的

---

① 梁启超：《中国历史研究法》，商务印书馆，1922，第3、11、62~63页。
② 任公（梁启超）：《中国史叙论》，《清议报》第90册，光绪二十七年七月廿一日，第1页（文页）。

新史学，就是"自有人类以来全体之史"。①

梁启超在"全体史""普遍史""通史"的意义上使用"文化史"，这时的文化史包罗万象。梁启超 1920 年左右写的《中国通史稿》下"志三代宗教礼学"篇附有《原拟的中国文化史目录》，包括了朝代篇、种族篇、地理篇、政制篇、政治运用篇、法律篇、教育篇、军政篇、财政篇、教育篇、交通篇、国际关系篇、饮食篇、服饰篇、宅居篇、考工篇、通商篇、货币篇、农事及田制篇、语言文字篇、宗教礼俗篇、学术思想篇、文学篇、美术篇、音乐篇及载籍篇（共 25 个方面），逐一论述中国文化的发展历程。对照他的《原拟中国通史目录》，分别为三部，一为政治之部，包括朝代篇、民族篇、地理篇、阶级篇、政制组织篇上（中央）、政制组织篇下（地方）、政权运用篇、法律篇、财政篇、军政篇、藩属篇、国际篇、清议及政党篇；二为文化之部，包括语言文字篇、宗教篇、学术思想篇（上、中、下）、文学篇（上、中、下）、美术篇（上、中、下）、音乐剧曲篇、图籍篇、教育篇；三为社会及生计之部，包括家族篇、阶级篇、乡村都会篇、礼俗篇、城郭宫室篇、田制篇、农事篇、物产篇、虞衡篇、工业篇、商业篇、货币篇、通运篇。② 通史与文化史，几无大异。金毓黻将两种目录加以对照后，认为"梁氏初稿，本名《通史》，后乃易称《文化史》，故于原目有所更定……考其所创《通史》之初稿，乃子题曰《中国文化史稿》，而以历史研究法为第一编，此盖依据上列目录，以此撰述，而以文化史为通史也"。③ 1921 年，梁启超在天津南开大学任课外讲演，"一学期终，得《中国历史研究法》一卷，凡十万言"，并由此计划以三四年之力，"创造一新史"。④ 此书开篇就提出了广义的文化史研究的对象、任务和作用

---

① 中国之新民（梁启超）：《新史学》，《新民丛报》第 3 号，光绪二十八年二月一日，第 2、6 页（文页）。

② 梁启超：《饮冰室合集·专集之四十九》，中华书局，1989，第 19～20、15～17 页。

③ 金毓黻：《中国史学史》，商务印书馆，1999，第 404 页。

④ 梁启超：《中国历史研究法》，"自序"，第 2～3 页。

等基本观点。1922年春，在清华大学讲《五千年史势鸟瞰》，这是梁启超构想的三卷本《史稿》（梁启超说"贸然刊布，而字之曰《史稿》"，[①] 究竟取名为《中国通史史稿》还是《中国文化史史稿》，待考）的第二卷，但没有最终完成。1925年秋冬，梁启超在清华大学教授《中国文化史社会组织篇》，下设八章，前五章为史论体，后三章为纲目体。篇目为：第一章，父系与母系；第二章，婚姻；第三章，家族及宗法；第四章，姓氏；第五与第六两章，合论阶级；第七章，乡治；第八章，都市。张荫麟评价为"整裁虽未完善，然其体例及采裁，（全）空依傍，亦一有价值之创作也"。[②] 这虽然也是一部未完之稿，但已经显示梁启超着手一个更为庞大的《中国文化史》的撰述计划。在编撰的方法论方面，1922年12月，梁启超演讲《什么是文化》，阐发了对于文化的定义和文化史研究的理论；又做《研究文化史的几个重要问题》，进一步修正了《中国历史研究法》中的相关观点，对文化史研究中的归纳法、因果法和进化观提出了新见解。

二　"文化史"的"文化"视角

梁启超所做的一切历史学的研究，实际上都是最为宏观的"中国文化史"。因为这一广义的"中国文化史"规模太大，梁氏也具体做了一些专史的研究。他的各专史著作，实际上是最为广大的通史式的中国文化史组成部分。在研究专史的实践中，梁氏关于思想与学术方面的著作最为重要，贡献也最大。这一部分，实际上是他所主张的狭义的"文化史"部分，是在狭义的范围内使用"文化"和"文化史"的概念。需要指出的是，一般论及梁启超的文化史研究，也都是以狭义的文化史著作作为对象的，如林志钧曾经说起梁启超的文化史研究，指的就是狭义的文化史。林志钧说：

---

① 梁启超：《中国历史研究法》，"自序"，第2～3页。
② 素痴（张荫麟）：《近代中国学术史上之梁任公先生》，《大公报》1929年2月11日。

其《历史研究法》，则其治史之方法论。而《政治思想史》、《美文及其历史》、《近三百年学术史》、《佛教史》诸篇，皆为文化史之初稿……任公先生之于文化史，亦朝夕常言之，欲为此以治史。①

这一段话显然是从狭义来理解梁启超的"文化史"的，并不能使我们完整地看到梁启超所进行的狭义"文化史"研究与他的宏大的广义"文化史"的有机联系。

首先需要看到，梁启超致力于思想史和学术史的研究，并非是晚年（1920 年代后）才有此转向的。早在 1902 年，梁启超就发表了《论中国学术思想变迁之大势》，这篇著作主要考察思想和学术方面。在总论中，梁启超对中国文明给予了极高的地位，认为：

西人称世界文明之祖国有五：曰中华，曰印度，曰安息，曰埃及，曰墨西哥。然彼四地者，其国亡，其文明与之俱亡……而我中华者，屹然独立，继继绳绳，增长光大，以迄今日；此后且将汇万流而剂之，合一炉而冶之。于戏，美哉我国！于戏，伟大哉我国民！②

因为此书以"学术思想"命名，后来者纷纷从独立的"学术史"视角来对待它。它被称为"第一部的'中国学术史'"，③"第一次给我们一个'学术史'的见解"，④ 但它与梁启超"文明""文化"的观念

---

① 林志钧：《饮冰室合集序》，《饮冰室合集》，中华书局，1936。
② 中国之新民（梁启超）：《论中国学术思想变迁之大势》，《新民丛报》第 3 号，光绪二十八年二月一日，第 2 页（文页）。
③ 郑振铎：《梁任公先生》，《小说月报》第 20 卷第 2 号，1929 年 2 月，第 337 页（卷页）。
④ 胡适：《在上海（四十自述的第四章)》，《新月》第 3 卷第 7 期，1929 年 10 月，第 12 页（文页）。

的关系如何，却值得深入认识。

众所周知，梁启超早先是从与"野蛮"相对立的角度来认识"文明"这一概念的意义并使用这一概念的。后来在福泽谕吉的影响下，开始强调"文明"的精神方面。他在1899年时说："文明者，有形质焉，有精神焉。求形质之文明易，求精神之文明难。精神既具，则形质自生；精神不存，则形质无附。然则真文明者，只有精神而已。故以先知先觉自任者，于此二者之先后缓急，不可不留意也。"① 进而，梁启超认为一个民族文明的程度，最重要的表现就在于思想和学术。中华文明具有如此崇高的地位，正是中国学术史所展现出来的。在《论中国思想学术变迁之大势》中，梁启超清楚地阐明："学术思想之在一国，犹人之有精神也；而政事、法律、风俗及历史上种种之现象，则其形质也。故欲觇其国文野强弱之程度如何，必于学术思想焉求之。"② 这一思想延续到后来，促成了梁启超在从事中国文化史的学术实践时，优先开展中国学术史的研究。

梁启超以思想和学术来表现中国民族的文明，以学术史为广义的中国文化史的优先部分，是与"文明"和"文化"概念的发展进程相吻合的。在"文明"和"文化"的观念上，中国在世俗和政治方面居于劣势，而思想和学术方面却有成就。只有从中国民族固有的精神世界、思想高度和学术成就上，才能把中国民族的"文明"勾勒出来，或者说，只有从"文化"的角度讲，中国才有"文明"，也才能显示出"文明"。梁启超最早讲"文明"，主要是为了发表政治上的诉求，其着眼点放在中国，进化论的倾向十分显著；而当他主要展现中国"文化"时，其视野扩大到包括中国在内的世界，从政治角度谈"文明"的色彩减弱，更多的是突出中国"文化"优越的方面。川尻文彦已经注意

---

① 哀时客（梁启超）：《国民十大元气论》，《清议报》第33册，光绪二十五年十一月廿一日，第1页（文页）。

② 中国之新民（梁启超）：《论中国思想学术变迁之大势》，《新民丛报》第3号，光绪二十八年二月一日，第1页（文页）。

到，梁启超著《论中国思想学术变迁之大势》时，正在"欲草一中国通史以助爱国思想之发达"，[①] 因而不能孤立地看待《论中国思想学术变迁之大势》，它与《中国史叙论》《新史学》《新民说》必须作为一系列的著作来分析。梁启超写作是篇，显示出要把"文明强弱之程度"还原为"学术思想"，通过中国学术史展现自己的"文明"观。[②] 联系到梁启超对于"文明"和"文化"概念理解的变化，这一观察视角极有意义。郑振铎叹惜，梁启超著《中国文化史》，胆力足以"吞全牛"，最终却成"广陵散"，[③] 必然如此。梁氏的贡献，不在于（也不可能）完成各种广义、狭义的文化史研究著作，而在于提供新的思想资源。近代中国观念的引进和思想的更新，梁启超在其中扮演了极其重要的角色。除了"国家""国民""社会"等已有较多论述的词汇外，"文化"和"文化史"也是梁启超贡献给国人的新的关键性"概念工具"。这一概念工具引进的直接后果，就是"文化史"研究成为中国近代史学的一个重要潮流。此后，"文化"这一概念在更大程度上为人们接受，人们越来越多地用"文化"来认识和区分中国与世界，以及开展新的争鸣，从而成为"一般思想史"的重要基础性概念。梁启超对"文化"和"文化史"概念的输入，以及他计划或提示的"文化史"研究，不仅从史学认识的角度，而且通过史学认识上升到思维方式，为"文化"概念更为广泛的传播和使用起到了推波助澜的作用，深刻影响着近代中国的知识与制度转型。[④]

---

① 梁启超：《三十自述》，载何天柱编《饮冰室文集》第 1 册，广智书局，1902，第 5 页（文页）。

② 参阅川尻文彦《近代中国的"文明"——明治日本的学术与梁启超》，载桑兵、赵立彬编《转型中的近代中国——近代中国知识与制度转型学术研讨会论文选》（上）。

③ 郑振铎：《梁任公先生》，《小说月报》第 20 卷第 2 号，1929 年 2 月，第 350~351 页（卷页）。

④ 作为近代知识体系转型的关键人物，梁启超在概念和思想层面的作用不可低估，但在学术方面，主要体现在"筚路蓝缕的发端作用，实际影响则不无曲折"。参见桑兵《梁启超的东学、西学与新学——评狭间直树〈梁启超·明治日本·西方〉》，《历史研究》2002 年第 6 期。

三 "文化史"的编纂高潮

"文化"概念的引进和"文化史"潮流的兴起，恰逢 20 世纪初中国教育体制的改革。1903 年以后，新式教育推行，许多文明史、文化史的著作因最适合作为西洋史和中国史的教科书，对历史著作的编纂产生很大的影响。特别在教科书方面，多部中国史的教材，无论是否以"中国文化史"命名，实际上都采用文化史的体例。1927 年南京国民政府成立后，对于以文化史作为大中学的教材，仍取基本认可的态度。尽管国民党在教育中极力加强政治的内容，但文化亦与之并重。置身于历史教科书编撰潮流并讲学于课堂的吕思勉记述："民国二十七年，教育部颁行大学课程；其初以中国文化史为各院系一年级必修课，后改为通史，而注明须注重于文化。大约因政治方面，亦不可缺，怕定名为文化史，则此方面太被忽略之故。用意诚甚周详。"①

柳诒徵的《中国文化史》是民国时期流传最广、影响较大的一部大学讲义，创稿于 1919 年，先于 1925 年起在《学衡》连载，1932 年出版，1947 年重版。柳氏强调通过历史认识文化，该书内容自上古直到民初，虽然对于传统的政治史的进程有完整的介绍，但重点在制度、思想、学术、宗教和狭义的文化方面。柳诒徵所针对的是"世恒病吾国史书为皇帝家谱，不能表示民族社会进步之状况……举凡教学、文艺、社会、风俗以至经济、生活、物产、建筑、图画、雕刻之类，举无可稽"的状况，因此"欲祛此惑，故于帝王朝代，国家战伐，多从删略，惟就民族全体之精神所表现者，广搜而列举之"。② 这里所针对的显然就是梁启超在《新史学》中从广义"文化"意义上对中国史学的批判，而欲通过该书予以纠偏。但柳氏后来也指出，如梁氏那般从事宏大的文化史撰述是难以竟功的，尽管梁氏对中国历史的偏重方面与柳大

---

① 吕思勉：《吕著中国通史》，开明书店，1947，"自序"，第 1 页。
② 柳诒徵：《中国文化史》上册，上海古籍出版社，2001，"绪论"，第 7 页。

体相类。1926年，柳诒徵评论道："近儒操笔，矜言文化。毛举细故，罕知大谊。新会梁氏，殚精国闻，创为一书，分类标目，自朝代都邑，政术宗教，以洎文艺军备，农业商市，工艺美术，戏剧歌曲，骈罗并举，竟委穷原，杜郑以来，无斯鸿者。案其规划，已叹观止。济以新识，运以眇笔，杀青之后，必无古人。独患综摄既多，钩纂匪易，体大思精，骤难卒业。"[①] 果然柳氏看到他的书稿刊布后，称"梁新会有纵断之作，才成一二目，未竟其绪"。[②]

1924年吕思勉所著新学制高中教科书的《本国史》（商务印书馆，1924）也同样如此，从远古讲到民国，只用了12万字左右篇幅，而政治、经济、文化以及典章制度各个方面无不顾及。[③] 吕著《中国通史》，分为两编，上编为《中国文化史》，下编为《中国政治史》。其体例是"先就文化现象，分篇叙述，然后按时代加以综合"。[④] 全书分为婚姻、族制、政体、阶级、财产、官制、选举、赋税、兵制、刑法、实业、货币、衣食、住行、教育、语文、学术、宗教共18个部分。这与梁启超的"文化史"设想十分接近。

从清末到民国，各种《中国文化史》《中国文明史》的著作，据不完全统计，有林传甲的《中国文化史》（1914年）、顾康伯的《中国文化史》一册（1924年）、常乃德的《中国文化小史》（1928年）、陈国强的《物观中国文化史》二册（1931年）、柳诒徵的《中国文化史》二册（1932年）、杨东莼的《本国文化史大纲》（1932年）、陈登原的《中国文化史》二册（1935年）、文公直的《中国文化史》（1936年）、王德华的《中国文化史略》（1936年）、缪凤林的《中国民族之文化》（1940年）、陈安仁的《中国文化演进史观》（1942年）与《中国文化

---

①　柳诒徵：《中国史学之双轨》，《柳诒徵史学论文集》，上海古籍出版社，1991，第93页。

②　柳诒徵：《中国文化史》上册，"弁言"，第1页。

③　黄永年：《回忆我的老师吕诚之（思勉）先生》，《学林漫录》第4集，中华书局，1981，第65页。

④　吕思勉：《吕著中国通史》，第6页。

史》二册（1947 年）、王治心的《中国文化史类编》（1943 年）、陈竺同的《中国文化史略》（1944 年）、钱穆的《中国文化史导论》（1947年）。王云五主持商务印书馆则打算"博考外人编纂之我国文化史料，与前述法英两国近年刊行《文化史丛书》之体例，并顾虑我国目前可能获得之史料，就文化之全范围，区为八十科目，广延通人从事编纂……分之为各科之专史，合之则为文化之全史"。① 这套丛书太平洋战争爆发前，已经出版 40 余种。

在各种文化史教科书编撰的激励下，"文化"一词一时流行开来。上述各著作在论及文化史时，其实不同人之间甚至同一人在不同的上下文中，所说的"文化"内涵范围不尽一致，而总体倾向都是以文化来解释和囊括中国历史，以文化史的要求为标准来编撰通史。甚至在较为后期的钱穆那里，仍能看到这种反映。钱穆在他与梁启超同题的《中国历史研究法》中说：

> 其实文化史必然是一部通史，而一部通史，则最好应以文化为其主要之内容。其间更分为政治、社会、经济、学术、人物与地理之六分题，每一分题，各有其主要内容，而以文化为其共通对象与共通骨干。②

各种《中国文化史》的风行是 1920 年代以来中国历史编纂的一个新特征，在史观和著作形制上带来了整体性有别于传统史学的变化。值得注意的是，这一时期，传统史学并非一无所成。柯劭忞（清史馆馆长）编《新元史》，参与编撰《清史稿》，都是承袭正史的传统做法。其中《新元史》学术造诣极高，颇得学界好评，只因旧史不能满足新时代的要求，只能走向边缘。

---

① 王云五：《编纂中国文化史之研究》，载胡适等编《张菊生先生七十生日纪念论文集》，第 648 页。
② 钱穆：《中国历史研究法》，"序"。

第三节 "文化"之释与"文化"的认知意义

一 "文化"概念的狭义与广义

尽管难免"旧派失之滞""新派失之诬"，[①] 但各种文化史著述在史观和著作形制上带来了整体性有别于传统史学的变化。"文化"和"文化史"成为王汎森所谓"一个时代所凭借的'思想资源'和'概念工具'"，[②] 影响深远。这一概念工具引进的直接后果，除在"文化史"研究领域取得丰硕成果外，更为"文化"观念的广泛传播和概念的使用起到了推波助澜的作用。"文化"概念的输入和流行、"文化史"的撰述，标志着国人积极使用"文化"的概念来组织新旧知识，提出一套认识世界、认识中国和认识自身的方法，并以此来进行知识的积累和传播，重建新的认知框架。

由此，西语意义上的"文化""文明"概念输入中国，"文化"一词在中文中的意义，从一般儒学的"教化"为之一变，而近于西方学术界关于"文化"是"整体复合物"的基本观念。黄兴涛的研究阐明，在晚清民初的历史语境中，中国传统的"文明"和"文化"概念大体经历了一个摆脱轻视物质、经济、军事方面的内容，形成内蕴进化理念的新的现代的广义的"文明"，再从另一维度部分地回归与"武化"、物质化相对的中国传统"文明"和"文化"的关键内涵，进而获取新的思想资源、重建一种新的狭义"文化"概念的过程，最终构成了一个广、狭义内涵并存、带有矛盾

---

① 卞僧慧记陈寅恪对当时文化史研究的批评，转引自蒋天枢《陈寅恪先生传》，载氏著《陈寅恪先生编年事略》，上海古籍出版社，1997，第222页。

② 王汎森：《"思想资源"与"概念工具"》，载氏著《中国近代思想与学术的系谱》，河北教育出版社，2001，第150页。

性的现代"文化"概念结构。① 体现在中国学人的概念使用中，大多以"文化"作为范围较大的、包含精神方面内容以显示民族特征的概念，而以"文明"作为侧重于"文化"的物质方面的概念，被包容在"文化"概念之内。"若照广义的使用，则文化与文明是同义语，且包括精神与物质二者，若照狭义的使用，则文化偏指精神方面，而文明偏指物质方面。"②

"文化"的概念，包容了人类生活的所有方面，包括国家、社会、经济、技术、科学、艺术、政治、法律、宗教、道德以及物质生活。在相当长的时间里，广义的"文化"概念和"文明"概念的含义基本相通，可以互换。梁启超在《什么是文化》中，说文化是"人类心能所开积出来之有价值的共业"，并接受新康德派思想家李凯尔特的观点，指出"文化"包括物质和精神两面，是与"自然"相对应的一个概念："宇宙间事物，可以把他们划分为两系。一是自然系，二是文化系。自然系是因果法则所支配的领土，文化系是自由意志所支配的领土。"③尽管也有学者指出，此时梁氏的观点"主要还是源于中国儒家与佛教的思想背景"，④ 但使用"自然""文化"这一类西学的术语，已经显示在学理的基础环节，西学的观念正在大规模替换旧有观念。梁启超之后，人们更多地讨论"西方文化""东方文化"或"中国文化"，此前习惯使用的"西学""中学"不再担负指认东西文化的意义，从而为文化问题的讨论及其相关理论的发展开辟了道路。另一个现象，如罗志田所论，实际上史学本身的意义已经降低，以前被道德提升了的史学的功能逐渐转移到文化身上，"史"也不再能够为民族复兴提供思想资源，

---

① 黄兴涛：《晚清民初现代"文明"和"文化"概念的形成及其历史实践》，《近代史研究》2006 年第 6 期。

② 胡伊默：《论文化》，《中山文化教育馆季刊》第 2 卷第 3 期，1935 年秋季，总第 958 ~ 971 页。

③ 梁启超：《什么是文化》，《梁任公学术讲演集》第 3 辑，商务印书馆，1923，第 115、118 页。

④ 黄克武：《百年以后当思我：梁启超史学思想的再反省》，载杨念群等主编《新史学：多学科对话的图景》，中国人民大学出版社，2004，第 60 页。

而言"文化"者，其思想资源已在西方。[①]

因为"文化"具有广义的性质，能够克服某一方面论述的片面性，"文化"一词在学术上也成为一种有利的概念工具，故而在后来的各门学科中，"文化"也成为广泛使用的术语。如在社会学中，有论者看到了这一概念在使用过程中的便利性：

用"文化"一术语解说社会现象，特别占便宜的地方很多。第一，可以避免从前社会学家之以一种原素说明社会现象的主观的弊病；第二，有具体的材料可以搜集，可以证明。[②]

进入 1920 年代后，狭义的"文化"概念迅速生长，出现了"文化"的狭义概念与广义概念并行的阶段。黄兴涛发现，从精神价值层面整合教育、学术、道德、文艺等因素的狭义"文化"概念生成于民国初年，在新文化运动初期，从内在精神特质上整体反思传统文明，一开始仍在包括物质发展在内的广义"文化"观念或现代"文明"观念为基础的框架下进行的，但在广义的"文化"概念定义形成之后，反映实际运动中相对于政治和经济的狭义的"文化"概念之定义也随之产生，1920 年陈独秀《新文化运动是什么》一文中将"文化"的内容规定为"科学、宗教、道德、文学、美术、音乐"，奠定了新文化运动继续开展下去的另一个"文化"概念的认知基础。[③] 但广义的"文化"与狭义的"文化"并非对立，它们统一于"人"的作用。狭义的"文化"更多地指向人的能动的方面，而广义的"文化"则是人的能动的结果。同时，人又是在这种结果或成就的基础上发挥其能

---

① 罗志田：《清季民初经学的边缘化与史学的走向中心》，《汉学研究》（台北）第 15 卷第 2 期，1997 年 12 月。

② 毛起鵷：《文化社会学派的学说与批评》，《社会科学杂志》第 2 卷第 3 期，1930 年 5 月，第 9 页（文页）。

③ 参阅黄兴涛《晚清民初现代"文明"和"文化"概念的形成及其历史实践》，《近代史研究》2006 年第 6 期。

动作用的。林砺儒认为，"文化"就是"自然的理想化"，这个自然，既包括外部的自然状态，也包括内部的即心理的自然状态。人类对于环境和自己的行动，不断地用理想来进行整理和改造，这种成绩的成功，就是"文化"，这种整理改造的作用，就是"文化的作用"。① 王善继认为，一般人论及的"文化"是"生活的式样"之类的说法，都是"对文化认识的谬误，至少是没有十分的理解"，他提出"文化"从广义上，是"创造人类社会的一切"，从狭义上，"则人类社会的风俗习惯、教育、法律、道德、哲学、科学、艺术、宗教、言语等，统称之为文化"。这虽仍是"精神文化"与"物质文化"的两分法，但作者强调，两者并不是对立的关系，"物质文化"是"精神文化"的基础。②

二　文化论战中的概念反思

对于"文化"问题的学理探讨中，"文化"作为通行的概念工具，在中国的文化论战过程中，仍有进一步阐释，并因文化论战的需要而各有理解，言人人殊。这是特殊思想背景下对于"文化"的学理探究走向深入的表现，也是不同思想主张对于学理需求相异的表征。到1930年代，复有国民党确立统一的文化意识形态的主动，更加推动关于"文化建设"的讨论，吸引各方知识人踊跃参与文化论战，并着力于对相关范畴界定、理论法则和论证逻辑的讨论，以便为论争各方提供学术上的依据。对"文化"概念的诠释至此显得更为丰富，理论色彩更为显著。

1935年1月《中国本位的文化建设宣言》发表后，多数文章在参与讨论时，均将关于"什么是文化""文化的本质"等理论问题置于首位。与此同时，随着各专业的学者参加讨论，改变了此前思想界泛泛而

---

① 《什么是文化——林砺儒先生演讲》，《北京师大周刊》1924年12月14日，第1版。
② 王善继：《新兴文化的理论基础》，《文化界》（半月刊）第2期，1933年10月1日。

谈的状况，对文化理论问题的关注和学术性思考开始增多。1935 年由于本位文化建设宣言引起的讨论极大地促进了作为学术术语的"文化"概念的普及，西方和时人的"文化"定义得到了广泛介绍和综述。社会学者言心哲在一篇学术性文章中，介绍了中外学者对于"文化"一词的定义，其中既有西方学者泰勒、韦来（Willey）、斯托克（Stoch）、厄尔武德（Ellwood）等对"文化"的解释，也有当时声名较著的中国学人孙本文、胡适、张东荪、梁漱溟等人对"文化"概念的看法。① 教育界人士姜琦还把西方学者对"文化"的论述，区分为欧洲学者的"人文主义立场"和美国学者的"实用主义立场"。② 从众多的讨论文字看，西方学术界对于"文化"的一般认识基本上为参加讨论的人了解和接受，特别是西语中"文化"与人、"文化"与环境的关系、"文化"的广义内涵，绝大多数讨论者都广为引述，作为自己立论的基础。甚至连佛教界的太虚法师，在文章开篇也提出"文化是人类改造所依所资的自然物，以适应人生需要的方式和工具，乃竖穷语文所传、横遍舟车所达的一切人类努力交织以成"，③ 体现了对流行的广义文化概念的认同。对于"文化"与"文明"在西语语源中的分野，讨论者也都有明确的了解。④

论战参与者对"文化"概念纷纷提供了各自的定义，因各人在文化论战中的立场和观点各异，所依托或附会的理论也各不相同，使得论战高潮中"文化"的定义呈现出内涵形形色色、学理各取所需的特点。概括起来，较有影响的有如下数种。

---

① 言心哲：《社会调查与中国本位的文化建设》，《中央日报》1935 年 3 月 4 日，第 3 张第 2 版。

② 姜琦：《我也谈谈"中国本位文化建设"问题》，《国衡》第 1 卷第 3 期，1935 年 6 月。

③ 释太虚：《怎样建设现代中国的文化》，《文化建设》第 9 卷第 1 期，1935 年 1 月，第 23 页。

④ 宗流：《文化本位与哲学基点》，《晨报》1935 年 3 月 5 日，第 8 版；刘元钊：《"文化"之涵义》，《晨报》1935 年 6 月 19 日，第 10 版。

第一种是唯生论的"文化"概念。

代表国民党官方意识形态的 CC 系首领陈立夫认为，文化是一个民族求生存的总成绩。陈立夫指出：

> 以过去言，即一民族因应付其环境以求生存而所得之进化的总成绩；以现在言，即一民族为求使唤目前之时代及环境所需之生存的方式和方法；以将来言，即一民族为求将来之继续生存所从事之准备工作。简单的说，文化是人类应付时间和空间以求生存进化的总成绩。[1]

这一观点被陈石泉发挥为"积极的创造的以'生存'为重心的一个为着应付时空而求生存进化的总成绩"。[2] 李剑华进而将"文化"概括为"人类为求生存，为求生存之更上，更善，更美而产生的一切的物质的精神的总和"。[3] 这几位论者都是本位文化建设论的倡导者和赞同者。唯生论的"文化"概念代表着国民党的官方文化意识形态，为国民党主管思想统制的机关所主张，对于知识界有着巨大的影响，后几种对"文化"概念的理解和认识多多少少与这一观念有着直接或间接的联系。

第二种是精神与观念论的"文化"概念。

与多数人从广义理解"文化"、特别重视"文化"的物质方面的观念不同，这种定义比较偏重于"文化"的精神方面。叶青坚持认为，"文化"是"观念形态"，是一种"精神的东西"，"文化"是知识的、教养的，"文明"是政治的、社会的。他将"文化"定义为：

> 文化是产生于物质生活又作用于物质生活之精神的体系，有一

---

[1]　陈立夫：《中国文化建设论》，《文化建设》第 1 卷第 1 期，1934 年 10 月，第 11 页。

[2]　陈石泉：《中国文化建设的动向》，《大公报》（天津）1935 年 3 月 13 日，第 1 张。

[3]　李剑华：《中国本位文化建设绪论》，《中央日报》1935 年 6 月 7 日，第 3 张第 3 版。

贯的原理，在形式上为种种的观念形态。①

这些观念形态具体地说就是宗教、哲学、科学等。叶法无也提出：

> 文化的内容据一般学者的见解包含颇广，举凡宗教、艺术、道德、法律、科学、哲学、文学、技术，以至一切的生活方式、智识、信仰、行为都是文化的范围。但这是从分析方面而言，若由全体而论，则一种文化必有一种文化的精神。

又说：

> 所谓文化，在生活方面看来，它是社会的风俗、习惯、制度、工具、物质文明。但在另一方面看来，它是社会的团结力、思想的系统、一民族的信仰。故文化在其表现方面是物质的，然在其全体的意义上却是精神的事物。②

以"精神"作为区别民族文化特征的标志，这一观点与国民党官方的立场也有重要关联。早在1928年，国民党当局就以此作为强调中国传统文化的理据。1928年4月，国民政府发布明令，指出"国于大地，必有其民族特殊之精神，而特殊精神之表现是为文化"，因而要求把经孙中山提倡的固有道德中的"忠孝仁爱信义和平"和固有智能中的"格物、致知、诚意、正心、修身、齐家、治国、平天下"定为标准，共同遵守。③

---

① 叶青：《资本主义文化与社会主义文化讨论》，《文化建设》第1卷第7期，1935年4月，第70页。

② 叶法无：《文化革命论》，《汗血周刊》第2卷第5期，1934年1月28日，第7页；《现阶段中国文化建设的把握》，《正论》第24期，1935年10月，第12页。

③ 《国民政府十七年四月十九日明令》，中国第二历史档案馆编《中华民国史档案资料汇编》第5辑第1编文化（一），江苏古籍出版社，1994，第11~12页。

第三种是工具论的"文化"概念。

早在 1930 年孙本文在中国社会学社成立大会上，曾经宣读论文，指出"文化是人类调适于环境所创造以满足生活需要的工具"，人类的生活就是创造和运用工具的过程，也就是创造和运用文化的过程。[①] 姜琦对此十分赞同，认为从民生史观看来，这个观念仍然适用，可以修改为"文化是人类调适于环境所创造以满足民生需要的工具"。因为"生活"似乎指的是个人的生活，而"民生"含有社会的生活的意味。"民生"是一种抽象的东西，而"工具"就使得"民生"有了具体的表现。[②] 这是从另一个侧面解释"文化"以"民生"为中心的形式。

第四种是活力论的"文化"概念。

罗敦伟认为，文化不仅仅是人类一切成果的总和，而且应包括人类向上与前进的活力。"文化的本质应该是：由静止的文化到具有向上与前进活力的文化，即是以生活为基础的血与肉的文化。"这一观点大体上与陈立夫唯生论的文化观类似，符合孙中山所言"为生存而努力"的意思，但与精神论的文化观则完全不同，作者强调要"由以精神为重心的文化到以物质为重心（当然包括精神）的物质文化"。[③] 罗敦伟是中国社会问题研究会的理事，主编《中国社会》，这个组织在文化观上比较偏向国民党主张的"本位文化论"。

第五种是唯物论的"文化"概念。

这种观点在一定程度上受苏联文化理论的影响，但在国民党统治区发表的言论总体上不违背官方意识形态的要求，某种意义上也是为"本位文化"观点服务的。李立中认为，劳动创造了文化，一切人类高形态社会的科学、文学、艺术，都是人类有意识劳动的上层建筑。"文

---

① 孙本文：《中国文化研究刍议》，《社会学刊》第 1 卷第 4 期，1930 年 9 月，第 2 页（文页）。

② 姜琦：《我也谈谈"中国本位文化建设"问题》，《国衡》第 1 卷第 3 期，1935 年 6 月，第 11 页。

③ 罗敦伟：《中山文化与本位文化》，《文化建设》第 1 卷第 10 期，1935 年 7 月，第 2 页（文页）。

化"的范畴，不仅限于文学、科学、艺术等上层建筑，在这些上层建筑的意识形态以外，还包括生活样式、习惯、风俗等，因而"文化"的范畴"有许多比较更接近于经济基础的事物"，文化取舍的标准是由"某一时期的社会经济结构所制约而决定的"。① 孙啸凤也指出，"文化的基础是建筑于社会经济，社会经济的形成是基于劳动生产力，劳动生产力的发达与收缩，又视生产技术的程度如何以为断，故文化程度的高低，是以生产技术的水平为标准"，因而"文化的根本观念是以经济为真实的基础"。② 孙啸凤也是中国社会问题研究会的理事，他认为"唯物的"和"民生的"是一致的，"今日文化运动应自唯物的，亦即民生的观点，再来一度文化革命"。③

以上种种对于"文化"的阐释，代表了各种不同来源的理论在文化论争背景下争相发声的盛况，其中有的带有较强的意识形态色彩，有的为政治服务的目的十分明显，也有代表学术争鸣的观点。无论是出于政治目的还是学术目的，"文化"的概念阐释都成为各自论证的逻辑前提，相较论战前的中国思想界，关于"文化"概念的认识可谓进入了一个群趋讨论、竞相争鸣的时期。

一方面因为文化论战的高涨，一方面因为"文化学"学科建构的需要，"文化"的解释更具有理论性色彩，并服务于"新学科"。就在文化论战前后，"文化学"的建构者对"文化"进行了学科化的界定，对文化理论问题做了更为系统的论述，反映了中国学人在学术上超越西人的企图和对中国自身文化自觉的终极关怀。"文化学"倡导者各自的学术渊源、对中西文化的态度和相关的政治立场都不相同，虽然他们都将"文化"概念的阐释作为构建"文化学"的基础，其概念解释以及

---

① 李立中：《中国本位文化建设批判总清算》，《文化建设》第 1 卷第 7 期，1935 年 4 月，第 2 ~ 3 页（文页）。

② 孙啸凤：《本位文化建设的动向》，《中国社会》第 1 卷第 4 期，1935 年 4 月，第 30、35 页。

③ 《建设本位文化座谈会》，《中国社会》第 1 卷第 4 期，1935 年 4 月 15 日，第 7 页。

引出的学理内容也不一致，论述的特色也完全不同，但他们都在一定程度上推动了"文化"研究的学科化，而且在他们的著作中，对于西方和中国近代以来"文化"概念的讨论过程进行了综述，对"文化"概念在近代中国的发展进行了多次学术总结。关于这一方面的内容，在以下的章节里将会探讨。

三 "文化"在近代中国的认知意义

综上所述，对于中国语文而言，"文化"是一个新的词汇，所指称的，不是旧有知识中现成的事物。这一翻译概念进入中国，因语言系统的差异，实际上需要一个接受、使用和确定内涵的过程，在这个过程中，两方面的因素十分关键。一是作为输入概念本身具有的学术和思想基因，即它有何种特定的附着色彩，可以为中文新概念和中国思想界所乐于采用？二是输入概念的思想主体的现实需求，即中国思想界为何需要这样一个新概念，它与中国思想界面临的问题和处境有什么关系？这两个问题，是在考察"文化"概念输入时需要加以深入思考的。

就前一方面而言，日本和中国的学者都敏锐地把握了西语中"文化"概念在语源上的差异，并深刻体会了可用于表达本民族文化价值的概念内涵，特别强调以"文化"作为反映民族文化成就的概念工具并大力推广。这在"文化""文明"概念使用频度的消长比较中易于显现。"文化"因其在语源上本来更注重内在的精神方面，特别是在外在物质成就方面稍逊或落后的民族中，更关怀这些民族的"内心世界"，便利于反映这些民族的历史成就。这种浓烈的民族性的概念基因，对于中国学人的选择采用，具有十分重要的意义。在 20 世纪二三十年代，尽管"文化"和"文明"都是被中国学人普遍使用和讨论的词语，但"文化"的运用频度显然逐渐增高。就后一方面而言，近代中国强烈的民族意识的觉醒，和对自身文化出路问题的关注，造成了对"文化"概念理论阐释和实际运用的强烈需求，以此作为自我认识、自我定位和自我表现的途径，极大地鼓励和提升了关于"文化"概念的深入思考和争鸣，并促进系统的"学科"的构建，相关讨论异常热烈。20世纪上半叶，对于中国文化出路问题发生多次重要论争，这些论争的总体趋势是有表浅到深入，从态度、观念的表达推向学理的阐述和论证，并随着新学科倡建的过程，"文化"概念的阐释与"文化学"学科的建构相结合，而使之更具有理论性色彩。就全世界而言，关于"文化"的定义和理论如此之多，但唯有在近代中国，它与思想史的关系最为密切，互动最强。出于解决现实的文化出路问题，首先必须要解决"文化"的理论问题，这是对"文化"的理论阐释在中国特别受到重视的社会原因。

从以上的梳理中，似乎对于"文化"概念在中文世界中的发展，并未提出一个整齐划一的结论。在近代中国思想史上经常出现的现象是，某一概念在不同的时期有相似性，而在同一时期又有差异；不同的人因学术渊源和论述目标不同，可能使用不同的概念指向大致类似的事物，也可能使用相同的概念而实际指向不同的事物；同一个人在不同时期，因关注的重点变化，可能使用或重视不同的概念；甚至同一个人在同一时期，所用概念在上下文中的意义都有区别。从"文化"概念进入中国的历程中可以看到，"文化"被"译"进来了，却由"释"来反映各人对它的理解和规定。如果要对近代中国各种"文化"的出现情况和定义进行罗列和考释，那将是一项极其庞大的工程，但需要特别谨慎的是，恰好不能以后来研究者自己的"文化"观念来取舍和归纳历史上千姿百态的各种论述，应由概念发生发展的历史现象本身来展示其中的逻辑过程和相互关系。对于研究者而言，根据这一概念所依附的学说、思想整体和社会思想背景来理解其复杂性，似较追求某一主观划定的结论更为实际。

无论如何，"文化"概念从"译"到"释"的复杂性，并非意味着不能从中观察到有价值的问题。第一，作为一种概念工具，"文化"大规模地替换了原有的各种传统概念工具，并且整合了它们的功能。这是西学东渐（包括经由日本）背景下改变中国人知识体系的重要方面。第二，对于这一新的概念工具的输入、选择、解释和使用，中国思想界显示了较强的能动性，"文化"概念在中国的命运，特别是因此导致的"文化学"在中国的倡导，表现出进入 20 世纪以来中国对文化自觉的渴求。

第二章

自西徂东:"文化学"学科概念
与理论的输入

"文化"的概念源于西方,同样"文化学"的学科概念也由西方而生。就对中国学人的实际启示而言,学科概念上的启示比学理上的启示更为显著。近代以来,各种现代学科植入中国,培育了中国的现代学术人才,推进了中国的现代学术研究,各门学科逐步发育起来,启动了中国学术与西方学术的对接。民国时期,在若干学术领域,中国学人紧跟欧美学术界的步伐,开始建立各现代学科的坚实基础。不仅如此,对于学术发展的终极目标和现实意义,中国学人也有着与西方学者一样的思考。在这种情况下,起源于西方的"文化学"学科概念对中国学人产生巨大吸引力,导致了"文化学"的学科概念在中国的植根。关于这一问题,有关概论"文化学"的著作有简要的介绍,[①] 而详细考察"文化学"在西方不同国度、不同语种中的发展,及其对中国学人影响的具体过程,对于理解"文化学"在中国的建构,具有重要的意义。

---

① 参阅刘伟《文化:一个斯芬克斯之谜的求解》、郭齐勇《文化学概论》、李荣善《文化学引论》、吴克礼《文化学教程》、陈华文《文化学概论》及其《新编》等。

第一节 "文化学"在西方

一 "文化学"学科概念的肇始

"文化学"的学科概念起源于欧洲，最早倡导建立"文化学"的是德国的学者。早在 1838 年，皮格亨（M. V. Lavergne-Peguilhen）于《动力与生产的法则》一书中使用了"文化学"（德文 kulturwissenschaft）一词，将其作为与"自然科学"对举的"社会科学"的一个门类，并表示了建立"文化学"这门学科的意向。1854 年，德国德累斯顿皇家图书馆的克莱姆（Gustav Friedrich Klemm）以"文化学"命名他的著作《普通文化学》，此书并不是系统阐述文化学的理论，而是以说明原始文化作为主要内容。尽管如此，这本书还是给后来的学者提出了新的学科名词和新的学科定义，而且也提供了丰富的材料，来推进这一新的学科。1881 年，德国社会学家滕尼斯（F. Tonnies）在一篇文章里使用了"文化学"（kulturwissenschaft）这个名词，他认为"文化学科"是与"自然学科"相对应的学科，在自然科学外，"文化学"的建立是必要的。德文中表示"学科"的，还有一个词根为 – lehre。1923 年，德国社会学家费尔康德（A. Vierkandt）出版了《社会学》一书，主张除了社会学以外，应该建立"文化学"（kulturlehre）。① 穆勒－莱尔（F. Muller-Lyer）也认为，他研究的社会学就是"文化学"，他在其《社会进化史》中指出，这部著作各部分讨论特殊的原则，结论讨论社会发展的一般原则，合起来就是"文化学"的全部，也就是孔德所称的"社会学"的全部。②

---

① 陈序经：《文化学概观》（一），第 60、120、123 页。陈将皮格亨译为培古轩、克莱姆译为格雷姆、滕尼斯译为敦尼斯。

② F. Muller-Lyer：《社会进化史》，陶孟和、沈怡、梁纶才译，商务印书馆，1924，"序"，第 5 页。

"文化学"的研究也引起了自然科学家的关注。德国科学家威廉·奥斯瓦尔德（Wilhelm Ostwald）1909 年曾获得诺贝尔化学奖，就在这一年，他出版《文化学之能学的基础》（*Energetische Grundlagen der Kulturwissenschaft*），由化学、物理二科研究所得，引申应用于阐述人类文化起源与演进。"文化学"（kulturologie）一词，出现在该书的第 112 页。① 关于此书何以用"文化学"为名，作者专有论述，说：

> 所研究之问题，乃社会构成之现象，而社会之构成，总其能事，亦不过为人群达其共同目的之一方法耳；人群共同之目的，以余所见，即文化是，因此，余遂决然以文化学取名，而曰《文化学之能学的基础》。②

1915 年奥斯瓦尔德为莱斯大学的开学发表《科学的体系》（The Systerm of the Science）和《教育理论的原则》（Principles of the Theory of Education）两篇重要的演讲，指出："很久以前我已建议，把争论中的这个领域称为'文明的科学'或'文化学'（kulturology）。"③ 他从文化的角度理解人类的本质，认为：

> 将人类与所有他种动物区分开来的人类特质，在"文化"一词中得到理解；因此，对于特殊的人类行为的科学，可能最适宜称

---

① Leslie A. White, "'Culturology' in Webster's Dictionary," *Man*, nos. 30, 31（February, 1959）：31.

② 威尔海姆·奥斯瓦尔德：《文化学之能学的基础》，马绍伯译，三友书店，1943，"原序"，第 1 页。

③ 转引自 L. A. White, *The Science of Culture：A Study of Man and Civilization*（New York：Farrar Straus, 1949），p. 411. 本书中文本由曹锦清等翻译，题为《文化科学》，由浙江人民出版社 1988 年出版。笔者在引用该书时，参考了曹锦清等的译文，谨致谢意！因需要大量引用英文原文术语，故仍主要标注英文原著。

为"文化学"（*culturology*）。①

在演讲中，奥斯瓦尔德为"文化学"下了定义，并指出其范围与目的。② 奥斯瓦尔德将"文化学"放置在科学金字塔的顶端。

德国学者的研究开辟了"文化学"这一新的领域，并使新学科的创建成为潮流。在后来的中国学人的心目中，德国学者关于"文化学"创建的贡献得到了极高的评价。陈序经在《文化学概观》"研究的先锋"一章中，详细列举了他们的主张。黄文山指出："因自文化人类学与社会学接殖后，文化的研究，已骎骎然由附庸而蔚为大国，所以德国阿尔华德（Otsward）和飞尔康特（Vierkandt）等均主张在社会学之外，另立'文化学'（culturologie or kulturlehre），以资区别，这很可以代表今日学术界上最鲜明的趋势。"③

二　走向世界的"文化学"

在英语中最早使用"文化学"概念的，是英国人类学家泰勒。爱德华·泰勒（Edward Bernatt Tylor，1832～1917）是英国杰出的人类学家、文化人类学的创始人之一，是古典进化主义学派的主要代表人物。泰勒著有《墨西哥与墨西哥人的过去和现在》（*Mexico and the Mexicans, ancient and modern*，1858）、《人类早期历史与文明发展研究》（*Researches into the early history of mankind and the development of civilization*，1865）、《原始文化》（*Primitive Culture*，1871）、《人类学：人类和文明研究导论》（*Anthropology: an introduction to the study of man and civilization*，1881），其中以《原始文化》一书影响最大。④《原始文

---

① Wilhelm Ostwald，"Principles of the Theory of Education，"转引自 L. A. White，*The Science of Culture: A Study of Man and Civilization*，p. 397。

② Leslie A. White，"'Culturology' in Webster's Dictionary，" *Man*，nos. 30，31（February，1959）：31.

③ 黄文山：《文化学体系》，台北：中华书局，1968，"自序"，第6页。

④ S. 南达：《文化人类学》，刘燕鸣等译，陕西人民教育出版社，1987，第36页。

化》第一章的标题，就是"文化的科学"（The Science of Culture）。①
泰勒的主张与克莱姆有一定的继承性，陈序经注意到，克莱姆将"文
化"定义为"包括风俗报告、技能、在平时以及在战时的家庭及公众
生活、宗教、科学与艺术"，泰勒在《原始文化》中表述的著名的
"文化"定义，差不多就是根据这个定义而来的。陈序经据此推测泰
勒的"文化的科学"（The Science of Culture）是从德文的
Kulturwissenschaft 翻译而来。泰勒《原始文化》一书在文化人类学领
域中有着极其重要的地位，对后来的学者影响很大。陈序经认为，泰
勒"可以说是奠定文化学的基础的最重要的人物。因为……他不但只
跟着格雷姆（即克莱姆——引者注）来用文化学或文化科学（The
Science of Culture）这个名词，而且有意的去建立这门学科"。② 美国学
者莱斯利·怀特（L. A. White）指出："在他的名著《原始文化》
（1871 年）的第一章里，他用简洁明了的方式提出了文化学的要点
（the culturological point of view）并勾勒出文化科学（the science of
culture）的范围。"③ 此后，英语著作中便较多地出现了"文化的科
学"或"文化学"（Culturology）的概念。

1910 年代，"文化学"开始在俄国出现。俄国理论家和文学家安得
列·别雷（Анлрей Бедый）于 1910 年在题为《象征主义》的文集中专
门论述了"文化问题"（Проблема культуры），1912 年已在《圆周运
动》一书中使用了"文化学"（культурология）的概念。此时俄国的
"文化学"，是针对俄国文化转轨的现实而兴的，④ 不过它不仅在世界文
化学的学术史上没有产生影响，甚至在后来苏联时代"文化学"大兴

---

① E. B. Tylor, *Primitive Culture*, vol. I（London, Lowe & Brydone Printers LTD., 1871），
p. 1.
② 陈序经：《文化学概观》（一），第 72、62、84～85 页。
③ L. A. White, *The Science of Culture: A Study of Man and Civilization*, p. xix（preface）.
④ 林精华：《民族主义的意义与悖论——20～21 世纪之交俄罗斯文化转型问题研究》，
人民出版社，2002，第 187 页。

时期，也基本上被学术界所忽略。①

"文化学"的学科概念进入美国较晚，但发展很快。1932年，《美国人类学者杂志》发表了默多克（G. P. Murdock）的《文化的科学》（The Science of Culture）一文。作者认为人类学、社会学各有所偏，如果利用两门学科的结论，再用事实来证明，可以建立一种真实的"文化的科学"。② 另一位美国学者罗伯特·罗维（Robert H. Lowie）1936年在《美国社会学杂志》发表文章，预示了将要建立一门研究文化自身的科学，以超越文化史、民族志、人种学和文化人类学。文中说：

> 每一个明确划定的事实的部分，都需要一种记录和解释其现象的知识。自过去的一百年来，已经日益清楚地表明，文化——有着社会需要的思想和实践的总和——代表着这样一个清晰的领域。过往对此的训练已经大量被加上"文化史"、"民族志"、"人种学"、"文化人类学"的标签。可能从文化的研究中产生的更宽泛的原理在度量所有的（文化）水平时将得到使用。③

受他们影响，怀特坚决主张用"文化学"（Culturology）的概念来表述这一新兴学科。他从1930年代就在授课中使用了这一术语，并在1939年出版的《近似术语问题》中首次公开使用"文化学"

---

① 20世纪80年代，苏联教育部决定为理工院校学生开设"文化学"（культурология）课程，由此引发"文化学"研究热潮，出现了近百种冠有"文化学"名称的著作和近千篇文章。参阅林精华《民族主义的意义与悖论——20～21世纪之交俄罗斯文化转型问题研究》，第184～185页。

② George Peter Murdock, "The Science of Culture," *American Anthropologist*, vol. 34, no. 2 (1934): 200 – 214.

③ Robert H. Lowie, "Cultural Anthropology: A Science," *The American Journal of Sociology*, vol. 42, no. 3 (1936).

（Culturology）。[①] 在他 1949 年出版的《文化科学》 （*The Science of Culture*：*A Study of Man and Civilization*） 一书中，怀特将“文化学”作为人类学的基本概念提出，认为人类社会的结构和过程都是文化的功能，因此，“文化”必须成为科学研究的对象。他说：

> 文化的现象构成一个独立且独特的领域，文化的要素根据文化自身的规律而相互作用，文化本身只能用文化来解释……为研究和解释这一特殊种类的现象需要一门特殊的科学，这门科学不是心理的科学，——无论是个体心理学还是社会心理学——也不是社会或“社会交互作用”的科学，而是一个超心理的文化的科学（The Science of Culture）：文化学（culturology）。

在表示学科的概念中，以－ology 词根结尾创造一个新词 culturology，比词组 the science of culture 更为明确和坚定，也更容易引起争论。如何使这个新词得到承认，是创造者需要努力加以说明的。怀特试图从各种学科的新词汇产生的比较中说服学术界。他说：

> 除了把文化的科学称为“文化学”（culturology）外还能有什么名称呢？如果说关于研究哺乳动物的科学叫作哺乳动物学（mammalogy），关于音乐的科学叫作音乐学（musicology），关于细菌的科学叫作细菌学（bacteriology）等等，那么，关于研究文化的科学（a science of culture）为什么不能称为文化学（culturology）呢？我们的推论似乎是完全合理的和正当的，我们的结论是实际的可靠的。

怀特认为，在泰勒首先勾勒了“文化学”的学科范畴后，“文化

---

① 本段及以下几段，分见 L. A. White, *The Science of Culture*：*A Study of Man and Civilization*, pp. 411 - 412, 86, 409, xix（preface）, 85, 413, xx（preface）。

学"已经得到一定的接续和发展。他将泰勒之后对"文化学"有所贡献的学者，编列了这样一个序列：紧接着泰勒之后，涂尔干（Durkheim）、克鲁伯（Kroeber）、路威（Lowie）、威斯勒（Wissler）以及其他许多人致力于这一新学科的发展工作。并且奥格本（Ogborn）在《社会变迁》一书中也"至少在相当程度上持文化学的观点（the culturological point of view）"。令怀特觉得遗憾的是，许多接受过"文化学"训练并能够胜任"文化学"研究工作的学者，抛弃了自己的"文化学"专业特长，致使这一新学科进步甚微。而怀特本人则被后人认为是后起的学者中对于"文化学"主张最彻底、立场最一贯的代表。怀特认为，"文化学"的意义在于"发现一百万年的文化发展的原则，详细地阐明这一发展的规律。这一任务一旦完成，科学将占领古老科学的最后一个堡垒：它将达到它的最后疆界"。怀特的"文化学"所包含的内容，可以从他为自己的著作《文化科学》所分列的各章内容中得到体现，它们是：文化的起源和本质、文化的科学解释的产生及其发展的历史概况、心理学和"文化学"（Culturology）的根本区别、新观点的一些范例及"文化学"的解释技术（techniques of culturological interpretation）。黄文山将怀特的学说总结为四个最重要的方面。其一，"文化学"是一门学科发展成熟时非取不可的学科，文化的研究称为"文化学"是自然的趋势；其二，用一切心理的、生物的概念来解释文化是走不通的，只能用"文化学"为之说明；其三，主张文化决定论；其四，科学的发展是由解剖学到生理学、生物学、心理学，以至社会心理与社会学，最后则到"文化学"。①

　　值得注意的是，在 1940 年代的美国，倒是一位中国学者为英文世界贡献了一部以"Culturology"为标题的著作。作者是郑启愚，1943 年他在美国加利福尼亚州贝克利市（Berkeley）用英文出版了《东西文化

---

① 黄文山：《文化学在创建中的理论之归趋及其展望》，《社会学讯》第 8 期，1948 年 12 月 19 日，第 10~11 版。

比较观》，其副标题即为"'文化学'概论"（*Oriental and Occidental Cultures Contrasted*：*An Introduction to "Culturology"*）。[①] 这部书后来受到了怀特的关注，在他的《文化科学》一书中提及。郑启愚 1930 年入国立安徽大学（当时在安庆）外国语言文学系就读，1934 年毕业，获学士学位，同年赴美留学，先后获得斯坦福大学文学硕士学位、林肯大学哲学博士学位。1946 年回国，受聘于国立安徽大学，在外国语言文学系讲授英美文学。1949 年后曾任安徽大学校务委员会主任。[②] 这本《东西文化比较观》篇幅不大，而内容极广，主要进行东西文化的分类比较，其内容是：第一部分引论"若干文化上的考察"，包括以下 6 节："什么是文化或文明"，"文化地带的分划"，"文化上的人类背景与若干别的因子"，"东方文明的历史方面"，"西洋文明的简短解析"，"文明的一体"。第二部分"人类思想上的对比"。这一部分又分成三个小部分：一是讲宗教，题为"东方佛教与西洋基督教"，二是讲哲学，题为"东方'知识'与西洋'自然'"，三是讲艺术，题为"东方简约主义与西洋写实主义"。第三部分"人类活动上的对比"。这一部分又分三个小部分：一是讲社会结构，题为"东方家族主义与西洋个人主义"，二是讲政治结构，题为"东方礼治主义与西洋法治主义"，三是讲经济生活，题为"东方的安足与西洋的不静"。最后为结论"文化的展望"，包括"文化主义与文化学""社会变革欲的自然方面""变革着的道德生活观""一种新人生概念""种族方面""政经变革与文化""普及教育与普及言语""文化的传播与配应""科学的将来与其与文化的关系""东西文明的若干异同点"10 个小节。张崧年评价其"本在对所谓文化学，有所建树"。[③] 郑启愚曾与怀特有过交流，据郑启愚向怀特介绍，

①　Cheng Che-yu, *Oriental and occidental cultures contrasted*：*an introduction to "culturology"*,（Berkeley, Calif：The Gillick press, 1943）.

②　林之鹤：《做人治学皆为人师》，《文汇读书周报》2009 年 6 月 1 日。

③　张申府：《东西文化较论》（书评），《图书季刊》（重庆）新第 5 卷第 4 期，1944 年 12 月，第 57～58 页。

他先前不仅在中文中使用过"文化学"（Culturology），还使用过"文化知识学"（Culturosophy）这样的概念。[①] 但没有看到他更多的关于"文化学"的著述，这部英文著作的出版时间在怀特提出"文化学"（culturology）和完成《文化的科学》论著（*The Science of Culture：A Study of Man and Civilization*）之间，可以反映中美学者间的相互影响，而对于国际上特别是英语世界中"文化学"发展的贡献，尚有待于进一步的考察。

从上述过程中可以看到，"文化学"的学科概念在不同语种的学术界先后发生，提出较早，在各语种中有所传播，但得到国际上的公认则比较晚。1954年，"文化学"一词被收录到《韦氏新国际英语词典》第二版的"附录"中。但该书对于"文化学"的学科定位，与此前提倡者的预期大相径庭。在这部权威的词典中，编者没有将"文化学"视为在所有学科中占最高地位的学科，而是将其定义为"文化人类学的一个分支，探讨人类技术、哲学等，它们作为自然现象独立于生物学、心理学和社会学法则"。[②] 更值得注意的现象是，这一学科概念在学术界主流并未受到足够的重视，后来"文化研究"（cultural studies）在国际学术界颇为壮观，但"文化学"除了少数人，鲜有关注。这种特殊的现象，对于中国学人建构"文化学"带来了与其他学科极不一样的机遇。

第二节　理论与学说的输入

一　作为"文化学"基础的理论与学说

"文化学"的学科概念在西方的发展已如上述，自然很难期望有现

---

① L. A. White, *The Science of Culture：A Study of Man and Civilization*, p. 412.

② L. A. White, "'Culturology' in Webster's Dictionary." *Man*, nos. 30, 31（February, 1959）：31.

成的完整的"文化学理论"直接输入中国。事实上，中国学者在建构
"文化学"时，更多的是利用与文化有关的人类学、社会学理论与学
说，加以综合及系统化。了解西方学术资源中有哪些作为"文化学"
基础的理论和学说，可以成为中国学人利用的凭借或开启学术思路的媒
介，是研究中国学人建构"文化学"的重要前提。

总的来说，"文化学"在其建构过程中所需要的理论基础，主要是受
文化人类学和文化社会学相关理论的影响。然而，20世纪以前，西方学
术脉络中，人类学、社会学以及其中相关学科正处于发展和厘定边界的
过程中，理论发展虽有案可寻，与具体学科的关联却不甚清晰。社会学
的产生是为着从整体和发展机制上对社会进行综合具体的考察，而当社
会需要对不同族群进行理解时，在19世纪中叶又产生了独立的人类学学
科，但两者的界限很难分清。后来才形成了社会学主要研究工业社会、
人类学主要以资本主义世界以外的异民族社会文化为学科对象的分野。
在人类学的范畴中，也有各种不同名称和分类的区别。这些不同名称的
存在和使用，与学科本身的发展有关，也与不同时期、不同国家以及研
究者的历史文化背景有关。美国于1901年把人类学分为体质和文化两个
部分，创立了"文化人类学"这个名称。后来的"文化学"倡导者，从
这些学术资源中进行了广泛的采择利用，作为"文化学"建构的理论来
源。正如人类学家自己所说的，是人类学家"发现了文化"。文化社会学
则是应用人类学的观点与方法，来研究现代社会的现象，从本质上说，
文化社会学是文化人类学的扩充，即由文化人类学中对于初民社会的研
究扩展至对现代社会的研究。[①]西方学术发展中的若干理论，对"文化
学"的产生和发展具有显著的启示作用，也经常被后来者引述和利用。兹
取其中比较重要、后来对中国学人影响较大的一些理论或学说，予以观察。

"文化"的广义性和整体性

文化的广义性和整体性是西方学术界对于"文化"讨论中最重要

---

① 孙本文：《近代社会学发展史》，商务印书馆，1937，第130页。

且公认度最高的两个属性。这一基本观念对于中国学人的"文化学"建构，具有十分重要的意义。

克莱姆在《普通文化学》中所指的"文化"，包含"风俗、知识、技巧、和平与战争时的家庭与公共生活、宗教、科学、艺术"，这已初步包含一种完整的"文化"的定义。① 这一概念对泰勒影响巨大，在《原始文化》一书中，泰勒开篇即阐明了他对于"文化"概念的定义：

> 文化或文明，从人种论的观念来看，是一个整体的复合物，包括知识、信仰、艺术、道德、法律、风俗、以及人作为社会一员所得到的一切其它能力和习惯。②

这一定义，被一些学者批评为忽视了文化的物质方面要素，但若从他的整个著作来看，泰勒常常以物质文化的例子来解释他所主张的原理，因而物质文化并没有被摒弃在"整体的复合物"之外。1881 年出版的《人类学》一书中，泰勒便在这个概念中加上了"技术和物质文化的发展"。③ 泰勒对于"文化"的定义，后来成为"文化学"基本定义的经典，此后一般的学者大都认同于泰勒的"文化"观念，认为"文化"包括智识、能力、习惯、生活以及物质上与精神上的种种的进步与成绩（如陈序经指出，即"人类入世以来所有的努力与结果"），④ 其他的人类学者或社会学者，基本上都取"文化包含物质和精神两方面"的观点，即广义的"文化"的定义。

"文化"最先是人类学的概念，1920 年代以后，社会学领域加入了

---

① Gustav F. Klemm, *Allgemeine Culturwissenschaft*, 1851, p. 217, 转引自戴裔煊《西方民族史》，第 74 页。
② E. B. Tylor, *Primitive Culture*, vol. I, p. 1.
③ 司马云杰：《文化社会学》，山东人民出版社，1990，第 60 页。
④ 陈序经：《文化学概观》（一），第 30 页。

"文化"的研究。在这两个领域中，研究对象略有分别，文化人类学主要研究初民社会的"文化"，而社会学研究一切人类的"文化"，尤其是现代社会的"文化"。因为人类学家把"文化"看得范围极广，而社会学上的"文化"来自人类学，因而社会学上的"文化"也是广义的。[①] 广义的文化观念在中国的学者中，尤其在他们的学术性讨论中，占据着主流的地位。

文化整体论是西方学术界在论述"文化"时的又一个基本原理。所谓文化整体论，就是把文化看作一个完整体系，一个由多元文化因素互相关联而形成的完整体系。一般人类学者认为："虽然人类学对文化进行分析研究时对其内部结构分别探讨，但是把文化作为复合体（complex whole）即完整体系看待的思想，仍是人类学研究的基本态度。"文化整体论在泰勒的"文化"定义中就有了明确的表示，泰勒将文化视为"整体复合物"（complex whole），意即文化是整个的。对后来中国学术界影响更为直接的美国文化人类学界也极其重视文化整体论。20世纪初美国人类学的领军人物、美国现代人类学的宗师博厄斯（F. Boas）就认为泰勒的"文化"观念十分有益，在他的影响下，美国人类学均广泛使用"文化"概念，"文化人类学"在美国大兴。博厄斯认为，每一个文化元素都必须放在整体文化中考察，必须坚持从总体上把握文化研究，文化就是由相互关联的局部组成的系统。[②] 博厄斯把"文化特质"（culture-trait）作为研究单位，强调文化特质的复合性。其基本观点为：

> 人类学的研究单位是一个部落的文化。一个部落的文化便是其"生活样式"（mode of life）或思想与行为的团集体。一个部落的文化包含许多单位，这便是"文化特质"（culture-trait），研究者

---

① 孙本文：《中国文化建设之初步研究》，《政治季刊》第2卷第2、3期合刊，1938年7月，第181页。

② S. 南达：《文化人类学》，第25、48页。

入手时须以一个特质为单位。这些特质其实也不是简单的一件事物，他必有许多附带的东西合成为一个"文化丛" (culture complex)①

从进化论、传播论到"新进化论"

西方学术界在探讨文化问题时提出的进化论是 19 世纪西方最为盛行的看待社会、文化和历史的观念，也是 20 世纪初对中国思想界影响甚大的西方学说。进化的观点在欧洲探险时代就已经被欧洲人意识到。在文化人类学中，"文化进化论"是 19 世纪后期占统治地位的学说，这一学派接受 18 世纪启蒙主义的进化思想和达尔文的进化论思想，认为社会与文化在所有民族中都普遍地发展着，其进化的道路是单线的。古典文化进化论的基本学说是："心理一致说"——无论哪一个民族，人类的心理方面都是一致的；"独立发明说"——无论哪一个民族，都会自己发生文化；"并行说"——各民族的社会进化必然遵循可以比较的甚至完全相同的路径并行发展；"一线发展说"——发展的路径既然相同，可以视作一条路径；"逐渐进步说"——各族文化都循同一路径，而其现在的程度不等，是因为代表一条路径上的各阶段在次序上是固定的，但时间上不一致，有的民族进化快，有的民族进化慢，但都会逐段进化，不会越级突进。② 在西方学术界，对于"进化论"的发展产生重大作用的首先是斯宾塞。他认为进化是一个普遍的规律，是一以贯之的，可以解释任何的事物。社会进化是不断个性化 (individuation)的过程。1857 年，斯宾塞在《进步：它的规律和原因》中提出，宇宙间一切都进化，奠定了其普遍进化论的基础。③ 1860 年，斯宾塞开始撰写《综合哲学》，试图以进化概念为中心，统一当时一切科学。他指出天文学、地质学、生物学、心理学、社会学各个领域中，进化的规律都

---

① 林惠祥：《文化人类学》，商务印书馆，1934，第 53 页。
② 林惠祥：《文化人类学》，第 33～34 页。
③ 王养冲：《西方近代社会学思想的演进》，华东师范大学出版社，1996，第 62 页。

完全适用，进化不仅仅是原则上的，而且是事实上的。① 斯宾塞将进化观念用于宇宙，尤其是有机体的生活，并施用于政治与社会制度。达尔文 1859 年出版了著名的《物种起源》，从生物中找出进化的线索，并对学术的各领域产生了深远的影响，尤其是对于人类学与社会学。虽然在此之前，演进的观念已经被许多人所揭示，但达尔文对"物竞天择"原理的发现，使得人们相信进化的事实和进化论。这一理论支配思想界达数十年之久。

早期对原始文化研究最有成就的学者是美国人类学家摩尔根（L. H. Morgan）和英国的泰勒，他们都属于进化论派。摩尔根在其《古代社会》第一章中就明确将人类历史划分为"蒙昧状态""野蛮状态""文明状态"，"这三种不同的社会状态以必然而又自然的前进顺序彼此衔接起来"，"整个人类的历史，直至每一分支分别达到今天的状况为止，都确实是遵循上述前进顺序进行的"。② 摩尔根认为这是人类文化发展必然的顺序，任何社会都不能跳出这种发展轨迹。这一进化阶段的划分对后来学者产生很大的影响。泰勒受 19 世纪进化论尤其是生物进化论影响甚大，也是一名文化进化论者。他认为文化是进化的，技艺、工具以至各种文化现象都有其发展的历史，是从低级上升到高级。他主张研究文化要尽可能有条理地研究出文化在诸方面演化的体系。他在《人类早期历史与文明发展研究》一书中认为，人类从野蛮时代发展到现代文明，各民族的生活与文化的差别是他们所达到的发展水平造成的。《原始文化》一书更具体地把人类文化的进步分为蒙昧、野蛮和文明三个阶段。③

进化论在 19 世纪下半叶的西方学术界占据主流地位，欧洲学术界的思想几乎完全为进化论所支配。尽管受到后来学者的反对，但这一学

---

① 《斯宾塞教育论著选》，胡毅、王承旭译，人民教育出版社，1997，第 198 页。
② 摩尔根：《古代社会》，杨东莼、马雍、马巨译，中央编译出版社，2007，第 3 页。
③ 黄淑娉、龚佩华：《文化人类学理论方法研究》，第 26 ~ 27 页。

说对于文化的研究，有着不可低估的影响。有学者将其贡献归结为四个方面：第一，确定了文化的概念；第二，文化的科学研究是由进化论派首开其端；第三，后来人类学的田野工作就是受到进化论派的刺激而兴起的；第四，后来的新进化论派，就是受早期进化论所启发的。① 此外，进化论派主张比较研究的方法，探寻事物现象之"同"，这就需要进行彼此对比，寻求发展的顺序和假定发展的各个阶段。这种方法对于后来文化的比较研究也具有深刻的影响。

到了 20 世纪，进化论受到西方学术界广泛的质疑和批评，从而各种传播论和历史论派盛行一时，而支持古典进化论者已居于少数，先后出现了英国的极端传播论、德奥的传播论、美国的批评派或历史学派、英国的结构学派和功能学派。这些学派的学术主张各不相同，但都对进化论有深刻的反思和修正。他们倾向于认为"文化"是相对的，每个文化都有自己的独特体系，倾向于推翻西方文化中心论的观点，反对以自己民族的文化作为判断其他民族文化的标准，看到了文化现象与人们生活的具体历史条件的联系。"文化传播论"特别重视作为客观发展外在契机的各民族间在接触过程中文化要素的传播或"借用"的事实，认为各民族文化中的类似现象，是过去民族迁移的痕迹，各民族的文化大都由传播而来。英国的"文化传播论"者艾略特·史密斯（Elliot Smith）和威廉·詹姆斯·佩里（William James Perry）更断定，世界上的所有文化均是由埃及的"古文明"传播而来。20 世纪后，美国的文化历史学派（或称历史传统派）对"文化进化论"和"文化传播论"都有所批评。他们认为进化论和传播论都是用一种原则泛论全世界各民族或各地方，没有顾及它们在历史或地理上的特殊性，其方法是演绎的、主观的，而不是归纳的、客观的。② 为此美国文化人类学者进行了大量的具体研究，避免了在空泛的宏观层面提出各种思想和主义。

---

① 郑金德编著《人类学理论发展史》，台北：台湾商务印书馆，1987，第 51 页。

② 林惠祥：《文化人类学》，第 56 页。

进化论经过 20 世纪初期的衰落,到 20 世纪 30 年代以后,又重新抬头,并于 40 年代再次达到高峰,进入"新进化论"(neo-evolutionism)的阶段。"新进化论"力图对古典的文化进化论和反对进化论的文化相对主义进行综合,其主要代表人物是美国的莱斯利·怀特和朱利安·斯图尔德(Julian Steward),他们强调经济特别是技术因素对进化的影响,[①] 重新拥护摩尔根的立场,重视文化的广义进化。怀特认为,人类文化的进化是由不断提高的技术能力所推动、所决定的,是由社会利用能源的能力来衡量的。[②] 随着科学技术的进步,文化不仅在数量上有所增加,而且会发展到更高级的形式。这种文化的"新进化论"赋予了"进化"概念以新的含义,较之旧的"进化"概念,意味着更高程度的适应和更符合目的的变化。

在中国学人借鉴西方理论创建"文化学"的时代,古典进化论、传播论、历史学派的理论和主张已经广泛地被各界了解,功能学派和新进化论则处在同时发展的状态。古典进化论、传播论、历史学派的理论及其代表性人物,在中国的"文化学"建构过程中,得到了普遍的介绍和宣传。

"文化圈"理论和"文化区"理论

"文化圈"理论主要由一批德奥学者提倡,其研究主要以"文化丛体"的地理分析加上历史的传播和发展为对象,认为文化的传播包括"时"和"空"两个方面。这一学派的主要代表人物是以拉策尔(Fridrich Ratzel)和弗罗贝纽斯(Leo Frobenius)为主,他们假定一些最早的文化是从原点慢慢扩散而传播到全世界。弗罗贝纽斯提出了"文化圈"(Kulturkreise,英译为 Culture Circle)这个术语,他认为每个"文化圈"都具有一系列物质文化的特征。他在 1911 年出版的《民族

---

① 罗伯特·F. 莫菲:《文化和社会人类学》,吴玫译,中国文联出版公司,1988,第 161 页。

② 参阅 L. A. White, *The Science of Culture*: *A Study of Man and Civilization*, chapter XIII, "Energy and the Evolution of Culture"。

学方法论》一书中使用"文化圈"概念作为研究民族学的方法论。他认为，"文化圈"是一个空间范围，在这个空间内分布着一些彼此相关的"文化丛"或"文化群"。从地理空间角度看，"文化丛"就是"文化圈"。弗·格雷布内尔（Fritz Graebner）对"文化圈"做了系统的理论和方法论述，他在拉策尔和弗罗贝纽斯的基础上，进一步阐说"文化圈"和"文化层"概念。他发现"文化圈"在空间上部分是相互重叠而形成"文化层"，部分则是分开的。世界文化的历史，就是若干"文化圈"及其组合在世界范围内迁徙的历史。1904 年，在柏林召开的人类学、民族学学会的会议上，格雷布内尔和他的同学安克曼（B. Ankerman）分别就文化圈和文化层发表了论文和演讲。格雷布内尔的讲题是《大洋洲的文化圈和文化层》，安克曼讲的是《非洲的文化圈和文化层》，在这次会议上，"文化圈"的研究作为一种学术思想而被正式确认。①

奥地利神父威廉·施密特（Wilhelm Schimidt）不仅承袭了弗罗贝纽斯的"文化圈"理论，并且进一步比较了"文化圈"的发展水平，他指出"文化圈"的顺序反映的已不是它们在具体地理区域内出现的顺序，而是世界历史发展的依次阶段，因而形成了"文化圈进化论"。②施密特于 1935 年来到中国，先后在辅仁、燕京、清华和中央大学讲学，并为辅仁大学的《华裔学志》（Monumenta Serica）撰写了题为《亚洲最古老的文化圈》（The Oldest Culture-circles in Asia）的论文，介绍了"文化圈"的意义。③ 此文由萧师毅译为中文，1936 年发表于《新北辰》杂志。④ "文化圈"理论对于研究民族学和文化传播具有重要的价

---

① 黄淑娉、龚佩华：《文化人类学理论方法研究》，第 65 页。
② 相关研究可参阅夏建中《文化人类学理论学派》，中国人民大学出版社，1997，第 55～62 页。
③ Wilhelm Schimidt, "The Oldest Culture-circles in Asia," *Monumenta Serica*, vol. I, fasc. 1, (1935): 2.
④ Wilhelm Schimidt：《亚洲最古之文化圈》，萧师毅译，《新北辰》第 2 卷第 6 期，1936 年 6 月。

值，它便利于从相同文化特质的民族中发现各民族形成和发展的历史渊源。

进化论派中的德国学者巴斯蒂安（Adolf Bastian）在 19 世纪提出了"地理区域"的观念，并于 1886 年著有《地理区域说》。他认为在一个限定的区域内，"基本观念"受地理因子及他部族、他地理区域的历史接触的影响，而形成"民族观念"。① 美国人类学家在此基础上进而提倡"文化区"理论。所谓"文化区"（cultural area），指的是相邻或相近社会文化的趋同倾向造成某种地域中文化的相似性，因而被称为"文化区"。在一个"文化区"的界域内，各个组成的社会尽管绝不是等同的，但具有大量共同的特质。② 由"文化区"的概念，进而产生了"文化中心"和"文化边区"的概念。"文化中心"指的是一个"文化区"内表现其文化要素最浓的中心地区，"文化边区"指的是一个"文化区"内远离文化中心、表现其文化要素较淡的边缘地区，也是一个"文化区"与另一个"文化区"之间的过渡区域。③ 博厄斯在整理民族志、搜集样品时发现各种标本随地区不同而不同，他和他的弟子们侧重于"文化区"的研究，发现文化确有区域的不同，要了解其变异、传播的情形，必须对各个具体区域进行科学的研究。克拉克·威斯勒（Clark Wissler）、克鲁伯等人均对"文化区"（culture area）的概念和理论有重要贡献，并大大推动了美国的民族文化区域研究的发展。威斯勒在《人与文化》一书中，认为许多文化特质的聚合构成"文化丛"，它们具有地区特征，形成文化类型和特定的文化区域。这些文化从由中心向外扩散、传播，像波纹运动。④ 威斯勒认为文化是由各个层次的单

---

① A. Goldenweiser, *History*, *Psychology*, *and Culture*, p. 122，转引自戴裔煊《西方民族学史》，第 92 页。

② 罗伯特·F. 墨菲：《文化与社会人类学引论》，王卓君译，商务印书馆，2009，第 255 页。

③ 相关研究可参阅戴裔煊《西方民族学史》，第 298~300 页；夏建中《文化人类学理论学派》，第 75~76 页。

④ 克拉克·威斯勒：《人与文化》，钱岗南、傅志强译，商务印书馆，2004。

元所组成的一种完整的结构。这种文化结构包括多种层次，即他所区分的"文化特质""文化丛""文化型""文化带""文化区"等。① 克鲁伯的"文化区域"以某地域的文化起源、发展、稳定、衰落为研究对象。由威斯勒和克鲁伯创立的"文化区"研究，是美国人类学派所获得的最有效的文化地域研究方法之一。"文化圈"和"文化区"的理论受到了不少中国学人的重视，上述欧美学者的学术成果在中国学人的著述中经常被引介。

超有机体论与文化决定论

"超有机体论"是对"文化学"建构产生较大影响的学说之一。"超有机体"最初是斯宾塞提出的，用来指进化的最高阶段。斯宾塞把各种现象分为三大类：无机（inorganic）现象、有机现象（organic）、超有机（superorganic）现象，天文、地质现象属于无机现象，生命、心理现象属于有机现象，社会现象属于超有机现象。"超有机现象"在斯宾塞那里原本是被作为一个社会现象看待的，后来被"文化学"建构者作为文化现象看待，成为"文化学"建构中一个特别重要的概念。

克鲁伯将此说做了详尽发挥。克鲁伯（A. L. Kroeber，1876－1960），美国哥伦比亚大学毕业，受业于美国人类学巨匠博厄斯，1901年起任教于美国加州大学，其研究领域包括亲属理论、考古学、语言学和文化人类学。1915年和1917年，他在《美国人类学者杂志》分别发表《十八条宣言》和《超有机论》，把"超有机体论"引入人类学，将世界上各种现象分为四个层次：无机的、直接有机的或生命的、心理有机的或心灵的、文明的或超有机的或超心灵的。克鲁伯认为文化现象属于第四个层次，是超有机体的、超个人的、超心理的，文化不受较低层次物象的影响，不能用地理的、生物的、心理的因素来解释，文化只能用文化来解释。文化不受个体的影响，个人完全依附于文化。文化有

---

① 黄淑娉、龚佩华：《文化人类学理论方法研究》，第185页。

自身的发展规律，文化人类学者只需要研究文化就可以了。① 克鲁伯从博厄斯那里继承了"文化"的概念并将之作为一个独立的领域，但不用种族、地理学或心理学去做解释，而发展成"文化决定论"。他否定环境对文化的影响，认为是文化创造了压力，文化决定一切。在《文化成长的形貌》一书中，克鲁伯阐述了文化的"超生物性"或"超有机体性"概念。他认为，文化是人类所独有的，任何动物都无文化可言。文化包括语言、社会组织、宗教信仰、婚姻制度、风俗习惯、生产上的种种物质成就以及文艺、知识等方面的精神成就。这些都不是与生俱来的，而且具有"超生物"或"超有机体"的性质，同时也是"超个人"的。文化有其发生、发展和消失的规律，每一种文化都有它独特的特点，这些都不属于生物的范畴，与个人无关，不是因果关系。② 后来克鲁伯用"社会文化的"取代了"超有机体的"，但"文化决定论"的基本思想一直没变。"文化决定论"不仅启发了将"文化"作为特定的学科研究对象，也提示了关于"文化"的学科在科学体系中的地位。后来中国主要的"文化学"建构者都对这一学说十分重视，作为他们建构"文化学"的主要理论依据。

文化形态学理论

"文化形态学"（Cultural Morphology）的创生，最早始于意大利学者维科（Giambattista Vico）著《新科学》（*Scienza Nuova*），自 1917 年斯宾格勒（O. Spengler）的《西方之没落》刊行后，学界方正式称这种科学为"文化形态学"而流行一时。斯宾格勒（Oswald Spengler）认为唯一的观念的世界史是不存在的，存在的只是各种不同类型的文化。1929 年黄文山在《社会进化》一书第六章第二节"斯宾格拉（黄文山对斯宾格勒的译名）之文明轮化说"中，对斯氏的学说有简要的评述。

这一学说在德国比较显赫，1920 年德国成立了"文化形态学研究

①　参阅林惠祥《文化人类学》，第 55～56 页。
②　黄淑娉、龚佩华：《文化人类学理论方法研究》，第 178、180 页。

会"，其创始人就是"文化圈"理论的重要代表人物弗罗贝纽斯（Leo Frobenius）。文化形态学研究会就是研究"文化圈学"的学会，"文化形态学"根据"文化圈"思想，探讨文化的形态，创建了"文化图表学"，以所搜集的材料，做成图表，比较各"文化圈"的特质。这一学派的活动在当时就受到中国学者的关注，在1923年为弗罗贝纽斯五十寿辰暨"文化圈学"诞生25周年举行的纪念会上，中国人金井羊参加了会议，《东方杂志》和《史地学报》都刊发了署名颂华的对这一学会和这次纪念会的介绍。[①]"文化形态学"对于"文化学"的建构具有重要的影响，有学者认为，"文化学"之突创就是晚近一部分对于研究文化的学者从"文化形态学"中脱离、独立而导出的。[②]"文化形态学"后来直接导致了中国"战国策派"思想的产生，也是"文化学"建构中经常会利用的文化理论。

文化史

除了上述与"文化"直接相关的理论外，当时发展中的许多学科及其理论或倾向，对于"文化学"也产生了重要的推动作用。在历史学方面，从19世纪中期开始，主张把整个人类文化作为研究对象的"新史学"发展起来，他们突破了原有的史学偏重于军事的或政治的方面的论述，或偏重于文化的其他某一方面的论述，而是把叙述范围扩展到整个文化。如撰述英国历史，以"英国文明史"为对象；撰述德国历史，以"德国文化的全部"为范围。鲁滨逊的《新史学》倡导要研究人类历史的全部或全体进程，融会贯通地揭示历史的"所以然"，因而要研究"人类学、社会学、经济学、比较宗教的研究、社会心理学、

---

① 颂华：《德国之文化形体学研究会》，《东方杂志》第20卷第14期，1923年7月；《史地学报》第2卷第7期，1923年11月。但也有学者指出，这里所指的"文化形体学"（Kulturnor Phelogie）主要内容是宣扬"文化圈学"与"文化形态学"的不同。参阅李长林《斯宾格勒"文化形态史观"在中国的早期传播》，《历史研究》2004年第6期。

② 黄文山：《由文化形态到文化学——克鲁伯的文化学说研讨》，《珠海学报》（香港）第4期，1971年7月。

动物心理学、地文学、气象学”等新科学的新学说，以便了解“人类的全部文化何以和似人的动物不同”“人类文化的性质”等重大的问题。[①] 这种指向“文化”的历史研究倾向，在相当大程度上也影响和支持了“文化学”的发展。

以上各种关于“文化”的基本理论和学说，当然不是文化人类学、文化社会学以及其他与文化相关的理论的全部，但是这些部分对于“文化学”的建构十分重要，并且在当时就受到中国学人的重视，其中的许多学说，中国学人都有比较详细的介绍和引进，对于近代中国“文化学”的建构产生了直接的影响。从后来中国学人“文化学”的著述里，可以经常看到对这些理论、学说的引述和论证。西方学术界关于这些理论的重要著作，也是中国学者译介的重点。

二　西方社会学、人类学著作之译介

从 19 世纪末开始，西方的社会科学理论著作开始被引进中国。到 20 世纪初，出现了西方著作翻译的热潮，并且由于中国学术逐渐转向以西学为本、以西方学术为标准，大量西方著作在中国学术界产生决定性影响，上节提到的各种学术观念和理论，也就是在这种情况下被介绍到中国。

虽然“文化学”的学科概念由西人提出并在欧洲数国流传，但它在西方也是一门发展较迟的学科，因此专门以“文化学”的理论和实践作为主题的著作，很晚才出现。与政治学、经济学等学科不同，“文化学”在中国的影响，没有一开始就从大量现成的西学专著的翻译着手。由于其基本理论多来源于西方社会学和人类学，因此首先是借助西方社会学、人类学著作在中国的译介，起着实际上的理论引进和奠基作用。清末以来，西方社会学著作开始大量进入中国。而从学术渊源上看，“文化学”实际上脱胎于“文化人类学”。因此人类学在中国的传

---

① 鲁滨逊：《新史学》，何炳松译，商务印书馆，1924，第 94 页。

播和发展，对于"文化学"具有更加直接的影响。①

欧美的社会学、人类学研究的信息，其最主要的传播途径，是直接被中国学人接受。20世纪上半叶大量留学生到欧美各国求学，直接接触了西方较新的学科知识。对于后来在国内主要学术机关服务的留学生来说，他们的课堂学习和西文阅读能力，已经完全能够从西人的原著中获得知识。他们对于西方的社会学、人类学的基本知识的掌握，和对学术前沿的了解，与西方学术界发展的历史实情是基本相符的。1934年林惠祥著《文化人类学》，对欧美和日本的人类学和文化人类学的研究史，有十分详细的介绍，以"文化人类学略史"一章为例，分为"文化人类学的先锋"（介绍巴斯蒂安和拉策尔）、"社会演进论派"（介绍摩尔根、斯宾塞、泰勒等人）、"传播学派"（介绍格雷布内尔、里弗斯、史密斯、佩里等人）、"批评派或历史派"（介绍博厄斯、克鲁伯、威斯勒等人）、"文化压力说"（介绍卡尔弗顿）等部分，可以说完整介绍了西方学术的发展全景，而且所使用和列举的参考书，都是西文原著。② 若与西人著作进行比较的话，林惠祥著作这一部分的架构，与美国学者哥登威塞所著的《社会科学史纲》第五册《文化人类学》大体一致，但此书的中译本1940年才在国内出版。③ 多数西文书籍，通过《社会学刊》等杂志开辟的"书评"等栏目介绍进来，往往在有中译本之前，西方学者的观点已经为专业的中国学者所了解。

另一方面，也有大量的西人著作被翻译成中文，在国内传播。在社会学与人类学的研究中，有一些著作是直接以文化作为研究对象的，其中相当的部分，集中讨论文化的观念以及各种文化发展的历史。这些内容对于中国学者来说，既启发了对文化问题的专门思考，也成为直接引

① "人类学"一词译为中文，已知最早是清末在日本的留学生翻译英国学者威尔逊所著《人类学》，在1903年初刊行的《游学译编》上刊登广告，声明此书已经翻译过半。参阅黄淑娉、龚佩华《文化人类学理论方法研究》，第412页。

② 参阅林惠祥《文化人类学》，第二章"文化人类学略史"。

③ 哥登威塞：《社会科学史纲》第5册《文化人类学》，陆德音译，商务印书馆，1940。

证的重要参照。在西方社会学、人类学著作中，与"文化"学说关系密切，同时对中国学人影响较大的著作，主要有以下各种（大致按译介时间为序）：

〔英〕赫胥黎（T. H. Huxley）：《天演论》，严复译，湖北沔阳卢氏慎始基斋刻本，1898 年；

〔英〕亚当·斯密（Adams Smith）：《原富》，严复译，南洋公学译书院，1902 年；

〔日〕岸本能武太：《社会学》，章太炎译，广智书局，1902 年；

〔英〕斯宾塞（H. Spencer）：《群学肄言》，严复译，文明翻译局，1903 年；

〔德〕哈伯兰（M. Haborandt）：《民种学》，林纾、魏易译，京师大学堂刊印，1903 年，该书由英译本转译；

〔日〕有贺长雄：《人群进化论》，麦仲华译，广智书局，1903 年；

〔英〕斯宾塞（H. Spencer）：《社会学原理》，马君武译，少年新中国社，1903 年；

〔英〕甄克思：《社会通诠》，严复译，商务印书馆，1904 年；

〔美〕爱尔华（C. A. Ellwood）：《社会学及社会问题》，赵作雄译，商务印书馆，1910 年；

〔法〕黎朋（G. Le Bon）：《群众心理》，吴旭初译，商务印书馆，1920 年；

〔法〕黎朋（G. Le Bon）：《群众》，钟建闳译，泰东书局，1920 年；

〔英〕麦独孤（W. McDougall）：《社会心理学绪论》，刘延陵译，商务印书馆，1922 年；

〔德〕缪禄楼（F. Muller-Lyer）：《社会进化史》，陶孟和译，商务印书馆，1924 年；

〔美〕摩尔根（L. H. Morgan）：《社会进化史》，蔡和森译，民智书局，1924 年；

〔法〕涂尔干（E. Durkheim）：《社会学方法论》，许德珩译，商务印书馆，1925年；

〔英〕泰勒（E. B. Tylor）：《人类与文化进步史》，宫廷璋译，商务印书馆，1926年，该书以泰勒《人类学》为蓝本，参以他书；

〔美〕摩尔根（L. H. Morgan）：《古代社会》，杨东莼、张栗原译，昆仑书店，1929年；

〔美〕爱尔乌德（Charles A. Ellwood）：《文化进化论》，钟兆麟译，世界书局，1930年；

〔日〕长谷部言：《自然人类学概论》，汤尔和译，商务印书馆，1930年；

〔英〕马凌诺斯基（B. Malinowski）：《蛮族社会之犯罪与风俗》，林振镛译，华通书店，1930年；

〔美〕索罗金（P. A. Sorokin）：《当代社会学学说》，黄文山译，社会问题研究社，1930年；

〔日〕关荣吉：《文化社会学》，张资平、杨逸堂译，乐群书店，1930年；

〔美〕亚尔保（F. H. Allport）：《社会心理学》，赵演译，商务印书馆，1931年；

〔日〕西村真次：《人类学泛论》，张我军译，神州国光社，1931年；

〔美〕威斯勒（C. Wissler）：《现代人类学》，吴景崧译，大东书局，1932年；

〔美〕鲍格达（E. S. Bogardus）：《社会思想史》，钟兆麟译，世界书局，1932年；

〔美〕索罗金（P. A. Sorokin）：《社会变动论》，钟兆麟译，世界书局，1932年；

〔德〕阿贝尔（T. Abel）：《德国系统的社会学》，黄文山译，华通书局，1932年；

〔美〕季林（J. L. Gillin）、卜勒克马（F. W. Blackmarl）：《社会学大纲》，周谷城译，大东书局，1933 年；

〔法〕涂尔干（E. Durkheim）：《社会分工论》，王力译，商务印书馆，1935 年；

〔美〕奥格朋（W. F. Ogburn）：《社会变迁》，费孝通、王同惠译，商务印书馆，1935 年；

〔美〕哈尔（K. D. Har）：《社会法则》，黄文山译，商务印书馆，1935 年；

〔美〕罗维（R. H. Lowie）：《初民社会》，吕叔湘译，商务印书馆，1935 年；

〔美〕罗维（R. H. Lowie）：《文明与野蛮》，吕叔湘译，生活书店，1935 年；

〔美〕威斯勒（C. Wissler）：《社会人类学概论》，钟兆麟译，世界书局，1935 年；

〔英〕马凌诺斯基（B. Malinowski）：《巫术科学宗教与神话》，李安宅译，商务印书馆，1936 年；

〔美〕季林（J. L. Gillin）、卜勒克马（F. W. Blackmarl）：《白季二氏社会学大纲》，吴泽霖、陆德音译，世界书局，1937 年；

〔英〕泰勒（E. B. Tylor）：《人种地理学》，葛绥成译，中华书局，1937 年；

〔英〕马凌诺斯基（B. Malinowski）：《两性社会学》，李安宅译，商务印书馆，1937 年；

〔美〕季林（J. L. Gillin）、卜勒克马（F. W. Blackmarl）：《社会学原理》，陶集勤译，新文化书店，1942 年；

〔德〕奥斯瓦尔德（W. Ostwald）：《文化学之能学的基础》，马绍伯译，重庆，出版社不详，1943 年；

〔德〕孟汉（K. Monnheim）：《知识社会学》，李安宅译，商务印书馆，1944 年；

〔英〕马凌诺斯基（B. Malinowski）：《文化论》，费孝通译，商务印书馆，1944年；

〔英〕弗斯（Raymond Firth）：《人文类型》，费孝通译，商务印书馆，1944年；

〔美〕博厄斯（F. Boas）：《人类学与现代生活》，杨成志译，商务印书馆，1945年。

以上所列各书，有的产生的影响不止于一学科，甚至远远超越学术界，有的译者正是在中国倡导"文化学"的代表性人物。其中有些著作产生于"文化学"在中国出现之前，其影响不可忽视；有的是在"文化学"倡导的过程中翻译出版的，与"文化学"有着直接的关系；有的虽然翻译出版较晚，但在此前已经通过其他途径为中国学人所了解。

凡此种种努力，为"文化学"这门新学科概念的东渐开启了通路。以人类学著作的译介为例，王铭铭指出，进化论和传播论著述的翻译，对于近代中国的文化自觉起着非常关键的推动作用，《天演论》、欧洲民族理论、德国和美国的文化史，让中国人类学的奠基人有可能提出一系列关于中国文化的论述，在科系和课程发展的过程中，西学的翻译对于学科建设也起着非常重要的作用。[①] 社会学著作也不例外。在这些著作里，对"文化"问题有系统专门论述，并且对后来中国学人认识"文化"理论有较大影响的，有爱尔乌德的《文化进化论》、索罗金的《当代社会学学说》、关荣吉的《文化社会学》、路威的《文明与野蛮》、西村真次的《文化移动论》和有关文化形态学、功能学派的著作。

爱尔乌德是美国的心理社会学派的代表性人物，1927年将在密苏里大学任教的讲稿出版为《文化进化论》（*Cultural Evolution*），[②] 1930年由钟兆麟译为中文。全书以纲要式的体裁，论述文化的一些基本性质，以文化进化为轴心，指出"人类社会进化的普通方向或趋势，必

---

① 王铭铭：《西学"中国化"的历史困境》，第30页。
② 汪杨时：《文化进化论书评》，《中国新书月报》第2卷第1号，1932年1月，第18页。

须在文化进化的普遍原则中去探求",① 并提出了基于心理社会学说的文化发展历程。

索罗金,是俄国血统的美国社会学家,或译萨罗金,1919 年至1922 年任彼得格勒大学教授,1923 年移居美国,先任明尼苏达大学教授,1930 年起任哈佛大学教授,并成为该校在文明史研究和社会理论史研究领域的主要代表人物,对后来者影响很大。② 他的《当代社会学学说》(*Contemporary Sociological Theories*)成书于 1927 年,次年以英文出版。1929 年 10 月孙本文曾在《社会学刊》上介绍过他的这部著作,指出这部书可以说是在内容上包括了有社会学以来的发展状况,以及各国、各家、各派的观点,社会学的性质、特点,都进行系统概括的论述的著作。③ 黄文山在国内各大学讲课时,将这部书用作学生的参考书,后因张申府等人在上海成立中国社会问题研究会,其中就有翻译社会科学名著的工作,黄文山便以翻译此书为任。④ 1930 年黄文山译索罗金《当代社会学学说》出版。这本书主要研究 19 世纪下半叶以来的各种社会学学说,分章介绍了社会学历史上的机械学派、Le Play 学派、地理学派、生物有机体派、人类种族学者、淘汰学者与遗传学者派、"生存竞争"与"战争社会学"之社会学观、人口学派等各派的观点。黄文山译索罗金《当代社会学学说》出版后,又译德国学者哈尔的《社会法则》,这部著作是对《当代社会学学说》的重要补充,作者评述了西方学术界关于"法则"问题的上百种观点,提供了一种"总清算",可以为中国学者研究社会法则科学提供重要的参考。索罗金的最大贡献,在于把一切特殊的"法则的文化科学"进行彻底的、整合的研究,

---

① 爱尔乌德:《文化进化论》,钟兆麟译,世界书局,1930,第 24 页。

② 弗朗索瓦·布里科、默里·韦克斯等:《社会学的由来与发展》,王祖望、魏章玲等译,商务印书馆,1987,第 62、132 页。

③ 孙本文:《沙罗金的〈现代社会学学说〉》,《社会学刊》第 1 卷第 2 期,1929 年 10月,第 16 页(栏页)。

④ 黄文山:《译者序》,载索罗金《当代社会学学说》,黄凌霜译,社会问题研究社,1930,第 13 页。

形成"一般的文化学说"。① 这两本译著的出版，对于系统介绍西方社会学学说和理论发展，具有重要意义，后人评述，黄文山译这两部著作，"对学生们的启发性远大于外国教科书"。②

关荣吉的《文化社会学》在日本出版时书名为《文化社会学概论》，昭和4年（1929）由东京堂刊行。1930年由张资平、杨逸堂译为中文出版。文化社会学是当时德国学术界最有力量的一个学派，而这一学派的学说传到日本，"日本的学界一般渐次承认文化社会学的必要，尤其是承认有根据文化社会学方法研究'日本社会学'的必要"。③ 译者鉴于在中国用文化社会学的方法去理解文化尚没有受到重视，因而将此书译介过来。这本书分别介绍了什么是文化社会学、它在德国和日本的发展情况和评述，在理论上讨论了文化的社会性及文化的容纳、模仿、传统、支配和斗争等问题。

美国学者罗维的《我们文明吗？——人类文化展望》（*Are we civilized? : Human culture in perspective*）是人类学通俗著作里比较成功的一部。该书1929年在美国出版，1932年吕叔湘就将它翻译成中文，书名改为《文明与野蛮》，作者名译为路威。但因各种原因，译本迟至1935年才由上海生活书店出版。④ 罗维这本书阐述了文明的历史，破除所谓"文明人"的自大狂，特别强调在文化的历程中，"转借"是最重要的因子。罗维认为，人类自动进化的能力薄弱，而传播势力却很巨大，传播（转借）的作用，是最值得重视的。这部书被中国学者评价为"它供给了民族学、文化学的基本知识，它指示了研究民族学、文化学的入门途径"。⑤ 罗维是美国批评学派的重要代表性人物，他主张以"文化"解释"文化"，以一个民族的文化历史和文化环境（别于自

---

① 黄文山：《文化学体系》，"自序"，第6页。
② 卫惠林：《〈黄文山文集〉序》，《黄文山文集》，台北：商务印书馆，1983，第1页。
③ 关荣吉：《文化社会学》，张资平、杨逸堂译，乐群书店，1930，"原序"第2页。
④ 路威：《文明与野蛮》，吕叔湘译，生活书店，1935。
⑤ 古道济：《罗维著文明与野蛮书评》，《民族学研究集刊》第5期，1946年4月，第171页。

然环境）来解释其现有的文化。他在另一本名著《初民社会》
（*Primitive society*）里，列举了各种原始部落制度，论证摩根进化论的错
误，批评“一向以民族中心主义，认为凡是与我们相异的习俗和制度
均为劣等的、野蛮的”这种观点。① 这本书也由吕叔湘在 1935 年译为
中文。

日人西村真次的《文化移动论》对文化的语意、文化的移动做了
专门论述。他认为“文化”是“共同生活的样式”，有其中心和末梢，
文化不是独立发生的，而是由中心向末梢移动的。西村的观点实际上来
自西方的文化一元论，即认为世界文化全部来自一处。西村认为，“文
化的摇篮在埃及及南西亚细亚”。他将自己的论点总括为：“世界文化
是由一个起源而分为几支，自古至今，由西而东，自南向北，文化悉是
连续着的一点。”② 这部著作由李宝瑄翻译，1936 年由商务印书馆出版。

关于文化形态学的著作，1920 年代，经王光祈、魏时珍、李思纯、
张荫麟、吴宓、张君劢等人的译介，斯宾格勒的文化形态观也开始在中
国传播开来。到 1930、1940 年代，在“战国策派”兴起以前，文化形
态观仍在不断传播，有的中国学者对它做了全面的评述；有的中国学者
在各自的研究领域将它加以运用发挥。③ 王文俊将德国哲学家和教育家
斯勃朗格（Eduard Spranger）1936 年、1937 年初分别在德国普鲁士科
学院和日本东京帝国大学的两次演讲译为《文化形态学研究》一书，
斯勃朗格承袭狄尔泰的精神科学中所谓的“生之哲学”，又受新康德主
义的影响，属于文化教育学派。这两篇演讲都是讨论文化形态学问题，

---

① 吴泽霖：《序》，路威《初民文化》，第 1 页。
② 西村真次：《文化移动论》，第 213 页。
③ 参阅鲍绍霖《西方史学的东方回响》；王敦书《斯宾格勒“文化形态史观”在华之最
　初传播》，《历史研究》2002 年第 4 期；许冠三《新史学九十年》，岳麓书社，2003；
　张广智《西方文化形态史观在中国的回应》，《复旦学报》2004 年第 1 期；李长林
　《斯宾格勒“文化形态史观”在中国的早期传播》，《历史研究》2004 年第 6 期；李
　长林《20 世纪三四十年代斯宾格勒“文化形态史观”在中国的传播》，《史学理论研
　究》2007 年第 2 期。

但出版于抗战以后。① 这两篇演讲另曾为王锦第译为中文，分别发表于1939 年的《研究与进步》和 1941 年的《中德学志》。②

功能学派在人类学中出现较晚。功能学派认为，任何一种文化现象，不论是抽象的社会现象，如社会制度、思想意识、风俗习惯等，还是具体的物质现象，如手杖、工具、器皿等，都有满足人类实际生活需要的作用，即都有一定的功能。它们中的每一个与其他现象都互相关联、互相作用，都是整体中不可分的一部分。对于功能学派的介绍，吴文藻发表的《功能派社会人类学者的由来与现状》和《布朗教授的思想背景与其在学术上的贡献》引起学界的关注，费孝通译《文化论》和《人文类型》更为功能学派大张其目。③

以上欧美各国的理论、学说与著作，在西方学术发展史的序列上各具位置，彼此之间有的是承袭的关系，有的是针对的关系。中国学术界吸收引进时，就个别人的个别领域而言，有时是系统的，但作用于整个学术界，有时却是笼统的。从后来中国学人建构"文化学"的具体情况看，这些理论、学说和著作，往往在综合提供基本理论工具的同时，也每每在个别问题上提供启示。这是需要在此处预先分别做一简介的主要原因。

三 中国学人的吸收与综合

除了直接的翻译以外，还有许多中国学人著作的编写，主要的目的是为了介绍西方有关理论和知识，实际上具有编译的性质。一些中国学

---

① 斯勃朗格：《文化形态学研究》，王文俊译，独立出版社，出版时间约为1942 年。

② 士榜格：《文化形态学的问题》，王锦第译，《研究与进步》第 1 卷第 2 期，1937 年 7 月。《研究与进步》由中德学会主办，主要翻译德国同名杂志 *Forschungen und Fortschritte*。又见士榜格《文化形态学的研究》，《中德学志》第 3 卷第 1 期，1941 年 3 月。

③ 吴文藻：《功能派社会人类学者的由来与现状》，《北平晨报〈社会研究〉周刊》第 111 期，1936 年 5 月；吴文藻：《布朗教授的思想背景与其在学术上的贡献》，《文摘》第 1 卷第 1 期，1937 年 1 月；B. Malinowski：《文化论》，费孝通等译，商务印书馆，1944；Raymond Firth：《人文类型》，费孝通译，商务印书馆，1944。

者的专著，虽然主要内容是阐述作者自己的主张，但引征广博，也起到了对西方"文化"学说进行介绍和综述的功能。

黄文山的《社会进化》一书比较简要地把西方学术界关于"进化历程或文化演进的法则，作批评的叙述，由叙述而研究社会进化的法则"。他在书中介绍了西方学者的文化进化论、文化分播论、文化进化的综合及历史分析的解释、文化演进的因子、社会轮化论等学说，并且触及了文化问题的独特性，指出"文化是超机的现象，不能用有机的原理去解释，而要用超机的原理去解释"。① 中国学者论述进化的著作在当时很多，黄文山、陈序经等"文化学"的建构者都有对此问题的专门论述，不一而足。

黄文山编的《西洋知识发展史纲要》，是一本教科书性质的著作，主要目的在于通过揭示西方知识发展的过程，来展现西方文化的全像。虽然当时具体各方面的关于西方思想、学术的著作已经不少，而黄文山的意图在于"概括以上关于思想史方面的著作以至科学史技术史合一炉而冶之，而记载西洋一般思想史意见的变迁、精神的态度、和人类的估价之思想史"。② 黄文山此书主要受到美国学者鲁滨逊（A. H. Robinson）的启发，鲁滨逊于 1919 年出版了一部《西欧思想史大纲》（*An Outline of the History of the Western European Mind*），他的弟子班斯（H. E. Barnes）宣称要撰写《西洋社会知识发展史》（*The Intellectual Development of the Western Society*），黄文山在美国时曾师从班斯，对鲁滨逊的观点也有了解，因此根据他们的启发撰写了《西洋知识发展史纲要》。该书分别介绍了"知识发展史的背景""希腊文化及其传入罗马帝国""中古的知识遗产""经院哲学的没落""现代科学精神的产生"和"现代知识生活的主要元素"等方面的学术发展，其中许多内容对于日后黄文山"文化学体系"的撰述提供了重要的学术

① 黄文山：《社会进化》，世界书局，1929，第29、5页。
② 黄文山：《西洋知识发展史纲要》，华通书局，1932，"序"，第2页。

资源。

斯宾格勒的文化史观在叶法无的《文化与文明》中得到了介绍和评论。德国学术界长期以来重视"文化"与"文明"、"自然"与"历史"等范畴的区分，斯宾格勒的《西方的没落》以文化形态学的方法，来观察文化史。他把"文化"与"文明"在德国思想中的区分，推至"文明是文化既死的状态"。叶法无全面介绍了斯宾格勒的文化观和文化史观，对斯氏认为"文化是精神的、向上的、调和的，而文明是物质的、城市的、死的"的观念不表赞同，指出"文化与文明并没有这种绝对相反的意义，而却是进化的结果"。① 叶法无所介绍的斯宾格勒的主张对于后来中国的"文化学"建构者陈序经、朱谦之都有重要的影响。

孙本文是国内受美国文化学派影响甚大的一位社会学者。他对于社会学中文化学派的介绍可以说是不遗余力，在《社会学上之文化观》中，孙本文介绍了文化社会学的发展和主要学说。在谈到文化学派研究的意义和贡献时，孙本文指出："文化学派之社会学家，以研究文化为社会学上之主要问题。据彼等之意，非将文化分析明白，社会现象中之其余心理、生物、自然环境等种种要素，皆无从得确切之解释，而社会现象即无从得完全之了解，社会问题，亦无从得圆满之解决。"②

因为文化学派社会学的论点主要来自美国的新派（批评派）人类学，孙本文在书中重点介绍了美国的新派人类学家的学说，尤其是哥伦比亚大学社会学教授奥格本（W. F. Ogburn，孙本文译为乌格朋）的《社会变迁》、南加州大学社会学教授凯斯（C. M. Case，孙本文译为恺史）的《社会学大纲》等学者著作中的文化学说。孙本文指出，美国的批评派人类学家对于社会学有很大的贡献，文化学派之学说，完全脱胎于此派人类学。文化学派对于文化发展与社会历史背景的关系、文化

---

① 叶法无：《文化与文明》，黎明书局，1930，第36页。

② 孙本文：《社会学上之文化观》，朴社，1927，第24～25页。

现象与生物现象、文化进化与生物进化的关系等问题，都有自己的独到的看法。对于文化的发展、变迁，也有重要的观点。孙本文将其归纳为：

> 文化之所以发展，有种种原因。其最重要者，即
>
> （1）文化有累积（指物质文化）。文化之基础，由发明之增加而日益扩大，而发明则又因文化基础之扩大而日益增加。
>
> （2）文化易于传播。创造新发明不如采用旧发明之易为力。所以交通既繁，文化之接触既多，则文化之变迁自速。
>
> ……但就文化本身言之，则有时变迁甚缓。此由于文化富有惰性之故。换言之：文化富有拒抗变迁之趋势也。①

对文化学派社会学的介绍还见于孙本文的另一部著作《文化与社会》中，该书分三编，第一编五章讨论文化的性质和功用，第二编四章讨论社会问题的意义和研究方法，第三编一章就是评述美国社会学的现状及趋势。② 同时，孙本文著《社会的文化基础》，对"文化"的相关理论有深入的介绍和讨论。这本书的目的在于"从纯粹文化的观点立论，对于文化与社会生活的关系，作一有系统的分析"。③ 这本书被认为是"将所有的社会文化，既与以时间的系统，复与以空间的说明，使阅者见之一目了然，确为研究社会学者必备之书"。④ 作者自己将全书九章的内容概括为五个方面：

第一，讨论文化形成的历程，及其与人类环境的关系。

---

① 孙文本：《社会学上之文化观》，第 158 页。

② 孙本文：《文化与社会》，东南书店，1928，目录。

③ 孙本文：《社会的文化基础》，世界书局，1929，"序"，无页码。

④ 王孝荣：《读书提要·社会的文化基础》，《人文月刊》第 7 卷第 5 期，1936 年 6 月，第 2 页（栏页）。

第二，讨论文化的性质，及其与人类行为的关系。

第三，讨论文化的内容和形式，及其地理上的分布的关系。

第四，讨论文化的变迁及其发展。

第五，讨论文化对于社会生活的影响。①

陈序经的《中国文化的出路》一书运用西方人类学、社会学的理论，提出他对于"文化"的根本观念，阐述他的全盘西化论。在这本书中，对西方学术界关于文化理论的介绍则带有综合性，介绍了穆勒·莱尔（F. Muller-Lyer 陈序经译为缪禄楼）、爱尔乌德、威斯勒、高登怀素（A. Goldenweiser）、罗维、泰勒、拉策尔、基佐（Guizot）等人的学术主张。② 这种广征博引的综合性与陈序经文化观的综合性是一致的，正是因为陈序经和其他学人相比，其"文化学"理论稍有自身体系，因而各种西人观念更多地为其所用。

西方学术界关于"文化"及其相关理论的论述，对中国学人认识"文化"，并在此基础上引进和发挥"文化"的学说，进而创建学科，起到了重要的启发作用。黄文山后来总结了西方文化理论发展时指出：

> 自从泰洛（即泰勒——引者注）于一八七一年提出"文化的科学"（Science of Culture）以后，一直到了克鲁伯起来，才把文化现象与社会的、心理的现象的不同，加以说明和划分。怀德（指莱斯利·怀特——引者注）跟着提"科学范围之扩大"（The Expansion of the Scope of Science）的主张，与作者在较早的时期一样，把文化纳入科学体系之内，视为最高的科学，其意义与克鲁伯所说的，第一要把文化与其他现象孤立起来而加以研究，第二对各

① 孙本文：《社会的文化基础》，第 4 页。

② 陈序经：《中国文化的出路》，商务印书馆，1934。

种现象与事实，应从各个的层面上去作分析，完全相同。克鲁伯在这方面肯定文化学建立的可能性，同时也是文化的科学的原则建立之先导者。他曾使用到"文化工程学"（Cultural Engineering）、"文化心理学"（Cultural Psychology）等名词，认为未来的科学将集中文化方面的研究，必比社会方面为多；又认为现代文化概念之发现，其革命的意义，与哥白尼（Copernicus）首先倡导"太阳中心说"，在科学上说来，是有同等的重要性，可说是有先见之明。[①]

中国学人建构"文化学"，首先不能离开为中国学术界提供概念、思想、学说和启示的西学驱动。

第三节 "文化学"学科意识在中国的初现

一 "文化科学"的启示

"文化学"在中国的西学驱动并非简单的学科移植，况且在西方，"文化学"作为学科既发育缓慢，又与既有学科界限不明，这在一定程度上影响到它在中国输入的特点。实际上，"文化学"在中国被认知，从一开始就存在多种途径的启示，近代中国文化的种种窘境导致了思想界对于所有研究文化的理论和学科异常敏感，建构"文化学"的呼吁便产生于这样一种思想基础。

事实上，虽然后来中国学人在建构"文化学"时，主要是从文化人类学和文化社会学的启发中获取理论和问题意识，但中国学人最早产生"文化学"的学科意识，却要上溯到西方对于文化研究的哲学思考

[①] 黄文山：《由文化形态到文化学》，《珠海学报》（香港）第 4 期，1971 年 7 月，第 12 ~ 13 页。

的启示，从西人"文化"与"自然"对举，在对"文化"与"自然"理解的基础上，朦胧地认识关于"文化"科学的特殊性。在明确倡导"文化学"之前，已产生关于"文化科学"的学术意识。这一意识最早来源于对德国哲学意义上"文化科学"概念的理解。李大钊在《史学思想史》课程的讲义中说：

> 由学问论上言之，文化科学的提倡，首先发表此论者，虽为文氏（文蝶尔般德，今通译文德尔班——引者注），有造成今日此派在思想界的势力者，实为理氏（H. Rickert，今通译李凯尔特——引者注）。故一论及西南学派的文化科学，即当依理氏的说以为准则。依理氏的说，则谓学问于自然科学外，当有称为历史的科学或文化科学者，此理一察自然科学的性质自明。①

德国思想家较早提出在"自然科学"之外，应有一个与之相对的科学，并将这种与"自然科学"相对的学科概念概括出来。但这个名称并不是唯一的。狄尔泰（Wilhelm Dilthey）1883 年出版了一部论述"Geisteswissenschaften"的哲学著作，"Geisteswissenschaften"这个词，从 1930 年代至今，都被译为"精神科学"。② 狄尔泰将所有各种以社会实在和历史实在为研究主题的学科都归在"精神科学"这个标题之下，并将这些科学构成一个整体。他认为"Gesellschaftswissenschaft"（社会科学）、"Soziologie"（社会学）、"Kurturwissenschaftrn"（文化学）所涉及的范围仍然过于狭窄，不适合表达它们的主题，因而，要创立

---

① 李守常：《马克思的历史哲学与理恺尔的历史哲学》，载氏著《史学要论》，商务印书馆，2000，第 12 页。

② 该德文词对应的英文词为"human sciences"，但"human sciences"并没有把"Geisteswissenschaften"的含义充分表达出来，表示"human sciences"的中文词语"人文科学"只能涵盖"Geisteswissenschaften"的部分意思。参阅霍桂桓《文化哲学史大师的扛鼎之作》（译者前言），威廉·狄尔泰《精神科学引论》第 1 卷，童奇志、王海鸥译，中国城市出版社，2002，第 7 页。

“Geisteswissenschaften”（“精神科学”）。所谓“精神科学”指的是包括社会科学、人文科学在内的几乎所有与人的知识有关的学科，包括经济学、政治学、社会学、人类学、历史学、心理学、法理学、文学、哲学。① 陈序经曾经指出狄尔泰发表《精神科学引论》这部著作“就是要建立一种新的科学”，这门新科学，不仅与原来的历史哲学有不同之处，而且与当时新起的社会学也有不同。②

　　另一种影响更大的对举方法，则是将与“自然科学”相对的这门科学称为“文化科学”。李大钊文中提到的李凯尔特是德国西南学派的代表人物，他于 1898 年出版了《文化科学与自然科学》，他将科学分为两类，一类是“自然科学”，另一类“以方法为主时则为历史学，以对象为主时则为文化科学”。他超越了把科学划分为“自然科学”与“精神科学”的传统，将科学区分为“自然科学”和“文化科学”，但在李凯尔特那里，这个“文化科学”从方法上来说是历史学，因而称为“历史的文化科学”。李凯尔特将“自然科学”与“文化科学”对立，得到普遍的接受，但将“自然科学”与“历史科学”对立，则引发不同见解。日本学者铃木宗忠修正其观点，在把科学区分为“自然科学”与“文化科学”的基础上，进一步将“文化科学”分为“历史学”与“组织学”。他认为：“以以自然为对象者为自然科学，以以文化为对象者为文化科学，此二者为科学的根本分类……文化科学为可与自然科学对立者，而再由文化科学中导出历史学。”③

　　但西南学派所言的“文化科学”并不是后来为中国人津津乐道的“文化学”，如果仅从字面上理解，以“文化科学”为后来“文化学”的起源，难免误入歧途。国人意识到“文化科学”的真实意义在于，

① 参阅威廉·狄尔泰《精神科学引论》第 1 卷，童奇志、王海鸥译，第一编第二章“各种精神科学构成了一个与自然科学并列发展的独立整体”。

② 陈序经：《文化学概观》（一），第 4 页。

③ 本段及以下两段，分见李守常《马克思的历史哲学与理恺尔的历史哲学》，载氏著《史学要论》，第 15～18、99、118 页。

从"文化科学"与"文化学"在概念的相通性上而言，"文化科学"对于"文化学"的出现有一定的启发作用，而且由此观察，可以看到"文化学"学科概念在中国清晰化的线索。李大钊即受这一意识的启发，提出"文化学"成立的必要。他是从历史学的两大部类来论述这个问题的。他认为广义的历史学，一为记述的历史，一为历史理论，从各个具体领域的历史均对应有一般理论的学科。他在《史学要论》的讲义中指出：

> 对于政治史，则有政治学；对于经济史，则有经济学；对于宗教史，则有宗教学；对于教育史，则有教育学；对于法律史，则有法律学；对于文学史，则有文学；对于哲学史，则有哲学；对于美术史，则有美学；但对于综合这些特殊社会现象，看作一个整个的人文以为考究与记述的人文史，或文化史（亦称文明史），尚有人文学或文化学成立的必要。

无论是狄尔泰的"精神科学"，还是西南学派的"文化科学"，都是极为笼统庞大的与整个"自然科学"相对的多种社会科学的总称，而不是前述各国学者倡导建立的一门新的独立的专门学科。从李大钊上述认识可以看到，李大钊心目中的"文化学"，实际上依然是各种具体人文社会科学的总和，不免与笼统广义的"文化科学"在内容上混为一谈。而对"文化科学"能否成立，他采取了比较谨慎的说法："这文化科学能够成立与否，现方在学者研究讨论中。"

滕固也在《时事新报》上撰文向国人介绍了李凯尔特的"文化科学"概念并做了评述。滕固（1901～1941）是一位美术理论家，早年留学日本，攻读文学和艺术史，获硕士学位。1929 年又赴德国柏林大学留学，获美术史学博士学位。回国后主要从事艺术、考古等方面的撰著。滕固在文中介绍了德国心理学家冯特将经验科学分为"自然科学"和"精神科学"，文德尔班又将其划分为"自然科学"和"史的科学",再到李凯尔特划分为"自然科学"和"文化科学"的发展过程。
滕固对李凯尔特的"文化科学"概念做了重点评述,赞同李凯尔特关
于"自然科学"与"文化科学"的分类。对于西方学术界争论不休的
带有哲学意味的问题:到底"自然"应是与"历史"对立的,还是与
"文化"对立的,滕固受日本学者田边元和铃木宗忠的影响,将答案简
化为一个梯级层次结构,即"文化科学"是一个较大的范畴,历史科
学就应该是"文化科学"中的一部分。滕固在文中说:

> 文化科学与自然科学的对立,经多数的首肯,已划科学史上的
> 一时期了。所不满意的,便是历史科学与自然科学的对立,此问题
> 十目所视,尚在争论中。我没有时间列举了。我觉得认历史科学,
> 为文化科学中的一部分是有理的。[①]

德国西南学派的理论,20 世纪初在日本十分盛行,李大钊、滕固
均在日本留学(滕固后于 1929 年留学德国),对此有一定的了解。包
括铃木宗忠对西南学派观点的修正,均为李大钊、滕固等所注意。关于
"文化科学"的介绍,尚不止李大钊与滕固。1926 年,刘叔琴在《东方
杂志》撰文,介绍了李凯尔特以"自然"和"文化"的对立来代替
"自然"和"精神"概念的对立,并进一步指出李凯尔特既然已经把科
学分为"自然的"和"文化的"两类,却仍把社会学的属性定为自然
科学是不合理的。刘叔琴还介绍了德国学者曹亚(W. Zauer)对于科学
的分类,曹亚将科学分为"前科学"和"本元的文化科学","前科
学"是"初期的文化的科学",又分为"纯前科学"和"自然科学",
"本元的文化科学"是"高期的文化的科学",又分为"叙述的文化科
学"和"纯文化科学"。其中"叙述的文化科学"就是普通所指的各门
具体的文化学科,如历史学、社会学等。这一分类与"自然—文化"

---

① 滕固:《何谓文化科学》,《时事新报》副刊《学灯》1922 年 11 月 3 日。

对立的二元认识论是相一致的，刘叔琴对西方学者"文化科学"的观点进行介绍后，落脚于"社会学的文化科学趋向"，指出在李凯尔特之后，把社会学建立在"文化科学"基础上的趋向日益明显，这个"文化科学"，不仅包括社会学，也包括法律学、经济学、政治学等学科，受这些学科发展的影响，社会学被改置到"文化科学"里来。刘叔琴对这些观念均持赞同态度，认为：

> 一切现象如果是可以分做自然的和文化的，那么，社会这东西当然是属于文化的。所以把社会当做文化研究，一定是个较妥的方法。①

1929 年 5 月，刘叔琴在《一般》发表《论文化科学》，内容为节译日本学者平林初之辅的论文。这篇论文首先也介绍了德国西南学派的"历史科学"或"文化科学"的观点，文中说：

> 依西南学派的主张，自然科学的目的，是普遍法则的发见；反之，历史的目的，是个性的认识。不过，所以做历史对象的事实，一定要是一般的有兴味的事实，即有客观价值的事实。这种价值，便是所谓文化价值。那么，以有文化价值的东西即历史或文化做对象的科学，是不能与自然科学同样地用那种以发见普遍法则为目的的方法去研究了。为了这种理由，在方法论上，与自然科学相对而成立了所谓文化科学。②

但作者又提出质疑，认为不能把"自然科学"和"文化科学"看

---

① 刘叔琴：《从自然的社会学进向文化的社会学》，《东方杂志》第 23 卷第 19 号，1926 年 10 月，第 57～70 页。
② 刘叔琴：《论文化科学》，《一般》第 8 卷第 1 期（社会科学专号），1929 年 5 月，第 15～16 页。

作相对立的全然异其性质目的的科学。"文化"的事实与"自然"的事实没有根本的不同，两者都是法则科学。只是"文化科学"和"自然科学"在历史上的发展一样，目前还不能说到了令人满意的阶段。刘叔琴指出：

> （文化科学）还不曾脱离主观的形而上学的段阶。它之能否算是科学，还不能不使我们踌躇……我以为这种文化科学之现状，决不是起因于它原有的性质，这只为文化科学发达的程度还幼稚，是种偶然的现象。并且这也不单是文化科学所独有的现象，就是在自然科学，也曾有过这种幼稚的段阶。①

对"文化科学"概念的介绍，还出于各专门学科的发展。高觉敷在翻译介绍德国"文化科学的心理学"时，指出了德国西南学派对于"自然科学"与"文化科学"的划分："西南德国派学者曾拟将那些非自然科学的科学研究的逻辑和知识论的涵义加以界说。他们以为自然科学的前提和方法是已经明了的。'文化科学'也须有同样的明确性。据这派的分析，乃深知这些科学和自然科学确有互相排拒之点。"② 正是在这种背景下，德国的"文化科学的心理学"应运而生。葛绥成在介绍"文化科学的人生地理学"时，也先指出了西南学派文德尔班和李凯尔特"盛倡文化科学"，是与"自然科学"相对的科学分类，其特点是"与自然科学相反，以现象的多样性为对象，研究其现象的独立性及一回性，认识其个性与价值，不求普遍的法则，而求类型的法则"，③因而人生地理学也应被视为"文化科学"。

---

① 刘叔琴：《论文化科学》，《一般》第 8 卷第 1 期（社会科学专号），1929 年 5 月，第 27～28 页。
② 高觉敷：《现代德国文化科学的心理学》，《教育杂志》第 21 卷第 11 号，1930 年，第 21 页。
③ 葛绥成：《文化科学的人生地理学》，《大夏》第 1 卷第 2 号，1934 年 5 月 15 日，第 79 页。

二 建立"文化学"的呼声

"文化科学"的概念进入中国，也正是中国思想界开始对文化问题开展大规模讨论的时期。西学的驱动，不仅表现为学科意识层面上的启示，更深刻的方面在于，它推动着国人对于"文化"和"中国文化出路"问题的认识和反思，学科意识与思想史背景在这里产生了显著的交集，催生了"文化学"在中国的倡导。

在西学和西方思潮驱动下的新文化运动开启了文化论战的大门，关于中国的文化问题，新论迭起，层出不穷。而"药方"开得多，"病理"却少有追究。1920 年代后，就已有许多人士对于文化问题的泛泛而谈感到不满，认为对于文化的研究，不能忽视对文化的特殊精神与现象的观察，否则对于西方文化既不能全面了解，对于本国文化也不能深入体认。有论者说："近顷吾国言文化运动者，大都似以西洋学说为本位。然欲以西洋学说为本位，良非研究并实地观察西洋文化圈之特征不可。同时对于自己文化圈特征认识亦实重要，否则未免舍蹈己芸人之诮也。"[①] 因而在所谓"文化运动"的发展过程中，需要重视对于"文化"的理论方面的研究。新文化运动兴起和其后的东西文化论战中，所见多不外是关于文化观的争论，但关于"文化的基础"等理论性的问题，也有一些言论发表。尚钺在《京报副刊》发表过《文化的基础》一文，将对"文化"的理解放到对作为"文化"创造者"人"的原始时期生活的分析上，认为人有言语、文字、艺术和建设等文化现象，是因为人是有感情的"活的东西"。人自出生起就有永生的需求，由此而要寻找出永续的方法，而正是人类的"性行为"使得人的感情上有了打击和鼓励的"力"，有了发展的"力"，有了人类文化的原动力。因此，"文化的基础，不在一切的死东西上，而在那含着危

---

① 颂华：《德国之文化形体学研究会》，《史地学报》第 2 卷第 7 期，1923 年 11 月，第 4 页。

险性的、有着生命的活跃的'性行为'上"。① 这篇文字比较简短，学术上显然受到西方学术某一方面特殊观点的影响，视野并不开阔，论证也不充分。

刘叔琴在《民铎》发表《文化琐谈》一文，讨论到文化的"中心"问题和"末梢"问题。他根据西方学者的相关术语，解释了"中央文化""地方文化""文化中心"等概念的含义，也介绍了西方学术界对于文化传播论的主要观点。在他的术语中，将文化的一元传播译作"文化单原说"，将文化的多元传播译作"文化复原说"，并且认为前者比较合理。②

萨孟武在《文化进化论》一文中论述了文化的社会基础问题，他指出："文化非个人所能创造，乃以社会为基础而后产生者也。换言之，一定之社会，必有一定之文化，而一定之文化，又受一定社会之制约，故社会变更之际，文化亦必变更。"根据这一观点，萨孟武认为，由"智识分子"代表和发挥"劳动阶级"的"社会的感觉"，就可以成功地提倡一种新的文化。"现代社会，乃由资产阶级的社会而进为劳动阶级的社会，现代文化亦由资本主义的文化而进为社会主义的文化。"③

对于"文化"的基础理论问题的讨论，引导了关于"文化"学理的探讨和"文化学"学科意识的自觉。根据目前的资料，在中文中最早明确提出"文化学"的是张申府。张申府（1893～1986），原名张崧年，是中国现代史上著名的学者、思想家、政治活动家，以介绍英国哲学家罗素的哲学思想而知名，曾在北京大学、清华大学等学校任教。1926 年他在《东方杂志》发表《文明或文化》一文，呼吁：

> 为取以往各种文化之陈迹而研究之，或设立一种"文化学"，

---

① 尚钺：《文化的基础》，《京报副刊》第 312 号，1925 年 1 月 29 日。
② 刘叔琴：《文化琐谈》，《民铎》第 8 卷第 4 号，1927 年。
③ 萨孟武：《文化进化论》，《东方杂志》第 24 卷第 23 号，1927 年 12 月，第 7、14 页。

定不会白费工夫，这也是今日瞩照宏远的社会学者一桩特别的责任。

张申府这里所指的"文化"，并不如一般学者所指广义的文化，也不是与"文明"相对应的"文化"，而是基于他的"文明""文化"没有区别，如罗素所定义的"文化"（"文明"），即"循求据生物学讲来为生存所不必须的目的或东西"的观点，而根据这一定义，中国当然还处于"无文化时代"，因而现代人的责任是要造出一个"有文化（容得下文化）的时代"，"这种要造的文化应该怎样，怎样造法"，这才是张申府主张设立"文化学"要加以研究的问题。① 张申府援引罗素的"文化"概念立论，比较褊狭，与一般广义文化观不同，也不大受到学界认同。许仕廉批评其"哲学家好神秘，把一个极平常的东西，如文化，当作一件奥妙不可言喻的怪事"，而且"罗素的定义，最不通。耕织工艺、和国家社会的调度，都是生活必须的东西。依罗素的定义，这些东西，都不能算文化了。无论甚么文化学家，没有不承认耕织工艺和家族国家不是文化的"。②

张申府只是提出了"文化学"这个概念，不少后来者也都充分注意到了张申府提议创建"文化学"的首创之功，然而未必会仔细思考张氏"文化学"的确切内涵。其后"文化学"这一术语开始在中国学人中使用，其意义各人有各人的理解。在许仕廉看来，"文化学"是研究文化现象的社会科学中理论性的一门学科。社会科学，研究文化界现象，此类之理论方面，有社会学、政治学、历史学、经济学、文化学、宗教学等，其应用方面，有社会服务学、法律学、商业学、新闻学、音乐学及神学等。③ "文化学"是改进社会

---

① 张崧年：《文明或文化》，《东方杂志》第 23 卷第 24 号，1926 年 12 月，第 92 页。
② 许仕廉：《论文明问题并答胡适之张东荪诸君》，《真理与生命》第 2 卷第 16 号，1927 年 12 月，第 9 页。
③ 许仕廉：《科学之新分类法》，《现代评论》第 3 卷第 66 期，1926 年 3 月。

科学的一个途径。但许仕廉此处所说的"文化学"具体含义不明。在其后的一篇论述里,作者显然认为"文化学"应包括研究文化之间的相互关系、相互影响。他认为,"现在文化学尚未大发达,然对于西印度土人、欧洲人、及非洲人对于中国文明发达的直接间接影响已不能无疑问"。①

还有学者把"文化学"理解为"比较社会学"一类的学科。戴秉衡1936年撰文《文化学与人格之研究》,针对人们在研究人性、人格问题时易受到"文化强迫力"的影响,提出要得到客观观察的办法,唯一的法宝就是"'比较社会学'或用比较普通的名称叫它'文化学'Science of Culture"。他指出"文化学"是我们摆除成见的利器,它的贡献在于使我们明白人的生物性。不同民族人格上的差异并非天性不同,而是文化风俗习惯之差异,或者说,种族大体上虽然相同,但人格与行为的差异完全是因为风俗习惯的分歧。因此,某种行为在甲地是合理的,在乙地却成为罪恶。各民族基本生活基本上相同,但解决的方法却因文化不同而不同。作者指出:

> 根据文化学的发现,我们可以无疑地断定一个人的行为及其人格大多半是由他所受的文化势力及其所属的团体生活所决定,小部分是直接地出于人的本性……这种客观的态度是文化学于人格学者最大的恩赐。②

从上述过程中可以看到,"文化学"在中国的倡导,受到欧洲的学科概念和相关理论、学说的启发颇深,但这一启发来源十分复杂,绝不是将西方现成的"文化学"直接整体引进。中国学术界敏感地把握住了西学发展过程中的"文化科学"对中国思想与学术的意义,进而初

---

① 许仕廉:《论文明问题并答胡适之张东荪诸君》,《真理与生命》第2卷第16号,1927年12月,第9页。
② 戴秉衡:《文化学与人格之研究》,《文摘》第1卷第1期,1937年1月,第108页。

步产生了"文化学"的学科意识。在西学驱动的思想和学术背景下，在对文化问题的思考过程中，中国学人逐渐提出了一个边界和内涵都不甚明确的学科概念和学科意识。其学术来源，有哲学方面的，有社会学方面的，有心理学方面的，不一而足，但都为"文化学"在中国的进一步提倡和系统论述，奠定了基础。

第三章

思潮与学理：文化问题与
"文化学"的本土需求

"文化学"作为一门独立学科得到倡导，是近代中西文化冲突导致对文化观念和文化选择反思的直接结果，文化冲突及由此引发的关于中国文化出路的讨论，改变了国人对文化基本概念的认识，产生了对文化接触的基本规律和文化发展前途的理论预测等文化哲学层面的需求。中西文化冲突所引发的思考和理论上的需要，是"文化学"在中国受到特别重视的重要原因。从 1935 年全国范围的文化论战可以看到。"文化学"从学理深处影响着近代学人对中西文化的基本认识，是各种文化思想的学术根源。"文化学"对于不同的文化观，提供着学理上的依据。无论是本位文化派，还是全盘西化派，背后均以相应的"文化学"理论作为支撑。文化问题的讨论是一个学术问题，然而它背后有无法摆脱的政治因素的影响。这就使得这门学科在不同的人倡导下，所希望得出的结论完全不同。在主要的倡导者那里，出现了针锋相对的情况。

第一节　文化论战与"文化学"的思想需求

一　中国本位文化论战与学理问题的提出

1935 年 1 月因《中国本位的文化建设宣言》发表而引起的文化论

战，对于有关文化的理论乃至"文化学"的呼吁起到了巨大的作用。
这一场文化论战规模宏大，影响深远。各方在阐发各自的观点时，逐步
产生从学理上进行论证的需要，使文化论战越来越具有理论色彩和展开
学术上的相互探讨。

1935 年文化论战是由《中国本位的文化建设宣言》的发表所引发
的。是年 1 月 10 日，上海、南京、北平的 10 位文化界名人王新命、何
炳松、武堉幹、孙寒冰、黄文山、陶希圣、章益、陈高傭、樊仲云、萨
孟武在《文化建设》杂志上发表《中国本位的文化建设宣言》，宣称
"要使中国能在文化的领域中抬头，要使中国的政治、社会和思想都具
有中国的特征，必须从事于中国本位的文化建设"。[①] 宣言要求对文化
采取不守旧、不盲从的态度，根据中国本位，应用科学方法，来检讨过
去、把握现在、创造将来。宣言提出"中国本位"，意在对当时存在的
"复古"和"西化"两种思想倾向都进行批评。对于传统思想，主张要
存其所当存，去其所当去；对于西方文化，主张要吸收其所当吸收，但
不应全盘承受，不能连渣滓都吸收过来。因署名者除王新命外，均为各
大学教授，该宣言又被称为"十教授宣言"。

《中国本位的文化建设宣言》虽然谈的是文化问题，但本身并没有
多少涉及文化的学理的内容。最早一些响应的文章，也主要是呼应宣言
提出者的思想主张，没有多少学术上和理论上的补充。最早发表评论的
上海《晨报》《申报》《时事新报》《新闻报》、南京《中央日报》、杭
州《东南日报》等，均是如此。汉口《大同日报》评论《建设中国本
位的文化》，提出"一、成立文化委员会，广延国内硕学之士，以集中
文化建设之人材；二、决定目前之文化政策，以端文化建设之趋向"，[②]
仍不是从学理出发，而是希望进一步阐述文化建设的方向和促其进行。
大部分舆论希望在宣言发表以后，进一步解决实际问题，寻求文化建设

---

① 王新命等：《中国本位的文化建设宣言》，《文化建设》第 1 卷第 4 期，1935 年 1 月，
　第 1 页。

② 《建设中国本位的文化》，《大同日报》1935 年 1 月 19 日。

的具体路线。如《上海民报》报道的座谈会，各代表的发言多指向此条。较早发表言论的个人，如"十教授"宣言的灵魂人物叶青、支持"十教授"宣言甚力的李绍哲，在宣言发表之初都没有提到抽象的文化理论问题。[①] 少数评论开始跳出宣言的框架，提出有价值的疑问。上海《中华日报》发表评论《中国本位文化建设问题》，第一句话就提到："文化是经济政治乃至社会机构的复写或反映，因之，社会的政治的和经济的机构之变动，达到了某一方面阶段，则必然地提起文化的改革。"在结尾处又提出："中国需要怎么一种文化呢？适合现阶段中国的文化应建筑于怎样一种经济基础之上呢？关于中国固有文化的检讨与承继又应以何者为尺度呢？这种种主要问题，还依然没有解决。"[②] 正是因为缺乏学术基础，"十教授"宣言受到的批评较多，完全未能达到宣言主张者及背后的国民党意识形态主持者的目标，"本位文化建设"的倡导者不得不重视这一问题。他们意识到对于文化问题有从头开始讨论的必要，为得到更多的响应，他们在1935年3月举办了一场面向全社会的征文活动，征文题为"怎样建设中国本位的文化"，在征文启事中特别注明，所征文章至少应包括下列四点：

（一）文化的本质；

（二）中国本位文化的意义；

（三）现代学者对中国文化问题的意见；

（四）建设中国本位文化的原则及方案。[③]

这一给定引领了其后的讨论文字，使得多数文章在参与讨论时，均

---

① 叶青：《读〈中国本位的文化建设宣言〉以后》，《文化建设》第1卷第5期，1935年2月；李绍哲：《读十教授宣言后》，载马芳若编《中国文化建设讨论集》上编，龙文书店，1935，第32页。

② 《中国本位文化建设问题》，《中华日报》1935年1月21日。

③ 《中国本位文化建设征文》，《大公报》1935年3月2日。

将关于"什么是文化""文化的本质"等理论问题置于首位。国民党意识形态的主导者、CC系首领陈立夫身体力行，在3月18日国民党中央党部第174次总理纪念周上发表《文化与中国文化之建设》的报告，开篇阐述"文、文明、文化之意义"，引经据典，附会《中庸》。① 与此同时，随着各专业的学者参加讨论，改变了此前评论、呼吁为主的倾向，对文化的理论问题的关注和学术性的思考开始增多。

随着争论的开展，到1935年3～4月，对文化的理论问题的关注和学术性的思考开始增多。在3月7日中国文化建设协会武汉分会举办的座谈会上，教育界人士姜琦提出讨论本位文化建设，先要弄清"什么是文化"。② 天津《大公报》的评论指出，从事中国本位的文化建设运动，应当注意"文化"的意义如何，文化发展的原则如何？③ 这些评论提到了一些文化的理论问题。《武汉日报》也提到关于文化的定义并对文化的发展进行了一些逻辑上的说明。④《中央日报》的署名文章指出："首先应用现存的诸种文化概念，如文化质素、文化丛体、文化模式、文化基础、文化区域、文化中心、文化停滞等来将中国文化作系统的研究，得一个切实分明的案录，鉴往知来，因势利导，由此所得文化建设的方案方可与时代环境吻合，从而收获佳果。"⑤ 3月21日，中国社会问题研究会举行"建设本位文化问题座谈会"，罗敦伟担任主席，他首先发言，就讲到"文化的本质"问题。在座谈会结束后，罗敦伟总结会议取得了三项成果："一，文化完全以大众的物质生活为基础；二，今日的本位文化建设，应该着重救亡图存的生产建设。建立物质文化，自然有精神文化；三，应建立以民生主义为基础的三民主义文化。"正是因为在概念理解和主义确立方面提出了明确的立场，罗敦

---

① 《陈立夫在中央报告文化与中国文化之建设》，《中央日报》1935年3月19日。
② 姜琦：《我也谈谈"中国本位文化建设"问题》，《国衡》第1卷第3期，1935年6月，第10页。
③ 《中国文化运动之新开展》，《大公报》1935年4月3日。
④ 《论本位文化》，《武汉日报》1935年4月6日。
⑤ 高迈：《释文化》，《中央日报》1935年4月12日。

伟评价这次座谈会"已经完成了一个本位文化运动的新姿态，也是十教授宣言的实体化。也许可以说，等于一个本位文化建设运动新宣言"。①

站在本位文化建设对立面的陈序经等主张全盘西化的人士，因其自身较为看重理论的推导，对于文化的学理更为重视。陈序经早就有较为系统的"文化学"的相关理论，但他早期偏重于发表文化观，理论和学术处于隐约的地位。1931 年 4 月，陈序经发表《东西文化观》一文，就已从文化整体论、文化各方面的连带关系上论述了全盘西化的主张。② 1935 年 2 月，在文化讨论中，社会学家吴景超从"文化"与"文明"的基本概念向陈序经的文化不可分说提出质疑，他引述美国和德国社会学家的观点，认为文明是有世界性的，文化是有国别性的；文明是发明出来的，文化是创造出来的。这一观点受到了"大体上同情于全盘西化论"的张佛泉的反对。张佛泉使用了"文化单位（Traits）"来说明自己的观点，认为文化可以分为"单位"，文化采纳需以"单位"为本，采纳时同一"单位"不能妥协，不同"单位"可以并存。③陈序经将张佛泉的学术术语进一步清晰化，指出"张先生所说的单位，或 Traits，不外就是文化学者所谓为文化丛杂 Cultural complex……就是泰勒所谓的丛杂体系中的丛杂单位而已"，因此，"由互有连带关系的各种文化丛杂或单位而组成的丛杂的全部的文化"，也不容只取一部分。④ 这已是典型的由学理论证思想观点的辩论方式。

1935 年 3 月 31 日的《大公报》上，胡适也用"文化变动的性质"的理论批评《中国本位的文化建设宣言》，指出"萨、何十教授的根本

① 罗敦伟：《本位文化与经济建设》，《中国社会》第 1 卷第 4 期，1935 年 4 月，第 1、2 页。
② 陈序经：《东西文化观》，《社会学刊》第 2 卷第 3 期，1931 年 4 月。
③ 张佛泉：《西化问题之批判》，《国闻周报》第 12 卷第 12 期，1935 年 4 月，第 5 页（文页）。
④ 陈序经：《再谈"全盘西化"》，《独立评论》第 147 号，1935 年 4 月，第 7 页（文页）。

错误在于不认识文化变动的性质"。文化变动有这些最普遍的现象：第一，文化本身是保守的，一种文化既然成为一个民族的文化，自然有它的"绝大保守性"，对内能抵抗新奇风气的起来，对外能抵抗新奇方式的侵入，这是一切文化都共有的惰性，这种惰性是不用人为培养保护的；第二，凡两种不同文化接触时，比较观摩的力量可以摧陷某种文化的某方面的保守性与抵抗力的一部分；第三，在这个优胜劣败的文化变动的历程之中，没有一种完全可靠的标准可以指导整个文化各方面的选择去取，十教授理想的"选择去取"的"科学方法"只不过是一部分主观成见；第四，文化各方面的激烈变动，终有一个大限度，那就是不能根本扫灭固有文化的根本保守性。① 以胡适在当时思想界和学术界的影响，这些批评受到广泛重视。何炳松为此在 4 月 15 日于大夏大学演讲，其中对此直接作答，对胡适提到的两种文化接触的理论，并不表示反对，只是认为以此并不能反驳本位文化论。②

从文化出路问题的思考到文化论战，逐步触及文化的学理，是一个自然的趋向。此前对于文化问题的讨论，对此已有体现，而 1935 年文化论战，迅速推进了这样一场讨论，学理问题逐渐与中西文化观的问题居于同等重要的地位。

二　观点辩驳与学理深究

论战至此，各方越来越重视从理论上证明自己观点的正确性，从而使思想观点的辩驳向文化学理的探究发展。其实在 1934 年底，余蕴仁评论陈序经《中国文化的出路》一书时，重点就放在对陈序经"文化"理论认识的批评上，批评者认识到陈序经全盘接受西洋文化的主张，是建立在"从动的见地及诸现象的联系中去理解文化的缘故"，为此，必须真正从理论基础上颠覆陈序经的文化论，指出陈序经所谓的"文化

---

① 胡适：《试评所谓"中国本位的文化建设"》，《大公报》1935 年 3 月 31 日。
② 何炳松：《论中国本位文化建设——答胡适先生》，《文化建设》第 1 卷第 8 期，1935年 5 月。

的基础"的理解是错误的，余蕴仁批评陈序经"对于文化的根本观点没有充分的了解"，因而他的《中国文化的出路》"成了一部理论错误的著作了"。①

　　随着这一做法的发展，理论色彩更浓、学术性更强的文章开始出现。1935 年 3 月 18 日张季同发表《关于中国本位的文化建设》一文，指出"要了解中国本位的文化，必须知其'对理'性"（Dialectical，即今译"辩证的"——引者注）。文化现象的规律是：文化发展是有阶段的，后一阶段是前一阶段的否定，然而其间又有连续性，前一阶段中有价值的文化遗产，是不能被毁弃的。文化有世界性，也有民族性，在后一发展阶段，要想完全保持前一阶段的特征，是不可能的。②4 月 28 日，张季同又发表一篇长文《西化与创造——答沈昌晔先生》，其中用了一大半的篇幅讲他的"文化之对理"，提出用"对理法"来认识文化。张季同将这一方法提升到认识文化问题最重要的理论，指出：

　　　　研究文化问题，当用科学的方法，然而于一般所认为的科学方法外，还须用"对理法"（Dialectical Method），科学方法或归纳法是发现公律的方法，对理法是观察现象的方法，是发现现象之实相的方法。归纳法与对理同属"发现的逻辑"，缺一不可。唯用对理法，然后才能见到文化之实相，才不失之皮毛，才不失之笼统。唯用对理法，才能既有见于文化之整，亦有见于文化之分；既有见于文化之变，亦有见于文化之常；既有见于文化之异，亦有见于文化之同。自然现象之对理常隐而不见，文化现象之对理则最为显著。不知用对理，是不能把握文化之实际的。

---

① 余蕴仁：《评〈中国文化的出路〉》，《文化建设》第 1 卷第 2 期，1934 年 11 月，第 118 页。

② 张季同：《关于中国本位的文化建设》，《国闻周报》第 12 卷第 10 期，1935 年 3 月 18 日，第 1～2 页（文页）。

在张季同看来，用"对理"来看，东方文化与西方文化并不是根本不同，而是偏重不同；由"对理"来看，文化是一个整体，也是可分的。从"对理"还可以看到中国文化中的对立，"对理的合"是创造的综合。①

反对全盘西化的李绍哲是比较重视文化抽象理论的一人，此前发表过《文化特殊性的一般性化》等文章，也参与了关于文化到底可不可分问题的争论。他认为："一个文化系统的诸方面之有连锁密切的关系，固不容否认。但关系密切是一件事，可否分开又是一件事。"可分性与密切的程度成反比，密切程度又受文化形态诸方面之成因及背景所左右。② 之后李绍哲又撰文强调了文化演进的特殊性与一般性的关系。③ 李绍哲专门写了一篇《文化联系性》，指出："文化的本身是绝对可分的，文化的吸取，是可以自由选择的。这一问题的核心，就在所谓文化的联系性上。"李绍哲同样用辩证法对这一问题进行阐述，他认为从辩证法的方面观察，文化单位与各方面都具有联系性，正是由于这种联系性而形成文化的整体。但文化整体的若干单位的联系有不同的情况，一种是"矛盾的联系"，一种是"关系的连锁"。因"矛盾的联系"而连接的部分当然是可分的，而且应当自由选择；即使是因为"关系的连锁"而连接的部分，由于这种关系中又有"影响关系"和"决定关系"的不同，也是可分和可以自由选择的。"联系性的批判，唯有以科学的方法和史的发展的观察，以能适应我们此时此地的需要为决定的判断的不易的铁则。"④

"十教授"之一的樊仲云发表了一篇比较注重从理论进行观点阐述的文章，题为《由文化发达史论中国文化建设》，文章开篇即论述了

---

① 张季同：《西化与创造——答沈昌晔先生》，《国闻周报》第 12 卷第 19 期，1935 年 5 月，第 4~5 页（文页）。

② 李绍哲：《全盘西化论检讨》，《晨报》1935 年 4 月 6 日。

③ 李绍哲：《全盘西化论再检讨》，《晨报》1935 年 4 月 26 日。

④ 李绍哲：《文化联系性》，《晨报》1935 年 5 月 27 日、6 月 10 日。

"文化"与"文明"的问题，对两者的定义进行了比较，认为"文化"概念的范围较广，"文明"则是"文化"高度进步后的生活样式。此文还论述了文化的发展及其阶段，文化的发展与国家权力、政治形态、地理条件等各方面的问题，从文化发展的历程看，人类的文化史，就是"由生命保存、繁殖、并扩大的要求而进化，随着这种进化，我们的生活乃渐充实，达于文明之域"的历史。在这个过程中，国家权力发挥着极大的促进作用，国家是"一民族为充实其生命的要求所造成的最高社会组织"。作者特别运用了"文化圈"的术语来看待从小的文化到最大的全人类的文化。这篇文章的独特之处，是从历史的视角来论述中国文化所处的阶段和发展的方向，指出"我们要从宗教的道德的阶段，走上科学的步道，这时候，必须注意我们民族的需要"，根据这一需要，我们既需要"世界化"，也需要"科学化"，即达到中国本位的文化建设。①

前文已经提到，本位文化宣言的幕后支持者陈立夫也采取同样的方式，从"文、文明、文化之意义"，来宣扬三民主义为本位文化建设的纲领。他指出西方学者对于"文化""文明"的各种理解都未得要领，中国的经典《中庸》早已将其中的各种关系按照"诚则形，形则著，著则明，明则动，动则变，变则化"的七个阶段，将原理完全阐明。陈立夫认为：

> 以人力达生存之成功而言，由诚至明之一切成绩谓之文明，由明至化之一切成绩谓之文化，夫体用、动静、性教俱为一元之两面，又无不在不断地进展中，互为因果，则文明、文化之体态与意义自能由此而明其内容。②

---

① 樊仲云：《由文化发达史论中国文化建设》，《文化建设》第 1 卷第 6 期，1935 年 3 月 10 日，第 1、4、6、8 页（文页）。

② 本段及下段，分见陈立夫《文化与中国文化建设》，《文化建设》第 1 卷第 8 期，1935 年 5 月，第 1、2 页（文页）。

根据这一理论，"文明"与"文化"成为两个阶段。文化建设运动，首先要从"自知"始。陈立夫进一步阐述：

> 不明过去，不知己之所有；不明现在，不知人之所长；不明将来，不知人己之所需。能以己之所有，加取人之所长，以应人己之所需，因而产生之生活知识与资料，谓之中国本位之文明。以上述所生之文明，不断的贡献人类而不让，同时不断的受人类贡献而不拒，时时造成适合中华民族自身的生存、与全人类共生共存之结果，谓之中国本位之文化。

国立中山大学校长、著名教育家许崇清的长文《中国本位的文化建设宣言批判》对本位文化论有很多批评，更重要的是，作者对于文化的理论问题十分重视，在批评之后，将问题归结到关于文化的理论层面，指出：

> 如果我们要得到这个问题的科学的解决，我们就先要明了科学对于这种问题现在所造至的是怎样一个境地，从这个境地去寻绎问题解决的线索，或根据我们现前的事实去批判这所造诣，得到更深一层的进出，以逼近问题的真相，然后问题的解决才是"迎头赶上"的解决，才是真正的以其所已知，求其所未知。①

许崇清主要受德国观念的影响，他心目中的"文化"是德语的 kultur，他从斯勃朗格的理论，说明"文化生活"就是"价值生活"，文化的范围是极广大的，是和自然对立的一个概念；不能将政治、经济从文化概念中撤开。"文化的再建设其实就是社会的生活诸形态和精神

---

① 本段及以下两段，分见许崇清《中国本位的文化建设宣言批判》，《文化建设》第 1 卷第 7 期，1935 年 4 月，第 5~6、10 页（文页）。

的生活诸表象的再建设。”

作为教育家的许崇清，在论述文化建设时，特别重视教育的作用。他认为文化的发展中直接体现着教育的作用，这是由社会生活和精神生活间的相互作用决定的，在这个意义上，文化被视为和教育“同一事体”，“文化的再建设”和“教育的再建设”是相提并论的。许崇清指出：

> 社会发展的法则就是文化发展的法则，社会发展的法则就是教育的法则，社会再建设的一切事业的统一的目标就在社会的文化的价值、教育的机能的发展，文化、教育再建设运动才有意义，才有实效，文化、教育再建设运动的内容才变得丰富而伟大。

叶法无对文化问题做了一个社会学的考察。他曾著有《文化评价 ABC》一书，以哲学的观点说明人类文化创造的各种基本模型。在《文化与中国文化的出路》一文里，提出了文化的定义；[①] 在《一十宣言与中国文化建设问题批判》一文里，继续讨论“文化的本质或实在的问题”“文化的价值或选择的问题”。其中前者涉及文化现象是否一种科学的对象，和文化的科学研究的范围。这些问题是文化本身能否成为科学的基础问题，当时黄文山已经提出关于“文化学”的创建，叶法无认为，这些问题要么归属实证的社会学，要么就归属“黄文山先生所创造的所谓文化学的研究的范围。至其目的则在于以科学方法，去发现文化的客观的定律，以组成逻辑的事实的判断”。[②]

文化论战越到后来，对于文化的学理问题就越被提到显著的地位。

---

① 叶法无：《文化与中国文化的出路》，《前途》第 2 卷第 8 期，1934 年 8 月，第 1 页（文页）。

② 叶法无：《一十宣言与中国文化建设问题批判》，《中国社会》第 1 卷第 4 期，1935 年 4 月，第 26 页。

从急于发表文化观，到重点进行理论和逻辑上的论证，显示了文化论战力求向"文化学"的学理争论发展。6月19日，《晨报》发表刘元钊的《"文化"之涵义》，从语源学的角度解释了"文化""文明"概念何来，阐述了文化的定义、文化的本质和内涵。作者将"文化"赋予如下几个共通的属性：

（1）凡文化都是社会的产物；

（2）凡文化都是由于人工的作用而形成；

（3）凡文化是由历史的递嬗而持续而演变；

（4）凡文化都是人类全部生活的总和。

与此前文化论战的各篇文章不同的是，该文只讲学理，不参与到底是要本位文化或是要全盘西化的论争。6月28日，《晨报》又发表了贾英的《"文化"与"文明"》，对刘文的意见做了补充。

8月，高迈发表了《论文化之特性及其研究》，是又一篇讨论文化的学理的文章。高迈在综合西方学者"文化"概念的基础上，将文化定义为"人类因欲调适环境，由交互关系与劳动生活而产生延续的堆积的绩业"，将文化的特性归纳为：

（1）唯一性：一个民族有一个民族的文化；

（2）周遍性：各种文化的内容大致相同，有普遍模式；

（3）绵续性：文化历史相承，绵延不断；

（4）移殖性：可由一地传至他地，流动不居；

（5）类化性：文化移动过程中常有改变，不会与固有文化相同；

（6）累积性：文化点滴增进，不断扩大；

（7）函数性：文化质素相互依存，一种变动会影响整个文化；

（8）歧寄性：一个集团里有不同的文化水平存在；

（9）物观性：生产技术、物质生活引起文化质素的变迁。[1]

---

[1] 高迈：《论文化之特性及其研究》，《文化建设》第1卷第11期，1935年8月，第48~50页。

10 月，《前途》月刊出版文化问题专辑，发表王一叶的《文化变迁及其学说之检讨》，综述了西人对文化的定义，论述了文化的意义、文化变迁与社会的关系、文化变迁的学说等理论问题；丛养材的《中国文化建设的真意义》也论及文化的意义及特质。①

胡伊默的《论文化》，是文化论战尾声中从理论的角度论述文化问题的一篇长文，其讨论的视野和基本构架，实际上已经具备了后来"文化学"的主要方面。该文共分六个标题，分别是"文化的意义""文化的起源""文化的发展""自然条件与文化的发展""个人与文化的发展""东西文化的比较观"。胡伊默在论述中贯穿了唯物史观的主张，对于"文化"的定义，胡氏将其概括为"文化是人类社会劳动的成果的总和"，对于文化的起源，胡氏将其归结为"劳动"，文化的发展，也是由于劳动过程的发展。文化发展的法则，可以从两个方面看待：劳动关系或者生产关系的总和形成社会经济结构，这是社会的基础，也是文化的基础，但上层文化对于这个基础也有反作用。"文化是根据经济基础的发展而发展，必然也随着经济基础的变革而变革。"②

三　论战后的理论趋向

文化论战强烈地显示出对学理的需求。1935 年 6 月，马芳若将半年来关于文化论战的文章加以搜集，编为一大册，原来拟定的书名是《中国文化论战》，何炳松建议，"论战"这个名词太滥，主张改为《中国文化建设讨论集》，后来很多人都赞同何的意见，于是改为《中国文化建设讨论集》。马芳若将这些文章分为七类，其中第五类"文化建设与其他"，是说明"文化建设与其他科学的关系"；第七类"文化的涵

---

① 王一叶：《文化变迁及其学说之检讨》，《前途》第 3 卷第 10 期，1935 年 10 月；丛养材：《中国文化建设的真意义》，《前途》第 3 卷第 10 期，1935 年 10 月。

② 胡伊默：《论文化》，《中山文化教育馆季刊》第 2 卷第 3 期，1935 年秋季，总第 958～971 页。

义"就是三篇专门对"文化"给予释说的理论性文章。① 从名称的修改和内容的编排上可以看出编者有意使之更像理论化的东西，在思想论战中补充学术的含量。

文化论战中，各种"文化"概念和观念纷繁复杂的表达，使参与者感觉到："我们对于一个很有来历而非常重要的观念，不妨多加注意和讨论，特别是不妨试着用实地研究，希望能由讨论和应用，把这个观念从模糊不清的状态中，整理出来，足以为社会研究的一种假设。"② 因而在1935年上半年的文化论战高潮结束后，一方面因为论战中对文化理论问题的重视和呼唤，一方面因为言论发表的迟滞，关于"文化"的理论性探索仍绵延不断。时间主要集中在1936～1937年抗战爆发前（很多文章是在1935年写的，迟至1936年才得以发表）。但实际上抗战之后，相关讨论仍可见诸报章。这些讨论对1935年文化论战有多方面的补充，对于"文化"的理论总结也有进一步的尝试。

可以看到，有的讨论指向了关于"文化"的基本认识问题。1936年4月，黄兆临单独将"文化"的定义、范围和内容提出来讨论。他认为，科学划分为"物质科学""生物科学""心理科学""社会科学"四类，而"文化"是"社会科学"真正的"问题现象"，对于社会科学意义特别巨大。文化的范围，除前人不断扩展的广义范围外，还应包括人类的"社会机构"与"社会历程"二者。文化从性质上看，具有以下特点。

（1）文化是人类的特点。文化是人禽之分中无法逾越的一道鸿沟，认识文化是人类社会的"特异要素"，是一切社会科学的起点。

（2）文化是人造的，文化是后天的或获得的习惯，因此不同民族的文化千姿百态。

（3）文化是人类调适环境的成绩。

---

① 马芳若编《中国文化建设讨论集》，"序言"，第4页；下编"前言"。
② 黄迪：《论"文化的重心"》，《社会研究》合订本第3集，1936年5月，第511页。

（4）文化是社会遗产，代代相传，不断累积。

（5）文化是社会功能，具有手段性。

（6）文化的各部分是相关的，是一个整体中的。单独的文化特质或单独的文化丛都不能离开其所属的全境而有意义。文化的手段性和相关性是西方新近的功能主义的观点。

（7）文化是个别的，对于特殊文化要把握"民族性""文化特征""文化灵魂"等所谓"文化重心"（the core of culture）的问题。

（8）个别文化亦有相同之处，可以对各种文化的相似成分进行比较。

（9）文化是支配社会的势力。文化基础的广狭厚薄，足以决定社会变迁的趋势和人民生活的状况。

（10）文化是会变迁的。无论文化如何顽固保守，绝不能避免变迁。[①]

有的讨论是针对国民党当局的意识形态和文化主张的。一篇署名"君毅"的文章论战中比较代表官方意识形态的"唯生论"的文化观，反对本位文化论者为"此时此地的需要"来讨论文化问题的做法，主张"从文化的本身看文化"。作者强调要认识到"文化"不仅仅是人类适应环境的产物，更是人类精神上自发的活动，因而需要重视文学、哲学、艺术等看上去似乎无用的"纯粹文化"，而不应功利主义地注重有用的政治、经济、法律等"一般文化"。作者将自己的文章概括为：

一，我们不是为生存而有文化，乃是为文化而求生存；

二，功利主义不是估量文化价值的唯一标准；

三，纯粹文化与一般文化不应当偏重；

四，我们不应当取单纯的欣赏主义的态度来对文化；

---

① 黄兆临：《文化之范围、内容、与性质》，《新民》第 2 卷第 2 期，1936 年 4 月，第 5~20 页。

五，人类的文化创造是日进无疆的，所以中国的文化建设不只在建一适合当前情势的某一方面形态的文化，我们同时当注意以后文化的开展等问题。①

一篇署名"有道"的文章，援引孙中山在《民权主义》演讲中的说法，以畜牧时代作为"文化初生的时代"，从而反对论战中多数人主张的以"生存""生活方式"等作为文化本质的观点。作者认为，文化的本质"是人类的一种能力，即人类以之脱离自然状态并征服自然向自由解放的那种能力。因之，凡含有这种能力的一切事物——不管是这种能力的结晶状态或活体的表现，通通都是'文化'的事物"。②

此外，还有赞同经济史观的文化观的文章，如徐梗生在《关于文化的几个基本概念》中指出："文化是人类在一定的经济基础上从事生产劳动所得的精神及物质方面的成果；它出于人类的生产劳动而发生，亦由于人类劳动工具的演进而发展；它的内容，由经济的阶段性而决定，亦由地理（自然环境）的特殊性而酿成；地理间接作用于文化，经济则直接作用于文化，同时，文化亦直接或间接地作用于经济及地理。——这些都是关于文化的基本概念，亦即吾人对于文化应有之基本认识；亦即因为如此，而后文化运动才有可能，才有意义，才有必要；而后关于现阶段的文化建设，才有正确途径之可寻。"③

而从整体趋势上看，呼应官方意识形态、赞同中国本位文化建设论的文章，在论战高潮过去后，保持了较多的数量。尤其是《文化建设》月刊，为这类言论提供了充分发表的平台。"怎样建设中国本位的文

---

① 君毅：《国人对文化应改变之态度》，《中心评论》第 10 期，1936 年 4 月 21 日，第 18 页。

② 有道：《文化概念的研究》，《文化与社会》第 2 卷第 11、12 期合刊，1936 年 11 月 1 日，第 93 页。

③ 徐梗生：《关于文化的几个基本概念》，《创进月刊》第 3 卷第 7 期，1936 年 4 月 1 日，第 29 页。

化"征文活动，在《文化建设》上开辟了专栏。专栏中的许多文章，都倾向或拥护国民党当局的文化意识形态。曾建屏认为，此前争论中在文化观念上的唯心论、唯物论都没有给出关于文化的明确的和正确的概念，认识文化的本质，必须有正确的哲学观念，这个正确观念就是陈立夫的"唯生论"。从"唯生论"看来，文化并不是什么神秘的东西，只是人类"为求继续生存、充实生活、发展生命而思想而劳动的产物，即是人类为求适应其物质环境的思想及劳动的总结晶"。① 叶钟裕也认为，文化是人类充实人生的创造活动的共业，其中"充实人生"和"创造活动"是最主要的本质，并且是相互联系着的。他认为文化各有各的特性，有些地方是可变的，有些地方是不可变的。文化的改造就是要将其中不必变和不可变的部分加以保存和发扬光大，必变和可变的部分加以唾弃和变革，必变而不可变的部分则徐图改造，不必变而可变的部分则听其自然。这就是改造旧文化、创造新文化，或者是建设中国本位的文化。②

发表在其他杂志上的许多文章，也对本位文化论表示了积极的支持。罗光在《新北辰》撰文认为，文化是"人类生活的合理方式"，文化具有五项原理，即"文化该常合于人性""文化的基本原则永常不变""文化常是求进的""具体文化必带民族性""具体文化必求合于时代"。在这一基础上，论者认为，"民族本位的文化建设乃文化建设的标准"。这与中国本位文化建设论看上去似乎相同，但论者强调，本位文化论以"适合当今中国需要者便是本位"只体现了"时代化"的方面，但"民族本位"更重要的是"民族性"，各民族文化的不同就在于"民族性"，而"人性""时代性"对于各民族文化都是一样的。因此，在文化的讨论中，应该讨论的是"中华民族的特性究竟何在，民

---

① 曾建屏：《怎样建设中国本位的文化》，《文化建设》第 2 卷第 11 期，1936 年 8 月，第 75 页。

② 叶钟裕：《怎样建设中国本位的文化》，《文化建设》第 2 卷第 11 期，1936 年 8 月，第 105、130 页。

族性中何者是优点，何者是弱点"。①

国民党当局支持下的中国本位的文化建设运动，是确立其文化意识形态的重要环节，而其目标，则是为进一步控制思想和意识形态，走向"文化统制"论。文化论战之后，"文化统制"开始进入施行阶段。在国民党第五次全国代表大会上，陈石泉等人提出"确定文化建设原则与推进方针以复兴民族"议案，经大会决议通过。1936 年 1 月，国民政府转发了这一提案。该案提出："对于各项文化事业，应分别设法采取统制运动方法，务使适合本党文化建设原则，而向前迈进。"② 1936 年 3 月，国民党中央执行委员会设立文化事业计划委员会，作为其下属的各计划委员会之一。文化事业计划委员会成立后，一方面拟定文化事业计划纲要，一方面在会内分别设立礼俗、教育、历史及语言文字等各专门的文化事业的研究会，具体服务于"文化统制"的要求。③

"文化统制"政策不仅为一些国民党的党派学者所积极鼓吹、宣扬，也得到了一些学者的赞同。1938 年 7 月，社会学家孙本文在国民党中央政治学校研究部主办的《政治季刊》上，发表了一篇长文。他将文化从性质上区分为两类，一是"利用文化"，一是"自足文化"。"利用文化"是人类控制环境的工具，是累积的、进步的、容易传播并且传播中不易发生改变；"自足文化"是人类精神特质的表现，不是累积的、不全是进步的、富有地方色彩、传播较为困难且易改变本来面目。文化建设的重心在于"利用文化"方面，欧美文化所长与我国文化所短，也在于"利用文化"方面，"自足文化"方面因效用价值难见，不是文化建设的重心。因此，孙本文提出的文化建设的主张，与中国本位文化论基本上是一致的，是"以中国为本位，发展其所需要发

---

① 罗光：《文化建设的标准》，《新北辰》第 2 卷第 1 期，1936 年 1 月 15 日，第 9、13 页。该文写于 1935 年 10 月。

② 《确定文化建设原则与推进方针以复兴民族案（提案第 183 号）》，《中华民国史档案资料汇编》第 5 辑第 1 编文化（一），第 27 页。

③ 《陈果夫关于中央文化事业计划委员会成立以来工作状况的报告》，《中华民国史档案资料汇编》第 5 辑第 1 编文化（一），第 31 页。

展者，保存其所需要保存者，改革其所需要改革者，发扬其所需要发扬者，以谋整个社会的发展与民族的复兴"。[①] 对于如何实现这一目标，孙本文赞成"文化统制"的政策，指出：

> 我国今日文化建设工作的需要，甚为迫切。我们需要一种整个的文化建设计划，在这计划中，应该包括文化各方面的建设标准。在我国固有文化中，何者必须恢复？何者必须改革？何者必须发扬光大？在欧美文化中，何者必须采取？何者必须效法？何者必须斟酌缓急，予以选择或拒绝？这种计划，其目的有二，一则使文化发展的内容，全受国家社会的控制，二则使文化发展的进程，能加紧完成。这是所谓文化统制工作，这种文化统制工作，其基本原则，是不外乎我们上面第三节所讨论的结论，即"中国应保存并发扬固有的悠久的人伦中心的自足文化，而同时应该采取效法并迎头赶上欧美所长的经济中心的文化，即科学化、机械化、组织化的利用文化"。

孙本文认为，"文化统制"就是为了保存和发扬"自足文化"，吸收并赶超"利用文化"。之所以要实行"文化统制"这种办法来实现这一目标，是因为这一政策在推动"利用文化"方面更有效率，只有如此，才能创造民族新文化，显示"生"的目的。孙本文在该文的结论中再次强调：

> 我国早经很迅速的走上的现代化的程途——利用文化特别发达的程途。不过以前自然发展的成分居多，人力统制的成分居少，这是一条不经济而又缓慢的路。我们要有完善的建设计划，加紧建设

---

① 本段及下段，分见孙本文《中国文化建设之初步研究》，《政治季刊》第 2 卷第 2、3 期合刊，1938 年 7 月，第 156、176～177、180～181 页。

的工作，必须实行文化统制的路，才可矫正以往的缺陷。文化统制，在于发扬民国［族］的特色文化，采取欧美的特色文化，以造成一种民族新文化。其最后目标是在充实改进我民族生活的内容，增强我民族生存的力量，使全民族及各个人，均获得健全而圆满的生活，并向上发展，这才是文化建设的正路、民族复兴的大道。

四　"文化学"的思想史需求

关于中国文化问题的论争，与中国学人对文化理论问题的探讨，是相辅相成的。黄文山注意到，新文化运动后，有意识地对文化理论问题加以检讨的，有梁漱溟的《东西文化及其哲学》。其后又有科玄论战、人生观论战，"因为这种种论战的刺戟，已使一般青年学者，不断地潜心体会文化理论的问题，希望能够给中国文化改造找到一条康庄的大路了"。[①] 1935 年中国本位文化论战，使得"文化学"再度受到学术界的重视。论战中，陈高佣在《文化建设》第 1 卷第 6 期发表《文化运动与"文化学"的建立》。这是一篇倡导建立"文化学"较力的论文，对"文化学"建立的必要性和作者所认为的正确途径都有论述。陈高佣指出目前"文化"的内涵和外延，还没有一个准确的答案，"文化"的本质还没有认清，一切问题的解决，都无法把握其中心之所在。要弄清楚这些问题，在研究的基础上给出正确的答案，就有建立"文化学"的必要。陈高佣认为，"文化学"是文化社会学、文化人类学、文化历史与人文地理的综合。他说：

> 我们此时对于文化应当有一种专门系统的研究，甚么是文化的本质，甚么是文化的范围，文化是怎样形成的，文化是怎样发展

---

① 黄文山：《中国文化建设的理论问题与文化学》，中国文化学学会，1938，第 152 页。

的，我们应当怎样研究文化，我们应当怎样创造文化，乃至其他许多文化本身的问题以及与文化有关系的问题，都很急迫地需要有一种合乎科学的系统说明。于是我常以为现在研究文化社会学、文化人类学、文化历史与人文地理的人们，应当集合起来，群策群力，创立一种"文化学"。

这里试图用"文化学"来统合一切相关学科与文化有关的部分，可以说是对"文化学"学科的又一种看法。这种视角，更多地体现了对于文化学理问题的现实考量。中西文化冲突所引发的思考和理论上的需要，对于中国来说，是"文化学"受到重视的重要原因。正因为如此，陈高傭认为，中国具有建立"文化学"的独特条件，中国学术界更应当仁不让地为之努力。他在这篇文章中分析了其中的原因有二：一是中国历史文化悠久，关于文化的材料很多，容易着手进行研究；二是文化问题在中国是国家民族的重要问题，有现实文化问题的逼迫。后一方面的因素非常重要，它将现实问题向学理引导。陈高傭指出：

> 人们在此新旧文化青黄不接之时，自然对于文化问题要想法解决。要求事实上的解决，自然要找得学理上的根据，但是文化这一种东西，今日虽然已经是成为一般人所能谈的东西，而说到关于文化的学理，则至今还没有一个系统的建立。于是我们为了实际问题所迫，不得不把这种责任担任起来，提倡"文化学"的建立。

陈高傭强调要使"文化学"成为一种"科学"的东西，这里明显有此前"科学化运动"的影响。"中国科学化运动"是国民党 CC 系于1932 年起推动的旨在确立官方文化意识形态的重要步骤之一，其内涵便是强调"科学"，"坚决地相信科学在今日文化上占着重要地位，尤其坚决地承认科学在今日中国社会的演变上占着无上重要的地位"。①
"中国科学化运动"包含有以"科学"方法整理中国固有文化的内容，
使"一般人于最短期间及普通知识范围内，得以窥见过去中国的一切
科学材料，共起而光大之"。②

　　陈高佣是参与建构国民党文化意识形态的重要成员之一，也是列名
"十教授"的人员。国民党将"科学"作为其文化意识形态的重要成分，
陈高佣明确表示赞同，他在文中说："科学是人类就实在的事物，本客观
的态度，用实验的方法所得到的一种系统知识，于是学问之最高境界即
科学的领域。"③ 因此，要推动对于文化问题的研究上升到"科学"：

> 　　文化学（Culturology）必须要成为一种文化科学（Science of
> Culture）然后可，因为到了现在，凡是一种学问能在社会上有其地
> 位与价值者，都是科学，不然，虽名为学，亦不过个人之私见而
> 已。

　　如何在中国成功建立"文化学"，陈高佣论述的重点还是在于"科
学"。"文化学"的考察对象是客观存在的，"文化学"的研究方法也是
有系统条理的，因而他对"文化学"的建立有乐观的展望。陈高佣指
出：

> 　　无论任何科学之成立，都不外乎实际事物与科学方法两种。用
> 科学方法在实际事物上找得一个条理系统，成为一种有组织的学问
> 便是科学。若然，对于文化的事实，我们固不患其贫乏，即所谓科

---

① 《中国科学化运动协会发起旨趣书》，《科学的中国》第1卷第1期，1933年1月，第
　　2页（文页）。
② 陈立夫：《科学化运动与民族复兴》，《陈立夫先生言论集》第1辑，无出版地，
　　1935，第71页。
③ 本段及以下几段，分见陈高佣《文化运动与"文化学"的建立》，《文化建设》第1
　　卷第6期，1935年3月，第34～36页。

学方法，我们近来亦不能说毫无认识，由新的方法而研究已有的材料，"文化学"之建立，固可当仁不让也。

如何正确地建立"文化学"？陈高傭提出了一些原则。他指出，研究文化应特别注意几点：一是排斥玄学的见解，二是反对复古的思想，三是注意文化的发展。建立"文化学"，应当用实践的精神，从事实上去研究。这样的"文化学"才可成为一种科学，才可使我们在文化运动中理论与实践合一。

在陈高傭的主张中，强调"文化学"的建立针对复古思想，并因此显现"文化学"建立的意义。他反对当时出现的"存文"和"读经"活动，认为这些"复古的糊涂思想"正是因为"文化学"没有具体建立成功的结果。"'文化学'之没有具体建立成功，一般人对于文化发展的必然法则没有认识，亦为一大原因，所以说到'文化学'的建立，固然是一种纯学术的运动，但是在中国今日要建立'文化学'，则对于此种复古的糊涂思想，不能不从学理上给他一个打击。"

对于"文化学"而言，陈高傭是一位重要的倡导者，他的这篇文字产生了很大的影响。他还希望进一步在促进这门学科的建构中有所作为，抗战之前，曾有意约集同志，编撰《文化学》。据黄文山记述："陈教授为国内有数之新史家，对于文化学之倡导，尤不遗余力。去年有书南来，欲约集友人，共编《文化学》一书，交商务出版。自敌人东犯，此议遂寝。"[1]

差不多同时讨论"文化学"问题的另一位学者是胡鉴民，他于1935年3月在《社会科学研究》（出版于上海）发表《从文化之性质讲到文化学及文化建设》，也产生较大的影响，曾被《史地社会论文摘要》月刊摘要报道。[2] 胡鉴民对"文化学"的成立取十分审慎的态度，

---

[1] 黄文山：《关于附录之说明》，载氏著《文化学论文集》。

[2] 胡鉴民：《从文化之性质讲到文化学及文化建设》，《史地社会论文摘要》第1卷第8期，1935年，第34页。

认为这一学科的成立，首先需要取得对文化性质的正确认识。文中说：

> 文化之研究由来已久，但以文化作为专门科学的研究，则自现代的文化人类学及文化社会学始。我国近数年来介绍这类著作的学者渐众，最近又有中国本位文化的宣言。可见文化学及文化建设问题已成为当代思潮的主流。但文化学的成立与文化建设的可能均有赖于文化性质的认识。

胡鉴民认为，文化是人类社会生存的工具，由于人类分布在不同的空间，应付不同的环境，所以产生"文化的类型"（type）或"分殊性"（heterogeneity），但是在各种不同的文化类型中，仍可找到一种共通的基本结构。此即所谓"普遍的文化模式"（universal cultural pattern）。"普遍的文化模式"之存在，最大的原因是由于人类的生理与心理方面的基本要求的一致。[1]

在胡鉴民看来，文化的特征，应当从它对社会生活或人群全体功用的角度加以断定，从这个角度，通过个案分析，可以得到"文化是事物的性质的产物"这一结论。胡鉴民强调，这是文化性质唯一客观的说明。可以说胡鉴民的这篇文章主要论述了"文化与人类的共同生活的有机关系"，或者说论述了文化的相对性，但也认可"文化现象"的特殊性和"文化学"建立的可能性。不过需要意识到的是，作为人类创造物和人类行为的"文化"，都是人类社会生活的产物，"文化学"作为一门学科之所以可能，关键在于它与社会学的关系。文中说：

> 我们虽证明文化与人类社会的有机关系，但是我们并不否认文

---

[1] 胡鉴民：《从文化之性质讲到文化学及文化建设》，《社会科学研究》第 1 卷第 1 期，1935 年 3 月，第 12、14 页。

化现象与文化学的可能。我在前面已经说明凡是与自然法对立的人类创造物及人类的意识行为都是文化。不过这些创造物与行为都是人类社会生活的需要产出，所以这些创造及行为同时就是社会事实……我们可以说全部的文化现象都是社会现象；照此说来文化学与社会学实在不易分家。不过文化学尚无一定的定义与公认的领域。如果文化学仅限于文化特质文化丛文化模式文化叙列等研究，则文化学的范围当然比社会学为狭；但如把文化学的对象扩大至由人类的共同生活产出的一切意识行为，并且与社会学的涉及社会与非社会现象的关系问题一样，进而研究文化与非文化现象的关系问题，则就对象而论，社会学与文化学简直是没有分别了。如谓文化学只研究文化而不过问人类的社会生活，这简直是稚气的；如果承认文化的研究不能与人类社会生活的研究分开，则文化学就应当变成社会学的一个部门。①

胡鉴民虽然主张"文化学"可以作为独立学科，却认为它属于社会学的分支。这是胡鉴民与其他"文化学"学科建构者使用"文化学"时在概念上的显然不同。其实困扰"文化学"倡导者的，恰好是力图将"文化学"变成一门独立的分科之学，却不容易在诸多相关学科的缠绕中确定其内涵外延以及与各学科的关系。从陈高傭与胡鉴民的观点比较来看，"文化学"在提倡之初，其学理内部的各种矛盾就已经显示出来了。

综上所述，文化论战基于对本土文化问题的关注和对中国文化出路问题的探索与争论，产生了对"文化"进行理论性阐明的需求。由于阐发各自的文化观点时，逐步产生从学理上进行论证的需要，使得文化论战越来越具有理论色彩和偏向学术性的探讨。这一趋势充分反映了近

---

① 胡鉴民：《从文化之性质讲到文化学及文化建设》，《社会科学研究》第 1 卷第 1 期，1935 年 3 月，第 32 页。

代中国思想史上提出问题和解决问题的渴望对于学术发展的深刻影响。努力从学理深处影响近代学人对中西文化的基本认识，是各种文化观表达向"文化学"探究靠拢的学术根源。1920 年代以来，在中国多次发生关于文化出路的论战，其中所表达的文化主张，均与论战各方的文化理念密切相关。不同文化主张所凭借的"文化学"，为该主张提供着文化理论上的依据。

第二节　黄文山的"文化学"与国民党文化意识形态

一　国民党文化意识形态与黄文山的"文化学"倡导

黄文山提倡"文化学"，是与国民党官方文化运动相配合的一个典型个案。黄文山较早受到西方新思潮的熏染，与早期共产党人、国民党人都有一定历史渊源，经历过思想上的巨大变化，社会交往广泛，学术领域广阔，是一位在时代思潮中相对活跃的思想家和学者，对现实问题又非常关注。他的思想主张与他的学术之间有着密切的关联。在思想上，黄文山受到 20 世纪初以来主要的思想大潮影响，早年主张无政府主义，并对马克思主义有较深的了解，后来更参与了国民党意识形态的建构，在民族主义、中西文化观、文化政策等方面发表了许多论著，其思想观点深深带上了国民党党派学者的印记。在学术上，黄文山涉猎的领域颇为宽广，在民族学、人类学、社会学、哲学、历史学等领域都有相关著述和译述，特别重要的是，黄文山有着强烈的创立"文化学"的学术理想，将"文化学"作为一门学科加以倡导，并努力开展这一学科构建的实践，在近代中国的知识和学术转型上，具有一定的代表性。

1927～1928 年国民党通过国民革命取得执政权，随即进入训政时期。作为一个在体制上深受俄共影响并通过革命取得权力的政党，国民党执政后，统治方式与西方政党政治迥然不同，执政党的所作所为不局限于政治和行政的层面，而是全面扩展到社会生活各个领域。其中确立国家的文化意识形态、制定符合当权者文化意识形态的文化政策，成为国民党加强政治统治的重要环节。在北伐战争之前，国民党就已经意识到，"党治国家需要一个单一的权威声音，以使其它声音黯然失色，甚至沉默下来"。① 但在国共合作的形势下，国民党的文化意识形态尚未成形。南京国民政府建立后，文化意识形态的确立再次提上议事日程，并通过一系列的措施，逐步确立起符合国民党文化意识形态的文化政策。

国民党确定文化意识形态，急需寻找理论依据，需要对孙中山文化思想进行系统的定型化的阐释，通过赋予孙中山文化观的官方正统解释和规定，来统一国民党和国家的意识形态。戴季陶是孙中山文化思想正统化的关键人物。他极力发扬孙中山晚年思想中表露出来的文化民族主义成分，强调孙中山思想对中国传统儒家思想的继承和延续。他对孙中山文化思想的阐释是：

> 在思想方面，（孙中山）先生是最热烈地主张中国文化复兴的人，先生认为中国古代的伦理哲学和政治哲学，是全世界文明史上最有价值的人类精神文明的结晶，要求全人类的真正解放，必须要以中国固有的仁爱思想为道德基础，把一切的科学文化，都建设在一种仁爱的道德基础上面。②

在戴季陶的阐释中，孙中山的思想就是上继尧舜孔孟的中国正统的仁义道德思想。蒋介石一派掌握政权后，戴季陶主义成为国民党意识形态的支柱，戴季陶所诠释的孙中山的文化观，借助蒋系的政治军事力

---

① 参见费约翰《唤醒中国：国民革命中的政治、文化与阶级》，李恭忠等译，三联书店，2004，第322页。

② 戴季陶：《孙文主义之哲学基础》，台北：帕米尔书店，1952，第16页。

量，成为对孙中山思想的唯一正确解释，孙中山文化观的正统化得以完成。

孙中山的思想特别是他的文化思想具有复杂性，有学者指出，采用任何一种单一的、单向的思维模式去评析孙中山思想都是不切实际的。① 孙中山的言论中当然有民族主义的因子。他认为中国政治弊锢的主要原因在于"失了民族主义，所以固有的道德文明都不能表彰"。② 因此他倡导民族主义，试图以民族精神作为挽救危亡、振兴中华的动力，对新文化中的某些极端方面，并不表赞同。这些不是孙中山文化思想中的主要方面，却在一定的社会环境下成为保守思想的理论依据。张佛泉当时就注意到，"（孙中山）在这一方面的主张，不幸成了近几年很大的保守势力。譬如讲尊孔、读经、新文化建设运动、十教授宣言等，全是承袭中山先生那种恢复旧文化的意念而来的"。③ 有论者指出："中山先生这些看法，在他过世之后，便为卫道者所刻意强调，这应该是时局推移的结果，自当别论了。"④

文化与政治本来就有密切的关系。国民党建政后，意识形态方面的工作迅速转入掌握国民党党权的 CC 系手中，CC 系通过一系列措施，逐步确立国民党主流意识形态的基本内容。1930 年，国民党 CC 系就已经开展了"民族主义文艺运动"，在文艺界，借民族主义之名，为国民党的文化政策进行铺垫。1932 年，CC 系又推动"中国科学化运动"，将"科学"纳入国民党的意识形态，作为其主要成分之一。1934 年，CC 系与三民主义力行社、政学系共同推行新生活运动，以礼、义、廉、耻为基本准则，从改造国民的衣食住行日常生活做起，以整齐、清洁、

---

① 参见刘学照《"从同"和"超越"：孙中山近代化思想的特色》，载张磊主编《孙中山与中国近代化》，人民出版社，1999，第 112 页。

② 孙中山：《三民主义》，《孙中山全集》第 9 卷，中华书局，1986，第 231 页。

③ 张佛泉：《"民族主义"需要重新解释》，《国闻周报》第 13 卷第 1 期，1936 年 1 月 1 日，第 7 页（文页）。

④ 吕芳上：《革命之再起：中国国民党改组前对新思潮之回应（1914～1924）》，台北：中研院近代史研究所，1985，第 229 页。

简单、朴素、迅速、确实为标准，以生活艺术化、生产化、军事化为目标。1935 年中国本位的文化建设运动的开展，即是对于各方面活动的整合，系统地提出国民党的"中国本位论"，既针对一些地方出现的与中央不统一的"复古"，又针对思想界与国民党思想统制相背离的"激进"。这些都是国民党利用业已"正统化"的孙中山文化观来建立文化意识形态的基本步骤。

国民党为了巩固其官方的文化意识形态，并且进而转化为社会的文化意识形态，需要从文化问题的讨论中寻得有用的资源。当时已有论者看到了这一点，比较偏向于国民党意识形态的《前途》月刊载文指出：

> 因为统治上的关系，就是想从文化里去找到运用政治和主义更有效的方法，也就是想把政治的作用，联合到文化的总动力之下，叫政治在文化的轨道上，得到开驶的顺利……自从建立了党治的基础以来，政治要急于找一个轨道，文化又不能不成为革命精神的策源地，于是在最近期间，政治和文化就又恢复了他原来的关系，不过这是进步的关系，所有站在党和政治的观点上，来谈文化问题，和在文化问题里找出党和政治的立场来的文化研究，都属于这一部分。①

"这一部分"包括"文化统制论"和"干涉文化论"。

黄文山（1897～1982），号凌霜，笔名兼生、兼胜等，广东省台山县人，出生于台山县洞口乡长兴里。幼时跟从其四叔祖黄兖文习旧学，后入广州千顷书院肄业。1911 年，因为其父黄世河在港经商，便转学于香港皇仁书院。四年后，赴上海考取清华学校，到北京求学，旋转入

---

① 茹春浦：《中国文化问题一个粗略的分析》，《前途》第 3 卷第 10 期，1935 年 10 月，第 5～6 页（文页）。

北京大学哲学系。[①]

　　黄文山在求学时期，对于新思潮就情有独钟，对新世界和新思想十分向往，并很快感知新思潮的影响。在香港读书的几年里，他便组织世界语学会。年轻时受刘师复的无政府主义影响已经很深，并参加了刘师复组织的"心社"，到北京后，迅速接受"人道主义与自由的社会主义"。在北京大学时，他又与赵太侔等组织"实社"，主编不定期刊物《自由录》，以凌霜为笔名，自是凌霜为其别号。这一刊物在思想上承接巴黎《新世纪》，以激进著称。[②] 由于香港皇仁书院以英语为教学工具，黄受到良好训练，英语能力极佳，当英国哲学家罗素来华讲学时，黄曾为罗素担任口语翻译多次。[③] 黄在北京时受蔡元培影响至深，他认定当时的新文化运动具有时代思潮的性质，曾说：

　　　　我直觉地相信当时的时代文化运动（白话文运动、文化运动、爱国运动乃至社会改造运动等等），派别虽多，人数虽众，而隐然领导此一运动之人物则为北大校长蔡孑民（元培）先生。[④]

　　五四运动爆发，黄文山由北大学生会选举为《北京大学学生周报》

---

① 刘伯骥：《黄文山》，载华侨协会总会编《华侨名人传》，台北：黎明文化公司，1984，第 390 页。关于黄文山的生年，有 1897 年、1898 年、1900 年、1901 年等各种说法，较早出版的日人桥川时雄所编《中华文化界人物总鉴》"黄文山"条目下记载为 1897 年，所本不详。（桥川时雄编《中华文化界人物总鉴》，中华法令编印社，1940）黄文山的两位友人，谢康 1969 年记到该年黄文山 71 岁（谢康：《黄文山先生的"书"和"人"》，《艺文志》第 48 期）；卫惠林曾在 1978 年记到该年"今年正值文山兄八秩大庆"（《黄文山文集》，"序"）。据此，黄文山应生于 1899 年（若以中国传统计龄习惯）或 1898 年（按实岁计）。

② 黄尊生：《记黄文山先生》，载张益弘主编《黄文山文化学体系研究集》，第 1、2 页。

③ 何高亿：《黄文山教授及其创建的"文化学"体系》，《中国一周》1968 年 9 月 23 日。

④ 黄文山：《〈何联奎文集〉序》，《何联奎文集》，台北：中华书局，1980，第 39 页。

总编辑，同时又为《新青年》杂志撰译。五四运动后，黄文山与李大钊等早期中国共产党人过从甚密，在联络建立北京、广州的早期共产党组织过程中发挥过重要作用。1920 年 9～10 月，他一度加入北京的共产党小组，参与《劳动音》周报的主编工作。① 这一时期他的思想徘徊于无政府主义与马克思主义之间，思想倾向激进。

1921 年黄文山毕业于北京大学，应广东机器工会领导人马超俊邀请，代表广东机器工会赴莫斯科参加"东方劳苦大众大会"，② 即 1921 年底共产国际决定在苏俄召开的远东各被压迫民族代表大会（苏联文献称为"远东革命组织第一次代表大会"）。当时中国有 30 名代表参加了大会，其中有中共党员张太雷、邓培、张国焘等 10 人，国民党党员张秋白等 10 多人。在回国路时，黄凌霜执笔写了一封信给陈独秀，陈独秀把它刊登于《新青年》杂志上。信中黄文山表示认可"无产阶级专政"为社会革命的唯一手段。③ 但是黄并不认为这封信代表他的实际观点。据黄氏自己言，他当时就对无产阶级专政和苏俄的社会主义有不同的看法，"归国以后，随私人谈话间，对于劳农政府，多所批评，而未常发行所见，公诸当世"，而对《新青年》发表他给陈独秀的信"深感不怿"，④ 很快与马克思主义者分道扬镳。

黄文山何时告别无政府主义，未有可靠的材料说明。但他后来转向用"文化"的观念来考察中国出路，必然会对世界视野的无政府主义有所修正。1922 年夏，黄文山赴美留学，入哥伦比亚大学及克拉克大学，专攻社会学、哲学、史学、文化人类学，1928 年获哥伦比亚大学硕士学位。黄同时加入了国民党，并开始精研三民主义。在美国留学期间，黄文山已显示出与国民党的思想观念日益接近，先后任纽约《民

---

① 黄尊生：《记黄文山先生》，载张益弘主编《黄文山文化学体系研究集》，第 2 页。
② 黄尊生：《记黄文山先生》，载张益弘主编《黄文山文化学体系研究集》，第 3 页。
③ 凌霜：《无产阶级专政》（致陈独秀函），《新青年》第 9 卷第 6 号，1922 年 7 月，第 90 页。
④ 《凌霜致某君函》，《春雷月刊》第 1 期，1923 年或 1924 年，第 97 页。

气日报》总编辑和旧金山《国民日报》总编辑。这两份报纸在侨界中都很有影响，"阐扬三民主义之理论，词意风发，气概磅礴，洋洋洒洒，为侨界所重视"。①

1928 年，国民党元老吴稚晖屡函催促黄文山返国，于是黄由美赴欧，经欧洲多国，返抵上海，最先出任劳动大学教务长，后任国立暨南大学社会学系主任，两年后，至北平任国立北京大学教授，兼国立北平师范大学社会学系主任。1932 年"一·二八"之役，黄南下广州，任国立中山大学社会学系教授。局势稳定后，赴南京改任国立中央大学社会学系主任，并获选为制宪国民大会代表。黄留学回国时，国民党已经确立了在全国的统治，其在国内的学术和政治活动，均与国民党及其内部派系有密切关联，转而用国民党的意识形态来阐述其文化观，不仅理论上发生了完全的转变，而且前后时期发表的文字在风格上都截然不同，判若两人。

1932 年 1 月，黄文山在广州国民党中央执监委非常会议出版的机关刊物《中央导报》上发表文章，从国民党的意识形态出发，阐述其对中国文化的基本看法。他认为，中国社会当时所处的病态，在于文化的失调。其根源，不外是传统和外来因素。"传统的文化因而失调，以致险象环生。"中国革命的意义，就是要建立新的文化系统。"救治中国今日的病态，一方面在于破坏传统的没落的文化结构，他方面在于甄择和采借外来的文化质素，创造簇新的文化系统，完成第三种文化结构。今日中国革命的最大意义，如是而已。"黄文山承认西方文化在当时世界上具有领先的地位，而中国的社会则相当于欧洲 18 世纪以前的社会状况，中国文化要"赤条条地承认自己的弱点，热烈烈地希望将来的新生"。黄文山以文化的创建来阐释革命。他指出，革命是实行主动的文化变革，"革命是文化转向的唯一因子"。"中国今日的民主革命是拼命的飞跃，社会生产诸力的进展，文明的演进，都系于这个飞跃的

---

① 本段及下段，均见刘伯骥《黄文山》，载华侨协会总会编《华侨名人传》，第 391 页。

能否成功"。① 不过，受国民党正统意识形态的影响，黄文山此时的文化观已经失去五四时期的极端革命色彩，尽管总体上趋新，但对于传统和西方都采取客观选择的立场。

　　此后，黄文山在学术研究的同时，参与一些实际的为国民党政府服务的工作。1936 年两广事变后，黄文山到广州，任国立中山大学社会学系教授，这时他不仅在学术上具有一定的影响，而且在政治上也具有一些职务。南下广州后，黄文山先后担任过中国国民党广州市党部委员、市立第一中学校长。抗日战争爆发后，他又兼国民党地方党报《广州日报》的社长，创办《更生评论》周刊（由刘伯骥主编），与陶希圣主办武汉艺文研究会的《民意》相联系，以弘扬国民党"抗战建国"之国策。黄还另组织中国文化研究会，与吴康、崔载阳、罗香林、刘伯骥共同主持，出版《民族文化》月刊（由罗香林主编），以发扬民族精神及文化为主旨。② 这一时期，黄文山对于国民党意识形态和政治宣传工作十分积极，甚至在兼任的广州市立一中校长的职务上，也以督导学生的思想为己任。一位当时在广州市立一中读书的学生后来回忆道：

　　　　还记得，在一个严冬里，我们出版了一本学生刊物，首篇就是我的一篇有关部门社会学的幼稚文字，思想显然带着一般青年幼稚病的"偏差"。黄先生便使人叫我到校长室，起初对我的文字及写作能力，多所赞勉，随即恳切而科学地指出我们"偏差"之点，并且以他那"博学"的科学思想，指出西方"社会主义"已经落伍了，三民主义才是今天世界上最进步的社会主义，且是社会科学之"集大成"，经这一番谈话后，于是渐渐转变了我们

---

① 黄凌霜：《中国革命与文化改造》，《中央导报》第 23 期，1932 年 1 月，第 1～2、10、16 页（文页）。

② 刘伯骥：《黄文山》，载华侨协会总会编《华侨名人传》，第 392 页。

的幼稚思想。①

1939～1941 年，黄文山奉派赴美国视察党务侨务。1941 年出任立法委员。1945 年 8 月，任广东省府委员、国民政府侨务委员会委员。1947 年当选国民大会代表、国民党中央监察委员。在学术方面，1941年 5 月，黄文山任中山大学法学院院长。抗战胜利后，中山大学、岭南大学复员广州，同时原广东省立勤勤大学法商学院发展成为广东省立法商学院，创办社会学系，黄文山接任院长兼系主任，直至 1949 年国民党政权垮台。

黄文山自认为是"文化学"在中国的首倡者。② 黄文山最早注意"文化学"，还是在北京求学时期，当时对文化问题的兴趣，主要还是在哲学的层面。他多次记载过经过乌拉尔山脉时，目睹东西文化分界岭的情景给他带来的心灵上的震撼：

> 十几年来，我不断地注意文化的研究，最初对于文化发生哲学的兴趣，可说是始于"五四"运动的前后，那时我曾感受过罗素、及胡（适之——引者注）、梁（漱溟——引者注）、李（石曾——引者注）诸先生的影响。到了民国十年，为好奇心所驱使，有苏俄的旅行，在经过西伯利亚的乌拉山时，目击欧罗巴和亚细亚分线的碑记，对于东西文化的根本区别，究竟何在的问题，在心影上便留着一个不可磨灭的印痕，即至今日还活跃如昔。③

这里所说的"为好奇心所驱使"，指的就是当年受广东机器工会所

① 何高忆：《黄文山教授及其创建的"文化学"体系》，《中国一周》1968 年 9 月 23日。
② 《黄文山文集》，"自序"，第 5 页。
③ 黄文山：《文化学建筑线》，《新社会科学季刊》第 1 卷第 2 期，1934 年 8 月，第 1页。

138

派赴莫斯科参加远东各被压迫民族代表大会一事。这次旅程，激发了黄文山对中西文化问题的思考兴趣，也促使他渐离无政府主义和马克思主义的思想影响，转向探研中国文化问题。当时国内对于中国文化问题，已有不少主张，其中对黄文山影响最大的，则是梁漱溟的《东西文化及其哲学》。黄文山说：

> 十一年春归国，准备作新大陆之游，记得在平津车上，遇着梁先生（漱溟），对于这个问题，似曾有所请益。其后在纽约得读其大著《东西文化及其哲学》，尤感兴味。①

抱着这些问题，1922 年夏，黄文山赴美留学，受业于文化人类学权威博厄斯（黄文山译为鲍亚士）。就读期间，黄文山逐渐意识到从哲学层面关注"文化"问题，不免带有"臆测"的味道，认为"文化"问题应转向"科学"的研究。"文化学"的建立之思路，从此引发。在美国时，黄文山用英文写了一篇《中国文化发展蠡测》（A Short Survey of the Cultural Development in China），稿存哥伦比亚大学图书馆，当时并未付印。②

黄文山回国后，1934 年，与何联奎、孙本文、凌纯声等一起筹设"中国民族学会"。③ 这一时期正是黄文山在"文化学"的倡导上取得重要进展，并进而提倡创立"文化学"为一门独立学科的时期，在他任教的各校中，"颇以文化学相号召"，④ 试图建立"文化学"作为一门"纯粹的、客观的"并且是综合了其他各门具体文化科学的学科，以解决关于文化的重大问题。黄文山认为：

---

① 黄文山：《文化学建筑线》，《新社会科学季刊》第 1 卷第 2 期，1934 年 8 月，第 1 页。

② 黄文山：《文化学体系》，第 294 页。

③ 何联奎：《自述》，《何联奎文集》，第 406 页。

④ 黄文山：《文化学在创建中的理论之归趋及其展望》，《社会学讯》第 8 期，1948 年 12 月 19 日。

　　我们对于东西文化问题究应如何评价？对于西方文化应如何采择与接受，对于中国旧型的文化应如何"消留"，对于新型文化怎样为之创造和计划，凡此种种问题的解决，皆有赖于一种客观的科学——文化学——的建立，才能给予适当的解答。所以数年来，我觉得综合文化人类［学——脱字，引者注］、文（学——衍字，引者注）化社会学、文化史学的科学来建立"文化学"，用以窥探文化现象的发生、历程、机构、形态、变象和法则，在学术界上似有急迫的要求。①

　　黄文山倡导建立"文化学"，在当时和后世都受到一定关注。由于他"用文化学特有的概念及方法论解释人类及其社会的一切"，因而后来有研究者提出，黄文山的"文化学"是一种"文化还原论"或"文化归因论"，即用"文化学"特有的概念及方法论解释人类及其社会的一切，因而"是严格意义上的'文化学'"。②

　　黄文山提倡"文化学"，有其深刻的文化背景，也有直接的思想背景。他认为"文化学"的倡导，在当时的中国，有其"自然的"需要，同时，黄文山提倡"文化学"，也是针对当时思想界的西化状况。他指出这种思想氛围既缺失了中国的民族意识，也不利于建立现代文化。黄文山感慨道：

　　在此数十年中，国人思想，已渐渐倾向于模仿西洋，而一部分人士，方且在西洋思想之气围中，受十九世纪文化迫力所左右、所支配，莫之知，莫之觉……学术界之贫乏可怜，盖可知矣。③

---

① 黄文山：《文化学建筑线》，《新社会科学季刊》第 1 卷第 2 期，1934 年 8 月，第 1 页。
② 顾晓鸣：《追求通观：在社会学文艺学文化学的交接点上》，广西人民出版社，1989，第 51 页。
③ 黄文山：《文化学论文集》，"自序"，第 2 页。

而要解决这些重大的问题，必须依靠一种"纯粹的、客观的"，并且是综合了其他各门具体文化科学的学科的建立。

二 家族伦理与文化统制：文化论战中的黄文山

黄文山提倡的"文化学"在国民党建立文化意识形态的过程中起到了配合作用。他解释自己提倡"文化学"，正是为着建立"三民主义的文化体系"。黄文山说：

> 予深信此时在国内提倡文化学之研究，有其自然的、自发的需要。自鸦片战争以来，国人在现代文化中赛跑，无处不碰壁，无地不落伍，如今自应对于现代文化之主流，予以重新之认识，确定一条建设文化之路线，若忽左忽右，随便乱闯，缺乏预见与统制，结果往往与预期相舛违。文化乃国力之总体，而民族国家问题之基干，到底在文化。孟子谓"七年之病，求三年之艾"，吾人为民族国家无穷之前途计，自应在文化上做一番彻底之打算与改造，方是根本要图。故吾人应如何从新估量文化之价值，如何建立科学文化之基础，如何开拓民族文化之新生命，质言之，如何在现阶段民族革命的过程中，建立三民主义之文化体系，皆为现存之严重问题。而此种问题之精密的解决，则正有待于系统的文化学为之设计。[①]

1935 年初《中国本位的文化建设宣言》发表时，黄文山是署名者之一，不是主要人物，没有参加过具体的讨论。黄文山当时担任中央大学教授，和北京大学教授陶希圣、中央政治学校教授萨孟武、中央大学商学院教授武堉幹四人都是后来被拉进来签名的。[②] 但这篇宣言的观

---

① 黄文山：《文化学论文集》，"自序"，第 4～5 页。
② 叶青：《〈中国本位的文化建设宣言〉发表经过》，《政治评论》第 8 卷第 11 期，1962 年 8 月。

点，确实代表了黄文山对于中西文化的态度和中国文化出路的答案。宣言发表后，引起激烈讨论，批评者甚众。黄文山认为大多数人对于《中国本位的文化建设宣言》的理解，都离开了宣言的本意，是一种"曲解"。尤其对于论战中批评本位文化宣言有"复古"倾向、主张对西洋文化应该全盘接纳的胡适和陈序经，黄文山认为他们的观点"实在不甚妥当"。[①] 对于有学者提出"全盘西化"就是"中国本位"，或"在文化里面找不出本位"等观点，黄文山也都认为是牵强曲解，与中国本位文化建设之意不合。到底"本位文化建设"的真意是什么，有一位站在国民党立场的记者丛养材在《前途》上撰文指出：

> 我以为"本位"是"不忘自己"、"认识自己"、"为着自己"的意思。"中国本位"就是中国人民自己"认识自己"，"不忘自己"，去努力干有利益于中国的事的意思。"中国本位文化"便是中国人在中国利益前提下，不忘自己的民族，认识自己的地位，以从事于适宜中国人民生活的活动（即是文化活动）的意义。[②]

黄文山认为丛养材对于宣言是"有深切的了解的"，这几句话是宣言"所要表达而未能充分地表达的意思"。[③] 黄文山等"十教授"在《我们的总答复》中进一步提出：

> 我们所主张的中国本位，不是抱残守缺的因袭，不是生吞活剥的模仿，不是中体西用的凑合，而是此时此刻整个民族的需要和准备为条件的创造……我们承认各时各地有各时各地的需要，那就应

---

① 黄文山：《中国文化建设的理论问题与文化学》，载氏著《文化学论文集》，第 154 页。

② 丛养材：《中国文化建设的真意义》，《前途》第 3 卷第 10 期，1935 年 10 月，第 52 页。

③ 黄文山：《中国文化建设的理论问题与文化学》，载氏著《文化学论文集》，第 154 ~ 155 页。

该肯定此时此刻的中国，自有其特殊的需要。①

　　中国本位文化建设的提出，就是以这种特殊的需要为基础，而丛养材对于本位文化建设的理解，可与"十教授"《我们的总答复》中的结论相印证，恰是黄文山所赞同的。

　　对于中国文化的出路问题，黄文山是从中西文化的比较中来求得答案的。而进行比较的关键，在于对中国文化与西方文化的"根本精神"进行比较。在"根本精神"的比较之后，才能知道中西文化的异同和长短，才能决定改造中国文化及建设本位文化的步骤。黄文山认为，"根本精神"的不同在于：西方文化是"经济伦理"，中国文化是"家族伦理"。在西方，"经济伦理"产生了机器文化，也产生了资本主义。在这里，黄文山采纳了马克斯·韦伯（Max Weber）的基本观点，将资本主义制度的建立，归结为"一种合理的精神态度，一种合理的生活状态，一种理性的经济热情"。② 黄文山指出：

　　　　由以上的推证，可见西方近代文化之精细与复杂，及其富于组织性与机械性，纯然由"经济伦理"所造成。倘使除掉这种积极的精神，西洋文化，也许立刻转向旧时代的因袭主义的生活状况与文化形式去了。我们止有把握这种精神，才知道西方文化发展的历程、动力、性质，与中国文化发展的历程、动力、性质之差异，究竟何在。

　　中国文化的根本精神，则是"家族伦理"，它对于人生与社会的态度，与"经济伦理"正好相反。这是中国不能进入资本主义的根本原

---

① 王新命、何炳松等：《我们的总答复》，《文化建设》第 1 卷第 8 期，1935 年 5 月，第 1 页（文页）。

② 本段及以下几段，分见黄文山《从文化学立场所见的中国文化及其改造》，载氏著《文化学论文集》，第 175、177、181、178、182、183、184 页。

143

因。黄文山认为："中国的家族伦理，实在使我们停留在农业生产，不能迅速地进入资本主义的生产之唯一关键。"因此，中国文化的改造，必须要改造基本精神的方面，否则便是徒劳。黄文山说：

> 家族伦理一日不变，我们无论怎样模仿西方文化，都是模仿不来，都是处处碰壁。换言之，一种文化的体和用是功能的整体，我们在没有把"体"转移以前，"用"自无由发生，即使发生，亦只是皮毛，与根本无涉。

黄文山进一步指出，以"家族伦理"为根本的中国传统制度是没有出路的，中国文化必须改造。"中国这种以家族伦理为根本精神的文物制度，受着外来文化的动荡，只有两条路摆在目前：如不是由崩解以至于没落，如希腊化、罗马化然，便应换骨脱胎，中道复起，从新造成一新型的文化结构与形态，与近代国家抗衡。"这种观点和态度，20 世纪以来中国几乎大多数人士都有共识，国民党官方也不例外，本位文化论者自然也持同样的看法。但是，如何进行这样一种文化的改造，正是本位文化倡导者的致命弱点所在。黄文山除了给出一些目标之外，并不能提出具体的方法。他指出中国文化形态转变的目标就是"适合于现代世界的文化——经济伦理的文化而已"。其途径，便是国民党正在进行的"革命运动"。黄文山还提出了这一根本转变的两个方面的指标，以响应当时正在进行的新生活运动。一是规律化，"中国民族如要踏上近代文化之路，自非脱离旧日的因袭主义之生活，实行人生的规律化不可"。二是"标准化、齐一化"，"我们实行三民主义，当然要养成这种新的生活样式，且必要由旧日的家族伦理，进而为新时代的社会伦理，方有希望"。其结论，自然还是"中国本位的文化建设"。黄文山最后强调：

> 我们相信只有生活革命运动才是使我们走上新文化形态的唯一

途径。我们既然找出问题的焦点之所在，自应不要妄自菲薄，努力从事文化的根本建设之改造，来建设我们的所谓中国本位的文化，至于逃避现实，决不是文化革命运动者应采的态度。

黄文山探讨"文化学"的时代，正是中西文化论战十分激烈的时期，黄文山不同意以文化的某一方面作为立论的前提，他对于文化的观察便是一种宏观的观察，他指出中国文化的根本精神是"家族伦理"，也是建立在对文化的宏观认识之上。同样，黄文山认为，中西文化交融冲突的结果，必然是要创建新型的综合文化。他指出，两种文化相接的必然结果，或是优胜劣汰，或是"类化优者而创成另一种新兴文化"。黄文山认为中国文化与西方文化相遇，必走后者的路径，革命即是为着文化创新的目的。他说：

> 文化学者告诉我们一条确实的法则，凡两种文化相接，优者胜，劣者败，或类化优者而创成另一种新兴文化。这个法则，我们没有法子抵抗，所以我们对于传统文化只有改造，对于现代文化只有分别采纳、适应和选择，以创成第三种新兴文化而已。①

为此，黄文山主张实行"文化统制"，他认为在这种文化的转型时期，"一切文化之统制的变易，有赖于理论的文化学与应用文化学，为之指标，实如日月经天，江河行地，无可致疑者"。② 1937 年，黄文山等创办《更生评论》，③ 发表《战时统制理论问题》一文。文中说：

---

① 黄凌霜：《中国革命与文化改造》，《中央导报》第 23 期，1932 年 1 月，第 15～16 页。
② 黄文山：《文化学论文集》，"自序"，第 6 页。
③ 《更生评论》由幹庐学术研究社主办，每半月一期，黄文山任社长，主编者为杨成志、周信铭。

　　为实现战时之举国一致，精诚无间，则必须实行文化统制、宣传统制，或精神力之统制，使全国国民对于战争之目的，绝对的完全赞同，且大家须确确实实相信战争之结果，有十分胜利之把握与自信，持之久，守之贞，自是大成之理。①

　　从配合中国本位的文化建设运动，到鼓吹"精神力之统制"，黄文山坚持不懈地致力于"文化学"的著述，而在政治上都是与国民党的文化意识形态相一致的。中国本位的文化建设主张在 20 世纪 30 年代提出时，本身处于中西文化选择的矛盾之中，虽然在思想的深处受到西方文化影响至深，在西学占据主导地位的形势下也不可能从根本上反对西方文化或将中国文化地位估计过高，但出于政治需要而过度强调民族主义，实际上已暗含文化自大的基因，这一倾向，一直持续到黄文山晚年。1949 年以后，政治和文化的语境发生变化，国民党在海外宣扬中国文化由于共产党革命胜利而在大陆断绝，对民族文化的提升成为政治上的急需。在这种政治形势下，黄文山再谈及中国文化复兴时，便又将中国文化凌驾于世界文化之上。1969 年黄文山在台湾逢甲大学演讲时说：

　　西洋文化最后促使人类走向灭亡之途，吾人应选择何法以拯救此一世界危机。我认为应恢复中国固有中道精神之传统文化，方能造成世界性之社会与文化，进而挽回西洋社会所造成之危机，而使人类生活于自由、平等、博爱之世界中。

　　世界文化前途有赖于我国中道文化之复兴，中国青年应有新的觉悟，创造新的文化，复兴中道文化以领导世界文化。②

① 黄文山：《战时统制理论问题》，《更生评论》第 1 卷第 10、11 期合刊，1937 年 9 月 2 日，第 3 页（文页）。
② 黄文山：《从文化学观点看中国文化之复兴》，载张益弘主编《黄文山文化学体系研究集》，第 306～307 页。

作为一名"文化学"的提倡者，黄文山是从"文化学"的学术理论角度来看待争论一时的文化问题的。论战文化问题，正是中西两种文化接触、中国文化发生转型的结果。黄文山从理论上意识到，"当两种异型的文化接触时，必然引起一种新现象，这即是文化理论或学说之产生，理论或学说的功能，一方是用来解释文化演变的因果，他方还可以当作远嘱和统制事变的根据"。① 而关于本位文化建设的论战，对于文化理论的探讨具有重要的意义，既可以看作此前文化理论讨论的一个"暂时结束"，也可以看作文化理论研究的新的开展。黄文山将其称为"文化理论的建设或综合的阶段"。黄文山注意到了文化论战中各方提出的关于文化学理上的基本问题，也注意到了媒体尤其提出从事中国本位文化建设运动的人，有责任对这些问题做出解答。黄文山承认这的确是"文化运动者应该努力以求解答的基本问题，这种纯理的问题之重要性，决不在一切应用问题之下"。黄文山指出：

> 总之，中国文化建设，不只是一个应用的问题，而也是一个纯理的问题。我们必须对于纯理的问题，得着相当的解答，然后一切文化建设，方不致进退失据，南辕北辙。然而文化理论之建设的或综合的阶段，现在刚刚开始，我们对于它的前途如何，实在无从预断，但是我们可以肯定地指出一个新的方向，这即是我们如要研究中国民族文化，想建立适当的理论，那就必须打破闭关孤立的比较研究的虚心始。

如何才能具备这样的"虚心"呢？黄文山提出，对于西方学术界已经形成的各种研究流派的方法，如进化派、历史学派、功能学派的方法，以及西方学界关于文化调查的方法，应当虚心采用；对于近几十年来社会科学已经取得的成绩，也应采用作为研究文化的张本；特别是要

---

① 本段及下段，分见黄文山《中国文化建设的理论问题与文化学》，载氏著《文化学论文集》，第 151、155、157、158 页。

将中国文化与世界各国文化相比较，才能"发见其类型，说明其功用，寻出其法则"，只有这样，中国本位文化建设的理论问题，才能得到进一步的解答。

究竟黄文山对中国文化问题的看法，是如何与他的"文化学"理论相联系的，需要从其看待中国文化问题的方法入手。黄文山对于中国文化问题的探究，据他自己所言，主要有以下三种。首先，黄文山认为，文化的发展，既受环境所决定，也受一个民族对于文化材料所采取的途径所决定，这种途径或是从外输入，或是独自创造；以环境的、生理的、心理的、社会的因子作为文化的基础条件是成立的，文化的历史变象，可以根据这种动态的历史观点去观察。其次，心理因子对于文化的发展具有重要的意义，文化是由于人的心理的创造行为而发生的，没有人类的创造力，就没有文化，而个人的心理内容，又由文化而来。再次，受新近流行的文化功能学派的影响，黄文山认为，研究文化不应以旧的片面的因果论，而应采取文化现象的功能论（即函数论），应研究文化要素之间的相互关系，而不是一个事物对另一个事物的决定关系。[1]

三 "史则"与"史观"探讨中的学术与信仰

作为学者的黄文山，一生致力于民族学、人类学、社会学、哲学等领域的研究和译述。尽管并不以史家名世，史学仍是他的主要学术领域之一。就其个人的史学实践，曾经因 1930 年代的中国社会史论战，发表过对中国古代社会史研究方法论的看法，并引起过商榷。相关文字（包括他人的商榷文字）都发表在 1934 年和 1935 年黄文山主编的《新社会科学季刊》上。[2] 这些文章虽然属于历史学范畴，但仍偏重于理

---

① 黄文山：《从文化学立场所见的中国文化及其改造》，载氏著《文化学论文集》，第 159～163 页。

② 黄文山：《对中国古代社会史研究的方法论之检讨》，《新社会科学季刊》第 1 卷第 3 期，1934 年 11 月；《阶级逻辑与文化民族学》，《新社会科学季刊》第 1 卷第 4 期，1935 年 3 月。

论。具体的则有对于中国古代图腾的研究，主要也是服务于文化人类学和中国文化的研究。① 当然，在黄文山其他领域的研究中，许多方面并不能离开历史问题的探讨，他的许多历史学的观点，实际上见诸民族学、人类学、社会学的各种著述。他在进行中西文化比较时，对中国历史和中国文化的发展史，都曾有过不少独到的观点。

在不多的史学著述中，有几篇史论值得加以注意。1930 年 5 月，黄文山在东南社会学会（后为中国社会学会）主编的《社会学刊》（第 1 卷第 3 期）上，发表《史则研究发端》一文，论述了自己对于历史法则的认识。1934 年又在中山文化教育馆主编的《中山文化教育馆季刊》创刊号上，发表《民生史观论究》一文，主要围绕孙中山的民生史观和陈立夫的"唯生论"进行了阐述。这两篇文字具有密切的关联，1935 年，黄文山以《民生史观论究》的内容为主体，将《史则研究发端》的一部分，作为"由史的'偶然论'说到史的因果法则"一章，并补写了"史的唯生论的方法论"一章，合为一体，撰成《唯生论的历史观》一书，由南京正中书局出版。1937 年初，黄文山又在自己主办的《更生评论》（第 1 卷第 2 号）上发表《历史科学与民生史观》一文。而"文化学"之倡导，是黄文山学术生涯中倾力最重者。作为一名极力倡导"文化学"的学者，他的学术背景和知识在论及"史则"和"史观"时，得到怎样的运用和援接，是值得比较和观察的。

黄文山长期从事"文化"的理论研究，他从"文化"的角度来看待"历史"，对"历史的形相"的解释与"文化"的概念基本相通。关于历史，黄文山将其理解为"人类庚续的活动，构成社会在空间和时间的发展，而这种发展的形相、历程、与变象，同时也就是史家摹述和说明的对象"。② 而他的"文化"的定义，则为"文化是人类为生

① 黄文山：《中国古代社会的图腾文化》，《新社会科学季刊》第 1 卷第 1 期，1934 年 2 月。

② 黄文山：《民生史观论究》，《中山文化教育馆季刊》第 1 卷第 1 号，1934 年 8 月，第 22 页。

存的需求，在交互作用中，根据某种物质环境，由动作、思想、和创造产生出来的伟大的社会丛体"。① 这两个概念之间，许多元素是共同的。

在黄文山看来，历史学研究的任务和文化研究也是一致的。历史学主要就是研究文化和社会。他指出：

> 史学的任务，从新史的观点看，可分三种：（一）把过去的文化，整理一番，还它一个本来的面目；（二）迹寻当代文化与社会制度之由来与生长；（三）对于社会变迁，作概括的研究和说明，如果可能，更要形成社会的因果法则。②

对于历史的性质，黄文山认为，历史和文化一样，是一个进化的过程。所谓历史的进化，就是"集团活动由一种状态推移到他种状态，由一个阶段进步到更高的阶段，如由军事而法律、由法律而产业，如是展转递增，而世运乃日进而无极"。③对于历史的法则（即黄文山在这里专门探究的"史则"），其认识与对文化法则的认识，也是一致的。首先，和文化法则一样，黄文山论述了"史则"之"必有"。黄文山承认，文化的法则是一种难寻的结果，最难处在于法则的普遍性和客观性。但是，这也并不意味着文化法则完全无迹可寻。各时期、各社会或各地方的文化质素和丛体，在类似的情形下，有类似的所在，这是进化论者承认文化现象中有一致的法则存在之证明。社会学家把机械学的、生物学的、心理学的法则应用到文化领域，不曾获得良好的结果，但把他们在这些领域所发现的规律，应用到文化

---

① 黄文山：《文化学的建筑线》，《新社会科学季刊》第 1 卷第 2 期，1934 年 8 月，第 7 页（文页）。

② 黄文山：《史则研究发端》，《社会学刊》第 1 卷第 3 期，1930 年 5 月，第 2 页（文页）。

③ 黄文山：《民生史观论究》，《中山文化教育馆季刊》第 1 卷第 1 号，1934 年 8 月，第 22 页。

资料的搜集，未始不可以帮助人们整理出一个条贯来。文化法则在黄文山的"文化学"中具有特别重要的意义，"研究文化法则，为文化学的主要任务之一"。① 历史的法则也是必有的，历史学的目的，就是揭示历史的法则。此前关于历史法则问题，有过几种影响较大的观点，如梁启超 1922 年底在南京演讲《研究文化史的几个重要问题》时，就修正了自己在《中国历史研究法》里表达的观点，认为"历史为人类自由意志的创造品，当然不能又认它受因果必然法则的支配"，所以历史现象只能说是"互缘"，不能说是"因果"。当然，梁氏也留了一点余地，承认历史里也不是一点因果律都没有，文化总量中有"文化种"和"文化果"两大部分，"文化种"不受因果律支配，而"文化果"与自然系的事物同类，进入因果律的领域。② 黄文山反对"历史的偶然"说，指出："一切史迹，由至微以至至巨，由至隐以至至显，都不是偶然的，都由种种原因所支配，而为原因之必然的结果。社会的变迁，受自然法则之支配，正如宇宙一切东西一样，故社会科学如果要脱离玄学的阶段，必先打破偶然或适然的观念。"他强调："研究社会变迁的公例和历程，是史学的最高目的；史学的最高目的，也是社会科学的共同目的。"③ 黄氏在《民生史观论究》中进一步说明："我们可以断言，解释历史，进究其变迁的法则、历程、因子，是史学的最高目的，也是社会科学共同底目的。"④ 同样的意思，他在《历史科学与民生史观》一文中也有明确表达，称"今日我们所谓理论社会学、文化人类学、文化学等种种新兴科学，名目虽然

---

① 黄文山：《文化法则论究》，《社会学刊》第 4 卷第 4 期，1935 年 4 月，第 2 页（文页）。

② 梁启超：《研究文化史的几个重要问题》，载《梁任公学术讲演集》第 3 辑，第 136～139 页。

③ 黄文山：《史则研究发端》，《社会学刊》第 1 卷第 3 期，1930 年 5 月，第 2、3 页（文页）。

④ 黄文山：《民生史观论究》，《中山文化教育馆季刊》第 1 卷第 1 号，1934 年 8 月，第 23 页。

不同，实际却还是侧重历史法则或社会法则的发见或建立"。① 黄文山对现有的历史法则、文化法则多有批评，但并非说历史、社会无法则可寻。

历史的法则不仅"必有"，而且是可以说明的。黄文山强调："我们相信，历史不单是一种叙述的科学，同时也是一种说明的科学。"② 他对于历史抱科学主义的立场，称"我们主张的历史观点，并非与科学观点有若何之冲突，不特毫无冲突，而且是相当依倚又不可分离的"。在黄文山那里，历史的法则与社会的法则是在同一个意义上使用的。历史是人类的活动，这种人类的活动能否如自然科学一样，存在自然的法则呢？换句话说，历史学、心理学、伦理学和其他社会研究，是不是也需要和天文学、物理学、生物学一样，探寻自然的法则呢？黄文山从当时科学发展的趋势，做了肯定的断言。他的断言以一种形式逻辑的方式呈现：

> 大前提——"自然是法则的领域"；
>
> 小前提——"人类无论是物理的、心理的、个人的、集合的，乃自然的一部分"；
>
> 结论——"人类的活动之产生，无论是历史的、当代的、个人的、集合的，都不能离开自然的法则"。③

这一点，与黄文山对文化法则的态度也是一致的。黄文山虽然认为，文化的法则毕竟不能达到自然法则的程度，但相信对于文化法则的认识可以进入逼近自然法则的、可应用的、可控制的阶段。在《文化

---

① 黄文山：《历史科学与民生史观》，《更生评论》第 1 卷第 2 号，1937 年 2 月，第 8 页。

② 黄文山：《民生史观论究》，《中山文化教育馆季刊》第 1 卷第 1 号，1934 年 8 月，第 22 页。

③ 黄文山：《史则研究发端》，《社会学刊》第 1 卷第 3 期，1930 年 5 月，第 2、33 页（文页）。

法则论究》一文中，黄文山得出的结论是："我们相信文化法则的寻索运动之将来，将必然地由问错的阶段进到应用知识的阶段，亦即由经验的阶段到达控制的实验的阶段。"①

文化的法则之所以难以获取，黄文山将其归结为文化现象复杂、难以用自然科学的方法量度、文化现象无法进行再演和实验、受自身观念影响制约等原因。② 历史的法则也遇到同样的问题，不易发见。对于历史法则之难寻，黄文山将其归结为三个原因：

（一）以本身为中心的人类对于自己的经验，很难得到客观的理性的研究。

（二）人类有相对的复杂性、变异性、适应性，不易加以实验的测量。

（三）人生在个人与社会进化的不同段阶，变动不居，难以捉摸。

要克服这些障碍，黄文山提出需要相对应地消除"人类中心"的观点，要改组、扩大和调节对于人类的研究，特别是要把史学与其他同样研究人类现象的科学综合起来，形成人类现象的法则。黄文山希望："我们要打破历史的偶然主义，廓清人生为意志自由领域之肤说，排除假科学的释然史观，造成真正的历史科学，必要综合各种社会研究的结果，找出历史自然历程的法则始。"③

在《史则研究发端》这篇文章里，黄文山提出了历史的法则问题，阐述了对于"史则"的认识，揭示了历史法则的可认识性，但没有提

---

① 黄文山：《文化法则论究》，《社会学刊》第4卷第4期，1935年，第28页（文页）。

② 黄文山：《文化法则论究》，《社会学刊》第4卷第4期，1935年，第26~27页（文页）。

③ 黄文山：《史则研究发端》，《社会学刊》第1卷第3期，1930年5月，第38、40页（文页）。

出具体的"史则"。所不同的是，黄文山对于文化法则是有系统论述的，"史则"论述的不足，一方面可能是关于历史法则的知识来源不像文化人类学、文化社会学那样有较为系统的理论参考，另一方面可能是黄文山认为自己在史学实践上还没有比较成熟的思想成果。但是作为信仰或者指导研究的意识形态，黄文山以代表国民党主流意识形态的"民生史观"为最高的"历史法则"，因而将这一问题引向与"史观"相统一的问题。

在黄文山眼中，"史观"就是对历史的解释，受"文化环境及时势主要趋向的影响"。① 也就是说，新的历史解释是随着文化环境与时代精神而产生的。在《史则研究发端》和《民生史观论究》两文中，黄文山批评了各种史观，包括英雄史观（黄称为"伟人史观"）、经济史观或称唯物史观、地理史观或称环境史观、精神史观或称唯心史观、科学或技术史观、人类学史观、社会学史观、综合史观或称群众（或集团）心理史观。② 他尤其重点评论了唯物史观，认为"唯物史观注重经济因子，固然有理。但说唯物史观是历史变迁的法则，未免与事实不符"。③ 故而唯物史观不能作为历史的法则。从历史上的史观演进看，"民生史观"代表着今日史学理论的最高阶段，因为史观的演进遵循着这样一个趋势，即"史观的演进乃由神学的或作意的，进至玄学的或抽象的，由抽象的进至科学的，今日则把科学与人生打成一片，更进到唯生论的历史观或民生史观来了"。④

"民生史观"是孙中山提出的社会历史观。根据孙中山的说法，

---

① 黄文山：《民生史观论究》，《中山文化教育馆季刊》第 1 卷第 1 号，1934 年 8 月，第23 页。

② 黄文山：《史则研究发端》，《社会学刊》第 1 卷第 3 期，1930 年 5 月；《民生史观论究》，《中山文化教育馆季刊》第 1 卷第 1 号，1934 年 8 月。

③ 黄文山：《史则研究发端》，《社会学刊》第 1 卷第 3 期，1930 年 5 月，第 31 页（文页）。

④ 黄文山：《民生史观论究》，《中山文化教育馆季刊》第 1 卷第 1 号，1934 年 8 月，第26 页。

"民生就是人民的生活——社会的生存、国民的生计、群众的生命便是"。民生是社会进化的重心，社会进化又为历史的重心，因而民生是历史的重心。孙中山要求"要把历史上的政治、社会、经济种种中心问题都归之于民生问题，以民生为社会历史的中心"。[①] 国民党建政后，在确立意识形态的过程中，这一观念被推到了至高无上的地位，并由国民党当局做了大量系统的阐释。陈立夫用其"唯生哲学"对孙中山的民生史观做了修正，认为宇宙本体的属性是"生"，"唯生的一元相对论，认定整个宇宙为一生命的巨流，万物皆有生命，所以是'生的哲学'"。他宣称"生"才是人类历史的中心，"人类的一部历史，显然是一部为求生而有的一切现象的历史，由此可知生才是人类历史的中心"。[②] 在1930年代以后，"民生史观"成为国民党统制社会科学研究的意识形态基础。

黄文山多年后曾经提到，1930年代初回国时，"适值文化界对于民生哲学有过热烈的讨论，而陈立夫先生有唯生论的著作行世。我都受过影响"。[③] 在这种影响下，他对"民生史观"做了极高的评价，认为它正是"集东西思想之大成，对于人道生存的整体、社会思想运动的全部，作综合的解释"，是随着20世纪新的文化环境和时代精神而产生的新的历史解释。如果说19世纪是一个"科学"的世纪，20世纪就是一个"综合"的世纪，"民生史观"就是在中西文化会通的近代中国产生的新思想和新精神。此前的各种史观，都不足以说明历史的整体，只有"民生史观"，"才能说明整部的人类进化史"，"在历史科学中，唯生论的历史观或民生史观亦可算是历史的一种新综合"。[④] 黄文山以其人类学、社会学的知识，来为"民生史观"从学术

---

① 孙中山：《三民主义》，《孙中山全集》第9卷，第355、377页。

② 陈立夫：《唯生论》（上），正中书局，1934，第57、79页。

③ 《黄文山文集》，"自序"，第3页。

④ 黄文山：《民生史观论究》，《中山文化教育馆季刊》第1卷第1号，1934年8月，第24、27页；《历史科学与民生史观》，《更生评论》第1卷第2号，1937年2月，第8页。

史上寻找依据，他指出，社会学史上早就认识到文化发展的一致和绵延就是“生命保养”的结果，“生命保养”的原则可以说明整部文化进化史。其后许多学者都主张“求生存的概念”是“一切生存有机体的特征”，社会问题是历史的中心，而社会问题中，“生存”问题恰是中心。①

黄文山继而从文化的角度，论述“民生史观”的合理性。他指出：“一切文化的展开，经济组织的改良，道德的进步，不外由人类求生存的努力造成。”“人类文化或制度的兴替，全视其能否适应人生的调遣以为断”。② 早在1929年，黄文山在《社会进化》一书中，已经用“文化迟滞”的理论，说明“后知后觉者”对于文化变动起阻挠作用，文化的创新有赖于孙中山所讲的“先知先觉者”。③ 在《民生史观论究》里，黄文山再次阐述道：“人类生存到了发生障碍时，先知先觉不满意其时的社会状况，便起来革命，而革命实是文化转向的因素。”④

如同对于“史则”一样，黄文山主张现代的“史观”也必须立足于科学，而不是如旧日论史者注重于哲学。现代的史观“以探究历史变动的主因为鹄的，所以实际上就采取了科学方法。这恰似自然科学的法则之形成，构成实验室中由观察和实验所搜集的资料之逻辑的完成一样”。民生史观的核心在一个“生”字，不是唯物论，也不是唯心论，而是“唯生论”。配合陈立夫的“唯生论”，黄文山力证，“生”是一个科学的概念，民生史观所由出发的“唯生论”，是以科学的事实为依据的。黄文山指出：“我们固不必如近三百年来的社会机械学派一样，

---

① 黄文山：《民生史观论究》，《中山文化教育馆季刊》第1卷第1号，1934年8月，第27页。

② 黄文山：《民生史观论究》，《中山文化教育馆季刊》第1卷第1号，1934年8月，第28、29页。

③ 黄文山：《社会进化》，第113～114页。

④ 黄文山：《民生史观论究》，《中山文化教育馆季刊》第1卷第1号，1934年8月，第29页。

把物理科学的法则削足适履地应用到历史，应用到文化与社会，但唯生论的科学的根据却不容我们轻轻放过。"①

　　为了证明"唯生论"的科学性，黄文山将对"唯生论"的阐释与文化人类学的理论联系起来，指出："文化发展的一致性和连续性，是由文化的展开，遵照着单个的基本冲动使然。这是我们已知的假定。文化史的单个的、优越的、基本的因素，就是'生存'。"从"唯生论"出发，揆诸历史，可以发现："史的唯生论所烛见的文化形态是以血缘关系及经济关系为基础，而产生相应的政治组织。每种文化质素、文化丛体、文化模型的成立，统由于人类求生的冲动所造成。其目的则在：（一）维持生存，（二）充实生存，（三）延续生存，（四）保护生存。"

　　黄文山的所有学术论证，都是指向最后的信仰式的结论，即"民生史观"是历史研究的最高的和唯一正确的指针。黄文山将其喻为"研究历史的锁钥"和"实际行动的南针"。"民生史观"在史学中，就是最高的"史则"。黄文山说：

　　　　以宇宙一切现象的变动，虽各有其一定的法则，然其变动的原因与倾向，却完全统一于一个总的法则之下——"生的法则"——包含绝大的真义。人类乃自然最高的产物，其一切历史上文化上的创造和努力，更处处表现"生"的倾向，受着民生法则之支配……我们在世界整部的文化史、社会史随处都可以找出充分的凭据，证明民生是社会进化的铁则。

　　因此，应当以"民生史观"来说明整个文化史的过去与未来，"我们对于人生所需要的是一种新批评，对于价值所需要的是一种新标准，

---

① 本段及以下两段，分见黄文山《民生史观论究》，《中山文化教育馆季刊》第 1 卷第 1 号，1934 年 8 月，第 26、32、33、35、38、40 页。

而对于历史所需要的当然是一种新的解释，历史上之唯生的解释或民生史观了"。①

第三节 陈序经的"文化学"与全盘西化论

一 陈序经对"文化学"的最初接触

陈序经是一位特立独行的思想者，他强烈主张向西方学习，在文化观上持"全盘西化"的态度。同时陈序经也是较早致力于倡建"文化学"的学者之一。在 1930 年代早期和中期，陈序经已经形成文化问题的基本理论，完成了《中国文化的出路》和《东西文化观》两部著作，在"文化学"学理基础上阐述了自己的"全盘西化"主张。1934 年和1935 年的文化论战中，陈序经发表的各篇论战文章，多次将"文化学"学理的各个方面，作为自己"全盘西化"文化观的基础。关于文化的概念及与民族的关系问题、关于文化整体论、关于文化接触的理论，在论战时期发表的各篇文章里，都有明确的论证。

陈序经（1903 ~ 1967），字怀民，广东文昌（今海南省文昌市）人。1903 年 9 月 1 日出生于文昌县清澜港瑶岛村。其父亲陈继美长期在南洋谋生，故而幼时的陈序经很早就随父到新加坡侨居，1909 年就读于当地华侨学校，1912 年又回到家乡读书，一年多以后再次到南洋，先后在育英学校、养正学校、华侨中学就读。② 1919 年回国，1920 年

---

① 黄文山：《历史科学与民生史观》，《更生评论》第 1 卷第 2 号，1937 年 2 月，第 17页。

② 有关陈序经早年的经历，各种记述不一，笔者主要根据陈序经之子陈其津先生的《我的父亲陈序经》（广东人民出版社，2000）一书有关部分。陈序经在《现代主权论》一书的"作者介绍"中说法与此不同，只提及 1908 ~ 1915 年在故乡接受启蒙教育，1906 ~ 1919 就学于新加坡育英中学。见 Su ching Chen（陈序经），*Recent Theories of Sovereignty*（Canton，China，Lingnan University Bookstore，1929），p. 326。

考入广州岭南中学，1922 年以同等学力考入上海沪江大学生物系学习，后因不愿信奉基督教而转学于复旦大学，改读社会科学。1925 年留学美国伊利诺斯大学，1926 年就获得硕士学位，1928 年 6 月又获得该校博士学位。博士学位论文题为《现代主权论》（Recent Theories of Sovereignty）。1928 年秋应聘为广州私立岭南大学社会学系助理教授，1929 年又赴德国，先后在柏林大学、基尔大学进行学术研究，1931 年回国继续担任岭南大学教职，1934 年被天津私立南开大学经济研究所聘为研究教授。

陈序经自留学时期，就非常关注文化问题，接触了大量"文化学"方面的西人论著，有意识地收集关于"文化学"的资料。陈序经对于"文化学"的关注，同样也是与对中国文化出路的思考联系在一起的。1946 年陈序经回忆道：

> 二十年来，不只观察文化的兴趣，日加浓厚，对于一些关于文化的著作时常阅读。自民国十四年到美国读书之后，对于这问题尤为注意。同时因为友朋之中，谈及中西文化的既是不少，而身处西洋，东望故国，感触尤多。回国之后，于民国十七年间，常常有机会去谈及文化上的各种问题，有时免不了觉得手痒，而忍不住的写了一些关于这些问题的意见。文章发表之后，有时免不了引起人们的批评或同情。同情于我的意见的人们，固然给我很多的鼓励，可是批评我的主张的人们，也给我以不少的机会来说明我自己的立场。因为这样的原故，使我对于这个问题，不能不加以特别的研究。①

在美国时期，陈序经十分热衷于阅读关于文化方面的书籍，经常在

---

① 本段及下段，分见陈序经《我怎样研究文化学——跋〈文化论丛〉》，《社会学讯》第 3 期，1946 年 8 月 1 日，第 2、3 版。

谈话或演讲的时候，"总会有意或无意的说及文化学这个名词，或是谈及这个名词所包含的意义"。1928 年陈序经到岭南大学任教，曾在一次学术讨论会上，使用了"文化学"这个概念，引起了一些学生的好奇。散会后，有几位学生向陈序经询问："文化学"这个名词是不是一个很新奇的名词？陈序经当时向学生们解释说："在中文上，这个名词虽是一个新奇的名词，然而在西文上，却是一个久已运用的名词。"不久，在一个社会学科的讨论会上，陈序经不只是提到了"文化学"这个名词，而且明确指出，"文化学"是"自有其对象、自有其题材的一种学问"。

陈序经在 1928 年底发表了《再开张的孔家店》一文，在这篇文章里已经开始初步运用他所掌握的进化理论。陈序经指出："文化是日新月异的，他时时刻下都在演化的进程中"。现代中国的落伍，恰是因为没有能够跟上世界现代文化的进步，从而从"很文明"的地位变成现今的"半开化"的地位。陈序经指出：

> 我们现在若不虚心诚意地去急起直追，接纳现代的文化，恐怕待一二百年后，我们不但不能保存我们的半开化的地位，恐怕那时人家又要叫我们做全不开化的民族。[①]

陈序经对利用当时流行的"物质文化"与"精神文化"的两分法来对待西方文化的做法提出了质疑，指出："我们承认'文化'二字是包含精神和物质二方面，然若一方面提倡西方的物质文化，他一方面又提倡东方的精神文化，是行不去的……因物质文化与精神文化不能分开，所以物质文化的演化是随着精神文化的演化。"中国数千年来裹足不前的精神文化，导致了在物质文化方面，"并没有什么精彩过二千年

---

① 本段及下一段出自陈序经《再开张的孔家店》，岭南大学学生会编《南大思潮》第 1 卷第 3 期，1928 年 12 月，第 12～13 页。

前的物质文化"。

即使如此，在1929年以前，陈序经对于"文化"本身尚没有做系统的论述。1929年夏，陈序经再赴德国，次年，在德国基尔的世界经济学院的图书馆里，他读到了皮格亨的《动力与生产的法则》等书，对"文化学"在西方的学术发展历史大感兴趣。但他认为，皮格亨尚未摆脱当时的科学分类中的两分法，将"科学"分为"自然科学"与"社会学科"，"文化学"被列为"社会学科"中的一种，因而使"文化学"的范围变得十分狭小。① 1931年回国时，他带回了大量这一方面的资料。1931～1937年，在多次的文化讨论中，陈序经参考了关于这方面的资料。1930～1931年陈序经在德国从事研究期间，还写成《东西文化观》一文，于1931年4月刊登在《社会学刊》第2卷第3期，全文约15000字。② 这篇文章是陈序经在对文化问题进行了一个阶段认真思考的基础上，对自己的文化观首次较为全面的总结，其发表的目的又是因为社会学界正在出现关于文化问题的讨论。这篇文章的各部分分别阐述了以下问题：（1）文化观的三种派别；（2）文化的发展及性质；（3）对文化的"折衷办法"的批评；（4）对"恢复固有文化"的批评；（5）全盘接受西洋文化的必要。这篇文章在阐述陈序经的中西文化观的同时，也从理论上将"文化"本身的学理与文化观结合起来论述。陈序经在此文的附言中表明：

> 这篇文章里的意思蕴蓄在著者的心中颇久，但这次把它写出来在本志发表的动机，和最近来阅本志第一卷第四期孙本文先生所著《中国文化研究刍议》一文也有多少的关系。文化是不是社会学的

---

① 陈序经：《文化学概观》（一），第60、66页。
② 陈序经在后来出版的《中国文化的出路》一书的"代序"中，提到"我在德时，无意中写了一篇约有万五千字左右的同这题目的文章，登在《社会学刊》"。这应当是陈序经记忆上的误差。查《社会学刊》第2卷第3期有陈序经《东西文化观》一文，并在文末注明"1931年新年日初稿于德国寓次"。该学刊前后各期并未有《中国文化的出路》一文。

对象，这是别一个问题；我们不能在这里讨论。我们承认文化问题是社会学上一个重要的问题，而东西文化问题，又是文化问题中的一个重要问题。本篇固然是著者对于东西文化问题上一个主张，然它的立脚点，完全是基于文化的本身上。再者本篇发表的动机，虽与孙先生的文章有多少关系，然它并不专以孙先生的文章来做对象。①

二 《中国文化的出路》和《东西文化观》

与黄文山截然相反，同样作为"文化学"的倡导者和探索者，陈序经却走向与官方文化意识形态完全相反的全盘西化论。

1932 年初，陈序经完成《中国文化的出路》一书，这部书于 1934 年 1 月由商务印书馆出版，被他的好友卢观伟称为对东西文化观的"一部有系统和批评的研究的著作"。② 陈序经在全书开篇就指出：在讨论东西文化问题以前，"我们应当对于文化本身上，有充分的了解；因为假使我们对于文化本身上尚没有明白是什么，而去研究东西文化的问题，正像不懂哲学是什么，而要谈谈东西哲学的问题一样"。③ 因而在《中国文化的出路》中，在分别论述批评各种中西文化观和阐述自己的全盘西化论之前，陈序经先用两章的篇幅专门阐述了"文化的根本观念"。《中国文化的出路》正式出版之前，陈序经已着手对书中第三、第四、第五章进行增益。在此基础上，1933 年初，陈序经又完成了《东西文化观》的书稿（这本书的出版时间为 1937 年）。

陈序经首先对文化的概念和文化的基本观点做了解释。陈序经提出："文化可以说是人类适应时境以满足其生活的努力的工具和结

---

① 陈序经：《东西文化观》，《社会学刊》第 2 卷第 3 期，1931 年 4 月，第 1 页（文页）。
② 卢观伟：《〈中国文化的出路〉序》，载陈序经《中国文化的出路》，第 1 页。
③ 陈序经：《中国文化的出路》，"绪言"，第 1 页。

果。"① 他认为文化具有四大基础，即地理的、生物的、心理的和文化的基础。由地理、生物、心理及文化各种要素的影响而形成的某一社会的文化，是研究文化的单位，陈序经称之为"文化圈围"。它"是某一种文化的整个方面的表示，而别于他种文化圈围。它也可以叫做研究文化的单位，好像政治学上的政治经济学上的财产，生物学上的生命，天文学上的天体"。

陈序经概括了文化的基本特点。首先，文化具有动态的特点。"人类因为有了创造文化的能力，他们也有了改变、保存及模仿文化的能力。他们若觉得他们的文化有缺点，他们可以改变之。他们若觉得他们的文化，比他人的文化好得多，他们可以保存之。他们若觉得人家的文化比较他们自己的文化高一点，他们可以模仿之。"

其次，文化又具有整体的特点，文化所表现的各方面互有密切的关系，是无法确切分开的。"文化的各方面不但是因为有了密切的关系，而致一方面的拨动，常常影响到他方面，而且文化成分的分析，除了是我们便利研究起见，它本身上是一个整个的东西。"

陈序经认为，同一"圈围"的文化，在时间上和空间上自然是一致与和谐的。而两个以上的"圈围"的文化，互相接触，如果其程度相等而时代环境趋向又容许二者合而为一的话，其结果和趋势也同样是一致的，或和谐的，或是一致与和谐的。他将不同"圈围"的文化接触分别为三种情况：

（1）两种完全相同的文化。——趋于一致。

（2）两种完全相异的文化。——趋于和谐。

（3）两种有同有异的文化。——趋于一致与和谐。

以上情形要求两种文化，在文化层累的演进上必须处于相同的等级，在文化发展的趋势上必须适合，对于接触以后的新时代和新环境也必须适合。但是，当两种文化出现程度上的差异，而且时代与环境所要

① 本段及以下几段，分见陈序经《中国文化的出路》，第5、11、20、39～40页。

求的是其中的一种文化，两者相接触后所趋于的一致，却将以另外的形式出现。设定时代及环境所要求的为甲种文化，而不是乙种文化，陈序经给出的答案是：

> 乙种文化不能适应于这时境，而逐渐的成为文化层累里的一层。这种接触也有他的过渡时代，在过渡时代里乙种文化和甲种文化——特别是从乙方面看去——也好像有二种文化平行并立，但是从文化的目的和趋势上看去，他们并非平行，他们的关系是乙种逐渐的成为陈迹，甲种逐渐伸张而成为送旧迎新的时代。这个时代，也许延长得很久，然它的趋势只有一致。

由此陈序经提出了他的文化观上的一些原理：文化接触的结果，无论是程度相等的文化还是程度不同的文化，无论是两种文化还是多种文化，都必然是趋于一致或和谐的。适应新的时代与环境的文化要素，将成为共同的文化组成部分。不适应新的时代与环境的文化要素，将逐渐消亡，而成为历史的陈迹。这些结论，都是由"文化"的最基本的观点决定的。陈序经指出：

> 我们已略将文化的发展及文化的性质说明。总而言之，在时间上，文化是变动无已的。在空间上，文化是连带关系的。因为变动才有发展和演进。因为连带关系，所以才有一致或和谐。时间上的层累变换及堆积愈多，则其发展及演进必愈速。空间上的圈围愈放大，则其所趋于一致及和谐的圈围也愈大。

在这两部书中，陈序经批评了复古派和折衷派，指出在当代中国，复古的路和折衷的路都是不能走通的。对于复古论，陈序经批驳了辜鸿铭、梁漱溟的中西文化观，指出复古派"昧于文化发展变换的道理……以为环境时代是不变的，所以圣人立法，可以施诸万世而用于四海；他们都忘记了圣人之所以为圣人，都不过是这种时代和环境的产品"。对于折衷论，陈序经在《中国文化的出路》中评论了以下五派：中体西用派，以张之洞为代表；精神文化与物质文化的折衷派，以梁启超等为代表；静的文化和动的文化的折衷派，分别以李大钊和杜亚泉为代表；所谓科学的分析办法的折衷派，以许仕廉、孙本文为代表；物的文化与人的文化的折衷派，以亚洲文化协会为代表。在《东西文化观》一书中，又增加了两个：道器调和派，以薛福成为代表；植物文化与动物文化的折衷派，以刘鉴泉为代表。陈序经指出折衷派昧于文化的成分和分析的意义，"以为文化的全部，好像一间旧屋子，我们随便可以部分地拆毁，看看哪几块砖石，或是木料，可以留用。他们忘记了文化的各方面的特质的分析，不外是我们自己的假定，而非文化本身上有这么一回事"。①

中国文化与西方文化的程度孰高孰低，陈序经对两者进行了全面的比较。其结论是："西洋文化之优于中国，不但只有历史上的证明，就是从文化成分的各方面来看，也是一样。""西方文化在今日，就是世界文化。我们不要在这个世界生活则已，要是要了，则除了去适应这种趋势外，只有束手待毙。"② 东方文化是落后的文化，西方文化是进步的文化。两者相接触，必然是落后的东方文化要对进步的西方文化加以模仿，加以创造。

为了证明自己的推导在事实上是成立的，陈序经分析了近代以来中国西化的思想主张和实际趋势，指出，近代以来，中国实际上在态度和事实方面，西化的范围越来越大，程度越来越深。"从曾国藩、张之洞一般的西洋文化的观念的逐渐从很小的范围，而趋到较大的范围，从枝末的采用主张，而到根本的采用的主张，则全盘西化的主张是一种必然

①　陈序经：《中国文化的出路》，第 82 页；《东西文化观》，岭南大学，1937，第 124 页。

②　陈序经：《中国文化的出路》，第 101～102 页。

的趋势。"① 近代以来，中国人对于西洋文化在态度上的演化，是从逐渐接受到根本采纳而趋于全盘西化。"从很小的范围放到较大的范围，从枝叶的接受主张，而走到根本的采纳主张"。而从近代历史的事实上看，更是在各个方面，"我们已经在西化的路上，而且是趋到全盘西化的路上"。总之，西洋文化，是现代世界的文化。"假使中国要做现代世界的一个国家，中国应当彻底采纳而且必须全盘适应这个现代世界的文化。"中国文化事事不如欧洲，中西文化的优劣高下昭然可见，因此，"非彻底和全盘西化，不足以言自存"。之所以目前我们国家发展的事实还不能令人满意，仍然十分紊乱，是因为现在我们的西化"还未达到相当——全盘当然说不上——的地位"。② 但是，全盘西化是必然的趋势，中国文化的西化趋势是不可避免的。

这两部书没有来得及对"文化学"本身进行系统的阐述，但陈序经对于文化的理论问题的思考仍然在此后的研究工作中保持下来。1934年，陈序经离开岭南大学，就职于南开大学经济研究所，主要从事关于国内工业发展与社会发展的调查研究，但在填报研究工作的题目和大纲时，也填报了"关于文化的本身的研究的题目"。③

三　论战中的文化观阐述

1933 年 12 月 29 日，陈序经在广州中山大学做了一次公开的演讲，题为《中国文化之出路》，讲词发表在 1934 年 1 月 15、16 两日《广州民国日报》的"现代青年"栏目。这个讲稿，实际上就是他业已杀青、即将面世的《中国文化的出路》一书的提要，陈序经首先回答了对于复古派和折衷派的批评，然后提出"彻底全盘西化的理由"。这篇演讲一发表，立刻引起了广州思想界强烈的反应。一时间，大量

---

① 陈序经：《中国文化的出路》，第 94 页。
② 陈序经：《东西文化观》，第 142、148、160、177、150～151 页。
③ 陈序经：《我怎样研究文化学——跋〈文化论丛〉》，《社会学讯》第 3 期，1946 年 8 月，第 4 版。

的讨论文章在《广州民国日报》等报刊上发表，对陈氏的主张提出质疑，引起了 1934 年在广州发生的一场围绕全盘西化论的文化论战。陈序经是 1934 年广州文化论战中"全盘西化"一方的主要代表，在1935 年全国性文化论战中，他也是主要的参与者之一。在 1934 广州文化论战和 1935 年中国本位文化建设的论战中，陈序经发表的各篇论战文章，多次将"文化学"学理的各个方面作为支持自己"全盘西化"文化观的凭借。

1934 年广州的文化论战中，陈序经的代表性文章是《关于中国文化之出路答张磐先生》和《对于一般怀疑全盘西化者的一个浅说》。在《关于中国文化之出路答张磐先生》这篇文章中，陈序经指出："单以经济原因来说明文化，是很容易陷于错误的。"因为"经济的本身，不外是文化很多方面的一方面。经济的势力，固可以影响于文化的其它方面；文化的其它方面势力，也常常影响于经济的制度和观念"。关于西化与西货的问题，陈序经明确指出，他极力主张"全盘西化"，却恰恰主张不盲目和全盘接受"西货"，与此相反，"我主张全盘西化，就是为着反抗那般专事享受西洋货的人的言论"。①

在《对于一般怀疑全盘西化者的一个浅说》一文中，陈序经指出，中国问题的根本是文化的问题，之所以在中国出路问题上产生种种歧见，是因为对于文化的根本观点存在着误解。中国文化这个仅可以在闭关时代苟延残喘的文化基础，是丝毫值不得留恋的。陈序经概括了纷繁复杂的西方文化的共同特性，即"有其共同的基础、共同的阶段、共同的品色、共同的要点"。新的民族意识，正要赖全盘西化而建立起来，"想有足以生存于现代世界的民族意识，消极方面，就要放弃过去的固有文化，以及其所形成的颓靡不振的民族意识；积极方面，就要全盘彻底去西化。能够全盘彻底的西化，就是激动起一种新的民族意识而适宜于现代的世界"。陈序经指出："相信中国可以全盘彻底的西化的

①　陈序经：《关于中国文化之出路答张磐先生》，《广州民国日报》1934 年 1 月 29 日。

民族，是有自信心最强的民族。"①

1935 年中国本位文化建设的论战中，陈序经的代表性文章是《关于全盘西化答吴景超先生》《再谈全盘西化》《评〈中国本位的文化建设宣言〉》和《全盘西化的辩护》诸文。在《关于全盘西化答吴景超先生》一文中，陈序经阐明了"文化的一方面若受了影响，他方面也必受其波动的道理"。对于保存固有文化的主张，陈序经从根本上指出，两种文化接触之后，从其发展与趋势来看，所谓保存固有文化是没有存在的可能。何况我们固有文化的任何一方面，都没有西方的进步，"一般自命为提倡保存固有文化的人们，每每忘记了他们今日所提倡的固有文化，除了为了外人所利用以压我民众、或为好奇心理而当做古董欣赏的文化以外，对于国家人民，没有过丝毫的帮助"。对于选择采纳西洋文化的主张，陈序经指出，所谓采西洋之长来调和中国之长的折衷论，事实上变成了一些投机者以西洋之短加中国之短的护符。对于创造新的文化，陈序经指出，西洋文化就是创造的文化，而中国文化惰性较强，没有创造力，因而主张"全盘西化"，"实为中国创造别一种新文化的张本"。②

在《再谈全盘西化》一文中，陈序经指出，全盘西化论者并不否认文化是惰性的，这种惰性无非就是所谓中国固有的文化，"若能全盘西化，则惰性自然会消灭"。所谓文化的各方面，只是一种为主观分析便利而设的，并不是客观文化本身真的具有的，文化本身是"整个"的，"所以文化的各方面或张先生所说的不同的单位，是互有连带的关系。因为这些不同的单位，有了连带的关系，和时势的趋同，以及今日西洋文化的优胜的地位，所以取其一端，应当取其整体"。陈序经并强调，因为文化各方面都有连带的关系，所以不能随意地取长去

---

① 陈序经：《对于一般怀疑全盘西化者的一个浅说》，载吕学海编《全盘西化言论集》，岭南大学青年会，1934，第 111、120～121 页。

② 陈序经：《关于全盘西化答吴景超先生》，《独立评论》第 142 号，1934 年 3 月，第 6、9 页。

短。"从我国目前的情形来看，全盘西化固是一种尚须努力去实现的理想，然而从西洋文化来看，所谓理想的全盘西化的对象却是一种已经实现的事实。这个事实，是一件有形模、有体质、有眼睛皆可以见、有知觉皆可以感、有耳孔皆可听的东西。比之复古派所梦想的已成陈迹的皇古，比之折衷派所侈谈的东西合璧的办法，都较为具体，较易采纳。"①

在《评〈中国本位的文化建设宣言〉》一文中，陈序经从"文化"概念的本原批评"十教授"的错误。陈序经概念中的"文化"，是"人类的适应时境以满足其生活的努力的结果和工具"，是广义的"文化"；而"十教授"概念中的"文化"，是与政治、经济并列的狭义的"文化"。在这样的基础上，"十教授"提出"不守旧、不盲从、检讨过去、把握现在、创造未来"一类抽象空洞的高调，来进行所谓"中国本位文化的建设"，是没有实际意义的。②

在《全盘西化的辩护》一文中，陈序经坚持"全盘西化"的口号。针对胡适和一些人用"世界化"或"现代化"来替代"西化"，陈序经指出："在实质上，在根本上，所谓趋为世界化的文化，与所谓代表现代的文化，无非就是西洋的文化。所以'西化'这个名词，不但包括了前两者，而且较为具体，较易理解。""百分之一百的全盘西化，不但有可能性，而且是一个较为完善较少危险的文化的出路。"③

在所有曾经主张过全盘西化论的思想家中，陈序经是态度最坚决的，并且有"文化学"的学理支持。陈序经说过："全盘西化的理论，并非凭空造出来的。"④ 广义的文化观、文化整体论、文化的"新进化

---

① 陈序经：《再谈"全盘西化"》，《独立评论》第 147 号，1935 年 4 月，第 5、6、9 页。

② 陈序经：《评〈中国本位的文化建设宣言〉》，载冯恩荣编《全盘西化言论续集》，岭南大学青年会，1935，第 101～103 页。

③ 陈序经：《全盘西化的辩护》，《独立评论》第 160 号，1935 年 7 月，第 11 页。

④ 陈序经：《关于全盘西化答吴景超先生》，《独立评论》第 142 号，1934 年 3 月，第 4 页（文页）。

论"，构成陈序经"文化学"理论的基础。根据陈序经指出的文化的法则，中国文化是一种独立的"文化圈围"，西洋文化是一个可知可感的、达到了"一致与和谐"的文化统一体，也是一种独立的"文化圈围"。虽然在现代西方，有社会主义的出现，有法西斯主义的抬头，但陈序经均将它们视为西方文化的暂时的变态，而西洋文化必将统一于民治和科学。陈序经从理论上阐明，两种文化相接触，必然是程度较高的文化淘汰程度较低的文化，凡不适应于新时境的文化，必不能保存；而适应于新时境的文化，它的固有，也变成共有，也谈不上保存其固有。无论其合为一种文化的方法有何不同，文化接触以后，其趋势必是一致与和谐。因此所谓"保存固有文化"，无论在理论上，还是在趋势上，都是不通的。这虽然将陈的理论大大简化了，但总而言之，陈序经的文化观确实是从他的"文化学"理论中推导出来的。陈序经的"文化学"理论是他的文化观的学理基础，这些理论与他对历史事实的解释是一致的。陈序经指出，他"是从文化本身上的普通与根本的原理而谈到东方与西方的文化，再从东西两方的文化，谈到所谓南北的文化，这是一种理论的研究，这也是一种事实的解释，这是一种历史观，也是一种世界观"。陈序经在论述自己的文化观与他的"文化学"的关系时明确表示：

> 在所谓东西文化的问题的研究上，或是所谓南北的文化的问题的研究上，我个人都有我个人的主张，可是我个人的主张，也是以文化的普通与根本的原理，以及其历史的发展的事实为根据的。其实所谓南北文化，根本既与东西文化，有了密切的关系，而所谓东西文化，根本上又是与文化的普通与根本的观念有了密切的关系。①

---

① 陈序经：《我怎样研究文化学——跋〈文化论丛〉》，《社会学讯》第 3 期，1946 年 8 月 1 日，第 8 版。

第四节　阎焕文的"文化学"和文化观

一　"文化学"的倡导

阎焕文是民国时期"文化学"建构中一位不太引人注目的人物，其主要生平因缺乏资料，不能详知。他撰有《文化学》长文，黄文山主持的《新社会科学季刊》曾刊载一部分，后未能在该杂志上刊完，全文被黄文山作为附录收录在自己的《文化学论文集》中。通过这篇长文可以看到，作为一名"文化学"建构的热心参与者，阎焕文也有建构中国"文化学"的"雄心"，从中反映出"文化学"建构过程中各种思潮影响的广度和倡导者之间的相互影响。

1929 年，在日本留学的阎焕文开始关注"文化学"。这源于阎焕文受日本学者关荣吉的《文化社会学概论》的启发。阎焕文对此书十分感兴趣，对其中的部分观点也产生不同看法。关荣吉《文化社会学》一书之主要内容前章已述，其全书的主张和立场，就是要以国民性、阶级性、时代性，去理解各个类型文化，而后求得于人类文化乃可得其正确的理解。[①] 阎焕文认为，要研究文化，仅有文化社会学尚不足够，应有专门的"文化学"来进行研究。他的《文化学》长文，就是基于这种思考而写成的。阎焕文曾自述过这一段经历：

> 民国十八年冬，我在日本东京高师求学的时候，在书肆偶购关荣吉氏所著《文化社会学概论》，读着颇感兴趣；同时对于关氏主张，有不尽赞同的地方。盖文化这个名词，含义非常广泛，成因极其复杂，构造至为繁密，机能十分敏活，而关氏欲以社会规定以尽

---

① 关荣吉：《文化社会学》，第 116 页。

研究之能事，不知文化的社会关系只是文化诸联关之一部，欲明了文化的机构而求出其普遍法则，非建设综合的独立的文化学不为功。于是我乃有建设"文化学"的决心。自此以后二年之间，遇有关于文化著作，不论古今东西，极力搜罗，约得二三十种。苦心钻研，虽正课亦置之脑后，有暇即写，得成是篇。于二十年春完稿。不料遇了九一八，仓促束装回国。回国以后，二三年之间，任课繁忙，也没工夫把它整理出版。已决定搁在故纸堆里了。①

阎焕文写成《文化学》后，没有找到发表的机会。黄文山在其主编的《新社会科学杂志》上发表了《文化学的建筑线》一文，阎焕文读后颇受鼓舞，写信给黄文山，对"文化学"的问题提出讨论，并将自己的《文化学》稿件寄给了黄文山。黄文山原拟将此文先分篇在《新社会科学杂志》刊出，再印成单行本，但时局的原因，《文化学》在该杂志上只刊载了两期，也未能出版单行本。为使稿件不致散失，黄文山将其全文作为附录，收录在自己的《文化学论文集》中。但已连载的这篇长文还是受到学术界一定的关注，其摘要连续刊登在1935年的《史地社会论文摘要月刊》上。②

另一方面，国民党当局发起的文化建设运动也给阎焕文很大的刺激。他对文化建设运动有比较正面的评价，但并不满意倡导者在学理方面的努力。1934年3月中国文化建设协会在上海成立，声势颇大，阎焕文并不以为满足，指出其"美中不足的，没有客观的态度、系统的研究、建立文化学的雄心"。阎焕文认为："我们不彻底研究文化的一般理论，奢谈文化建设，实有非常的危险呢！所以文化建设学是必须研究的。"③

---

① 阎焕文：《文化学》，《新社会科学季刊》第1卷第3期，1934年11月，第94页。
② 详见《史地社会论文摘要月刊》第1卷第4期，1935年1月；第1卷第8期，1935年5月。
③ 阎焕文：《文化学》，附录于黄文山《文化学论文集》，第133页（文页）。

二　"文化学"的主要理论主张

阎焕文对文化的定义，是在黄文山定义的基础上加以修正的。黄文山提出，"文化是人类为生存的需求，在交互作用中，根据某种物质环境，由动作、思想、和创造产生出来的伟大的社会丛体。"①阎焕文认为，这一定义忽略了文化的历史性，也忽略了文化的有机性。因此他提出对文化的定义是："文化是人类的生命力受自然环境的影响，社会的交流，历史的传授、发扬所产生的有生命的东西"，或曰"所产生的有机体"。②

而在阎焕文的主张中，"文化学"是"以文化作为研究的对象，明其发生、生长的过程，究其性质，分析其构成，明定其类型，而求得普遍法则的科学"。③因此，建立独立的"文化学"的必要性，是基于其有"独特的对象""独特的方法"，这些"独特的对象""独特的方法"是与历史学、历史哲学、文化社会学、文化人类学有区别的。与黄文山综合文化人类学和文化社会学而成"文化学"的主张不同，阎焕文认为"文化学"可以与文化人类学、文化社会学并列，而不需要介意它们的研究对象有重合的地方。"文化学"之所以能够成立，是因为两个理由："第一，文化学为研究人类生命力的具体的、系统的学问；第二，文化学是了解历史的导师。有这两个理由，文化〔学——脱字，引者注〕足可成立。"

阎焕文同样回答了"文化学"在科学中的地位问题。关于科学的分类，阎焕文参照并修正了德国学者冯特和日本学者石井重美的分类方法，将科学划分为"形式科学"和"实质科学"两大类；在"实质科

① 黄文山：《文化学的建筑线》，《新社会科学季刊》第 1 卷第 2 期，1934 年 8 月，第 7 页（文页）。
② 阎焕文：《文化学》，《新社会科学季刊》第 1 卷第 3 期，1934 年 11 月，第 97 页；《中国文化论》，《新社会科学季刊》第 1 卷第 4 期，1935 年 3 月，第 91 页。
③ 本段及以下几段，分见阎焕文《文化学》，《新社会科学季刊》第 1 卷第 3 期，1934 年 11 月，第 96、99、101、103～104 页。

学"中，再分为"自然科学""中间科学""人文科学"三类；在"人文科学"中，又分为"社会科学""精神科学""文化科学"三类；"文化科学"又有"价值科学"和"历史科学"之分。而他提倡的"文化学"是与"历史学""人类学"等学科并列的作为"历史科学"下属的一门学科。阎焕文指出：

> 文化是具体的概念，当然文化学是属于实质的科学；又文化是人类生命力的所产，自然属于实质科学中的人文科学；文化学既以文化作对象，无问题的属于人文科学中的文化科学；又文化最主要的性质，是时间的延绵和进展，不用问属于文化科学中的历史科学。

阎焕文根据文化问题研究的不同领域，将"文化学"分为几类不同的部门，主要是"文化生命学""文化性质学""文化构成学""文化类型学"。

"文化生命学"是"研究文化的发生、生长、接触、死灭、复活诸历程的学问"，是研究"文化学"的初步的工作。阎焕文认为，生命就是一种历程，凡有盛衰、起落的现象，都可以用生命解释。文化是人类生命力的表现，本身具有生命的特征。通过"文化有生命"的论述，阎焕文提出了对于"文化"概念的重要理解。在他的理解中，"文化"是由简单到复杂地生长进化的，不是一成不变的；历史上不断有新文化代替旧文化并承继旧文化的质素；文化的个体有生灭兴衰，而"全体文化"是具有永远的生命的，是与人类共存亡的。

"文化性质学"是"文化学"中研究文化性质的部分。所谓文化的性质有：

文化具有"时间性"，即文化是因时间的经过而产生的，是整个历史的产物，"是绵贯不断的东西"；

文化具有"社会性"，即文化是由社会规定的，"文化无论在甚么

174

时代，甚么地方，甚么种族，也是在人类社会中成长，由社会形态决定的"；

文化具有"地理性"，即文化受地理的影响，文化受位置、地形、水系、土壤及矿物、气候等地理要素的影响；

文化具有"生长性"，即文化"由幼而壮，由壮而老，生生不已，就成文化进化的历史"；

文化具有"生活团体性"，即文化是"由职业团体而异其特色的"，因为职业的分化永远存在，所以这一性质是文化的永久属性之一；

文化具有"融合性"，即两个以上的文化经过长久的时间，合而为一，原来的各文化失去其特色，完全产生一种新的文化，这就是"文化的融合"；

文化具有"分化性"，即一个个体文化因为政治的分立、民族的隔阂、信仰的不同，而分为两个以上的新的文化；

文化具有"关联性"，即文化是一个有机丛体，它的各部分之间都有很密切的关系，文化的任何一个"部面"有变动，其他的"部面"也随之变化；

文化具有"流动性"，即文化本身具有随人类移动而流动的性质，这是一切文化接触、移动和传播的条件；

文化具有"类型性"，即因不同民性、历史、自然环境，而有不同的文化，不同文化的"文化心核"或云"心理倾向"各不相同，文化各价值中有一种价值居于指导地位，形成不同的文化类型。

以上文化的 10 种性质，不是孤立的、各不相关的，阎焕文认为："文化是复杂的东西，它的性质也是复杂万千。我们研究文化的时候，只知其一而忽视其余的性质，就不能了解文化全体的现象，而得出关于文化的正确不易的法则了。"①

---

① 本段及以下几段，分见阎焕文《文化学》，附录于黄文山《文化学论文集》，第 66 ~ 84、88 ~ 91、111 ~ 113、131 ~ 133、124、126 页（文页）。

"文化构成学"是关于文化的构造的部门，即文化是由哪些要素构成的。通过文化的构成才能了解文化的内容。阎焕文将构成文化的要素分为"永久的要素"和"初期文化暂有的要素"。"永久的要素"包括创造、模仿、物质环境、协同、传统、改革六个方面，"初期文化暂有的要素"包括斗争、支配、民族移动、宗教的力量四个方面。

"文化类型学"是"观察世界史上各文化集团的文化的特征，寻出其中相同的征状，给它几个确定的类型"的学问，这一部门，对于历史的认识有重要的作用。阎焕文根据民族文化的特性，将文化按类型分为政治型、伦理型、理论型、宗教型、艺术型、经济型等六个基础类型，此外再设一复合型作为补充。

以上这几个部分，在阎焕文的论述里，被概括为"理论文化学"，与之相对应的，还有讨论文化应用等实际问题的部分，阎焕文称之为"应用文化学"。"应用文化学"包括以下这些部门。

一是"文化生理学"，是根据文化生命学的原理来研究文化"生机盛衰之所由来"的实用的专门科学，这是应用文化学的基础。

二是"文化诊断学"，根据文化生理学的理论来诊断某阶段、某一方面文化是否健康，这是应用文化学的中坚。

三是"文化病理学"，诊断了文化的病态后需要研究其病源的所在、病的成因及情态，这是研究应用文化学不能忽视的学科。

四是"文化治疗学"，对研究出的文化的病症加以治疗。

五是"文化建设学"，研究如何积极地建设我们的新文化。

六是"文化受用学"，研究如何享受文化的利益而不受其害，这是研究"文化学"的"目的之目的"。

阎焕文还论述了文化的法则问题。如阎焕文所说："科学的性质虽有种种，但一般说来，则为一定的法则……如果科学必具有法则这句话能成立，那么，文化有法则没法则的问题，就成了文化学是否是科学的问题，也就是，文化学是否能成立的问题了。这是文化学生死存亡的关头，我们不能放过的。"阎焕文认为："文化幸而有法则，不过文化的法则，不是自然因果的机械法则，而是相生、相因、相继、互异的进化法则。我们对文化的发展，只能推定其或然，不能定其必然。"阎焕文将文化的法则归纳为：

文化盛衰之法则——"无论哪一个文化，虽时间上有久暂，都免不了由生而长，由盛而衰，由衰而亡等现象"；

文化延续之法则——"老衰而死亡的文化，虽然与世长辞，但绝未消失，他的特质仍为新兴文化所继承，永存于人类世界"；

文化创造之法则——"无论哪种文化都有他们特殊性，不是一味模仿承受他人"；

文化移动之法则——"无论哪种文化都有不固着一地而流动不居的现象"。

在阎焕文的"文化学"理论中，对他的文化观最有影响的，是"文化的异源同流论"。这一理论赞同德国"文化区"派的理论，阎焕文对此是这样阐述的：

> 文化发生于一个以上的地方，起初各自发展，形成各具特色的文化，因为民族的接触，互相融合，成为几个较大的文化；这较大的文化，又因交接合而为一，成一个世界化的文化（不是单一文化，也不是统一文化）。

如是，世界历史上文化的源流大致呈现为：埃及文化和巴比伦文化合成西洋文化，中国文化和印度文化合成东洋文化。两者再合成世界化的文化。而墨西哥文化则变成了"死灭"的文化。[①]

另一个非常重要的法则，是两种文化接触的法则。文化的接触被阎焕文列为"文化学"范畴中很重要的问题。尤其是两种不同文化的接触，会发生什么样的现象，阎焕文进行了严密的论述。他指出两种程度相等而性质相异的文化接触，会经过最初的斗争期、中间的平衡期，但

---

① 阎焕文：《文化学》，《新社会科学季刊》第 1 卷第 3 期，1934 年 11 月，第 107 页。

最后"两个文化把他们固有的特质互相融合，形成一个新的文化"，这是自然的归宿。而两种程度不等的文化接触，最初会有高级文化对低级文化的"侵略"现象，这在"文化学"上叫作"文化的争夺"；中间会经过低级文化团体成员的反抗，做国粹运动，起思想论争，因而引起"大骚动、大革命"；最终程度低的文化不能抵抗程度高的文化，被较高的文化所压倒。①

三 中国文化论

阎焕文倡导"文化学"，同样是为了论述自己的中西文化观。他所关注的最重要的问题，还是"中国文化的将来"。阎焕文认为："现在是中国的危急存亡的时候，这个问题的解决，实在是刻不容缓的。"②只不过"于讨论中国文化之先，对于文化是什么这个问题，不得不说明一下"。为了以自己的"文化学"理论来说明中国文化和中西文化观，阎焕文又专门写了一篇《中国文化论》，发表于《新社会科学季刊》。

在这篇文章中，阎焕文继续论述他在《文化学》中提出的"文化的异源同流论"。这个观点针对的是西方学者的"文化多元说"和"文化一元说"。阎焕文主张文化是多元的，但"现代的世界交通频繁，民族成见渐薄弱，将来未尝不可以互相融合为混一的文化。不但是将来，现在这倾向已很浓厚了"。他从这一观点出发，指出中国是世界文化的发源地之一，发源所在，就是黄河下游的大冲积平原。经过四千年的发展，中国原有的文化（固有的汉族文化）与印度文化、西洋文化有了接触，实际上形成了三者共同组成的"中国文化"。这个"中国文化"，实际上就是"异源同流"的结果。

---

① 阎焕文：《文化学》（续），《新社会科学季刊》第 1 卷第 4 期，1935 年 3 月，第 30、31 页。

② 本段及以下几段，分见阎焕文《中国文化论》，《新社会科学季刊》第 1 卷第 4 期，1935 年 3 月，第 91~98 页。

阎焕文的“文化的异源同流论”打破了孤立看待中国文化或世界其他各种文化的思维定式，为文化的融合和发展提出了一种新的认知路径，但这不等于各种文化之间没有相互区别的特征。从文化类型上，阎焕文将世界各种文化分为五种类型：“政治的类型”“艺术的类型”“经济的类型”“宗教的类型”“理论的类型”。阎焕文指出，希腊文化属于“艺术的类型”，英美文化属于“经济的类型”，印度文化和希伯来文化属于“宗教的类型”，德国文化属于“理论的类型”，中国文化与罗马文化属于“政治的类型”。在政治的类型中，中国文化与罗马文化又有不同，罗马文化带有法治的特点，而中国文化属于“伦理的政治类型”。各种不同类型的文化，其内容的丰富程度不同，这是对它们进行比较分析时的基本依据和标准。因为类型不同，也影响到不同文化各自的发展方向。对于文化发展的前景，阎焕文给出的原理是：

> 凡一种文化，它的组成因子越多，它的内容越丰富；它的生机也越旺盛。换言之，一种文化越与其他的文化接触（当然是较其文化本身高等的文化）的越多，它的内容越丰富，进步越快。

基于这一原理，对于当时的中西文化争论，阎焕文既反对所谓发扬中国固有文化，也反对根本破坏中国固有文化而主张西化，而是主张“创造‘新中国文化’”。他认为反对和拒绝外来文化的态度，因为不合现代的潮流，已经被采取西洋文化的态度完全打败，但后者虽然名曰“新文化运动”，“细心观察起来，不过是西洋文化的宣传队！这样的新文化运动，不能叫新文化运动，只叫做西洋文化扩张运动！……我们反对国粹派的保守主义，更反对欧化派的捧角主义。我们的主张是创造‘新中国文化’”。

阎焕文认为，“创造‘新中国文化’”要从“建设一种新人生观入手”，这个“新人生观”的中心思想，就是“文化的人本主义”，即以人类作为宇宙的最高主宰者，以文化作为人生的最高理想。只有如此，中国文化才能在将来寻得出路。而在各种文化接触的现实中，这种"创造"又必然是与西方文化融合而成"新"的文化。这种趋势，又是符合他的"文化的异源同流论"的。阎焕文指出：

> 印度文化在中国已成风前之烛，不成问题，中国固有文化也一天一天的减少他的浓度，西洋文化却是一天比一天在中国占势力起来，但中国固有文化既有四千余年的传统，又是民族性的产物，当然不致死灭的，将来和西洋文化融合，成一种富创造性的新文化不是不可能的。

从基本面上来看，对于当时的文化运动，阎焕文都持肯定的态度。尤其是国民党当局正在进行的"科学化运动""新生活运动""文化建设运动"，阎焕文认为，这些运动将中国文化从衰老的命运中拯救出来，以建设"新中国文化"。[①]

就"文化学"的倡导而言，阎焕文的直接贡献仅限于此。他一度是一个积极的参与者，也主要是为了配合自己参与文化观的论争而发表观点，后续未见更多更系统的著述。但阎焕文对文化论战和"文化学"建构的热心参与，充分显示了文化论争对于学科意识自觉的推动作用。阎焕文在此过程中，与黄文山等人有较多的交流，也从另一方面反映了"文化学"倡导中的互相呼应，这在后文中还会论及。

---

① 阎焕文：《文化学》（续），《新社会科学季刊》第 1 卷第 4 期，1935 年 3 月，第 29 页。

第四章

执著者的建构："文化学"的
系统理论著述

"文化学"的学科提倡到 1930 年代中期已经形成潮流，但系统的理论著述出现稍晚。这一方面是学科新建的难度使然，另一方面也是因为当时重在思想争鸣，发表观点主张的愿望较之进行理论阐述更为紧迫。在系统的"文化学"著作出现之前，有一些著作在论述中国文化问题时，对文化的理论问题有所述及，如梁漱溟的《东西文化及其哲学》、张君劢的《明日之中国文化》等；也有少量的著作，以文化理论作为研究对象，试图对"文化学"的基本问题提出一些综合和概括，如孙本文的《社会学上之文化观》《社会的文化基础》《社会学原理》《文化与社会》，叶法无的《文化评价》《文化与文明》等。[①] 1935 年文化论战以后，倡导"文化学"的部分执著学人，已经着手或立志进行"文化学"的系统理论著述。黄文山、陈序经、朱谦之等人，学术背景和文化立场不尽相同，对于"文化学"的理解和阐释也各不相同，而受西方学术理论的启发、对时局和思潮的感应，和对于建立"文化学"新学科的强烈愿望，则是共同的。

---

① 梁漱溟：《东西文化及其哲学》，商务印书馆，1922；张君劢：《明日之中国文化》，商务印书馆，1936；孙本文：《社会学原理》，商务印书馆，1935；叶法无：《文化评价 ABC》，世界书局，1928。

第一节　黄文山的"文化学体系"

一　"文化学体系"的著述

"文化学"是黄文山一生最重视和用力最多的学术事业。黄文山关于"文化学"系统著述的最终成果是《文化学体系》，这部书虽然出版于1960年代，但其中的主要部分完成于1949年以前。

黄文山对于他的"文化学"有一个宏大的写作计划，他在民族学、社会学、哲学、史学等领域都有大量的研究和译述，这些著述总体上都是围绕着"文化学体系"建构的。如前所述，自20世纪20年代以来，他先后翻译和撰写了《社会进步》（1929年）、《当代社会学学说》（索罗金原著，黄文山译，1930年）、《德国系统的社会学》（阿贝尔原著，黄文山译，1933年）、《社会法则》（哈尔原著，黄文山译，1935年）等著作。自1930年代起，黄文山致力于《文化学体系》的撰著，这一事业持续了30多年，其写作可以分为三个阶段。

第一个阶段，1934~1938年，黄文山在中央大学和中山大学任教的一段时期。当时黄文山大胆提出创立"文化学"之建议，著有《文化学的建筑线》《文化学的方法论》《社会法则论》《文化的分类》等论文，[1] 主张"文化学"应该建立起来，成为独立的学科，并对其中一些方面的问题进行了初步的探讨。1937年，中日战争全面爆发，各种文化机关面临内迁，为使文章不致散失，黄文山乃在广州搜集有关文字，刊印《文化学论文集》。

第二个阶段，1940年代。1939~1941年，黄文山再度到美国，在

---

[1]　分别载于《新社会科学季刊》第1卷第2期、《社会建设》第2卷第5~6期、《新社会科学季刊》第1卷第3期、《大陆杂志》1934年第8期。

纽约新社会科学研究院和加州大学等搜集资料，1942 年回国，在重庆的中山文化教育馆开始写作《文化学体系》，抗战结束时，完成了上册书稿，[1] 但直到 1949 年大陆政权易手，全书并未完成，只有"文化学在科学体系之位置"一章，曾由岭南大学西南社会经济研究所作为专刊出版。另外将《文化学体系》的部分篇章，作为单篇论文发表，如《文化学的建立》《文化学的方法》《文化学上的科学的比较方法》等，[2] 他表示："本期写作，志在说明文化学之对象范围，方法，原则，与文化结构之类型"，同时，也为了完成《文化学体系》，"以求真自矢，除对诸家学说，叙述弥详之外，欲由博反约，抉择群言，归于一宗"。[3] 这一阶段本来黄文山试图利用抗战胜利后学术恢复的有利形势，将《文化学体系》的撰述全面展开，同时集合有专门研究的同行，在具体文化问题上有所推进，但因政治时局的快速变动，而未及如愿。

第三个阶段已经到了后来的 1960 年代，此时黄文山才最终完成并出版《文化学体系》。该书的上篇和中篇基本上是 1949 年前写就或已经出版的原稿，有的篇章进行了文字上的修订，大体与原文一致。下篇为后来补写内容，所占篇幅不大。[4]

黄文山追求的，是通过这样的撰述，将"文化学"往"成体系的科学"的方向上引导。他指出：

> 过去百年间，史学，人类学，社会学对于文化资料，已经堆积

---

① 黄文山：《文化学在创建中的理论之归趋及其展望》，《社会学讯》第 8 期，1948 年 12 月，第 9 版。

② 分别载于《社会科学论丛》新 1 卷、《广大学报》复刊第 1 卷第 1 期、《中华文化学术专刊》第 1 卷第 1 期。

③ 黄文山：《文化学在创建中的理论之归趋及其展望》，《社会学讯》第 8 期，1948 年 12 月，第 9 版。

④ 本节主要根据黄氏 1949 年以前完成和发表的篇章，兼及最后出版的完整的《文化学体系》，探讨他的"文化学体系"的主要内容。

183

得不少。文化的测量当然是需要，但目前创建文化学，其最大的急务，似不在搜集资料，而在把既存的资料，予以类化，及作合理的选辑的排列，进一步把文化学建立成体系的科学。

黄文山心目中的"文化学"是一种以理论性为主的"概推的科学"，"文化学"在创建的时期，除了要说明这种科学发展的过程、"文化学"在人类科学中的特殊任务与在整个科学体系中的位置之外，当务之急不是详细讨论人类行为的物理的、生物的、心理的、社会的决定论或"先文化学"的问题，反之，它应该探究文化现象的结构与动力、文化的法则等更重要和基本的问题。他将"文化学体系"做了有层次的划分。

文化学体系似可分为两方面：

第一，普通的文化结构学，研究（甲）发生的文化现象之结构与合成（约略与生物学对生命现象的细胞之构成，或物理学的原子之研究相符合）；（乙）文化体系的主要结构类型及它们间的相互关系，建立文化结构的学说。

第二，普通的文化动力学，研究（甲）覆演的文化历程——文化特质与体系的发明，传播，统整与崩解，融合与积叠；（乙）文化历程的节奏，拍子，循环，倾向，振动——以及文化变迁与进化的一般问题，建立文化动力的学说。

至于特殊的文化学，则专究特殊类别的文化现象之发生的覆演的方面及其关系，建立各个现象的结构与动力的学说。所谓文化现象的特殊类别，例如宗教文化学，知识文化学，艺术文化学等等属之。①

---

① 以上引文，均见黄文山《文化学在创建中的理论之归趋及其展望》，《社会学讯》第8期，1948年12月，第21版。

二 "文化学体系"中的"文化"

作为一门独立的学科,基本概念是学科建立的基础。那么,"文化学"这一门学科主要的概念有哪些,是必须详细加以说明的。如前所述,"文化学"首先遇到的概念,便是"文化"与"文明",这恰恰是一对争论不休的概念。黄文山在《文化学的建筑线》一文中,就将"文化"定义为:

> 文化是人类为生存的需求,在交互作用中,根据某种物质环境,由动作、思想、和创造产生出来的伟大的社会丛体。

这一定义在后来的《文化学论文集》《文化学体系》中都没有变化。[1] 这一定义综合了"唯生论"的"文化"概念和主流人类学关于"文化"是一个"复杂丛体"的基本观念。其中"生存需求"指的是人类互助合作的生存方式所依赖的工具,"文化领域内的一切事物,无一不是人类为着生存的需要而产生的"。"交互作用"是指人类系以集团的形式生存,文化是人类互相关联的行动或者人与人之间的活动而使集团存在的"函数"。"物质环境"是指文化产生的根据、物质条件。"动作、思想和创造"是指文化不仅是人类行动产生的总体,而且也是思想和创造的结晶,不可偏于一端。"伟大的社会丛体"是指包括各种模型(交通运输、家庭、衣食、产业、政府和战争、艺术、神话和知识、宗教、娱乐和游戏)的共同的和普遍的文化结构。[2]

在这个基本问题上,黄文山是在与另一位学者朱谦之讨论的基础

---

[1] 黄文山:《文化学的建筑线》,《新社会科学季刊》第 1 卷第 2 期,1934 年 8 月,第 7 页(文页);《文化学建设论》,载氏著《文化学论文集》,第 12 页;《文化学体系》,第 9 页。

[2] 黄文山:《文化学的建筑线》,《新社会科学季刊》第 1 卷第 2 期,1934 年 8 月,第 8 页(文页);《文化学建设论》,载氏著《文化学论文集》,第 12 ~ 15 页;黄文山:《文化学体系》,第 9 ~ 12 页。

上，阐述自己的见解的。朱谦之根据米田庄太郎"文化"与"文明"区别的观点，认为：

> 文化与文明的确有些区别，也是事实。德人所倡导之 Kultur 概念，实为精神文化的概念（即宗教、哲学、科学、艺术等知识生活），英美所倡导之 Civilization，则实为社会的文化概念（如政治、法律、经济、教育等社会生活）。①

朱氏由此出发，更把文化的研究领域划分为二："只要是人类生活的表现，便都可以叫做文化，但同在文化之中，因为研究的对象不同，自然而然可以分文化学为两大部门，一个研究 Kultur 即知识的文化生活者，为'文化哲学'，一个研究 Civilization 即社会的文化生活者，为'文化社会学'。"

黄文山没有纠缠于这一争论，他指出，德国派的观念是受浪漫主义的影响，所以特别着重文化的"生的原则"（Vital Principle），以及其发展的戏剧的特性与人格对于它的创造之职能。法国观念却是承袭古典主义的余荫，所以特别侧重秩序、理性和精神，而把这些都看作文明的卓著的标记。黄文山认为两个概念之间大同而小异，在可以分别使用的同时，也可以忽略其哲学层面的差异，径用"文化"来进行论述。黄文山认为：

> 我个人同意人类科学的看法，认为这两个名词是同义的，不过在实际上，二者可以分用。"文化"可以专指社会的共业，"文明"则可视为比较进步的文化之特殊方面的标志。这样我们可以省却名词上的哲学争论，而以后可以集中于文化的科学的概念之分析了。②

---

① 本段及下几段，分见朱谦之《文化哲学》，第 8、9 页。
② 本段及下几段，分见黄文山《文化学体系》，台北：中华书局，1968，第 69、70 页。

黄文山从自己的学术素养出发，没有从哲学上去寻找"文化学"学科的基本概念，而是从人类学的领域中确定其基本构架，以"文化"来认识和指代人类生活的一切，指代自己的研究对象。他明确提出："文化的科学概念在现代的产生，我们不应求诸哲学，而应求诸'人类科学'Anthropological Science。人类学家所谓'文化'，涵义极广，实际也可说是包括人类生活的整个领域。"

黄文山赞同"文化"乃是一种"自成一类"的现象，本身具有独特的历程、变动的机构，特质上也有相互的关系，因而文化现象要由"文化学者"来研究。黄文山首先对文化的特征、定义和分类进行了阐述。他将文化的特征析言如下。

第一，文化具有"周遍性"：文化在空间上不是孤立的，而是周遍的。各种文化的内容，大致相同。

第二，文化具有"累积性"：文化的本质是积累的，是不断地把文化的基础形成和扩大，不断增进。

第三，文化具有"赓续性"：文化在时间上具有赓续性，古代某些文化虽已消失，但其文化质素被后来文化所吸收，构成现代文化的精蕴。

第四，文化具有"移动性"：文化是相互影响的，在今日交通便利的时代，文化的孤立状态已经没有可能。

第五，文化具有"类化性"：文化质素输入新区域后，原有质素会跟着环境改变。现代文化的复杂性，是文化"类化"或"涵化"的结果。

第六，文化具有"功用性"：文化的构成部分是相互依倚的，或至少是局部统一的。

第七，文化具有"物观性"：文化某种质素的变动，往往引起其他质素的变动，物质生活的变迁，会引起其他文化质素的变迁。[①]

---

① 黄文山：《文化学的建筑线》，《新社会科学季刊》第 1 卷第 2 期，1934 年 8 月，第 5 ~ 7 页（文页）；《文化学建设论》，载氏著《文化学论文集》，第 8 ~ 11 页；《文化学体系》，第 7 ~ 9 页。

关于文化的分类，黄文山评介了西方学者关于文化分类的 14 种理论，鉴于"文化在人类史的某阶段上，终久是一种顺应的历程"，并"根据行为主义的观点，和文化功能学派的理论，把文化看作一种客观的动的历程"，提出如下的分类：构成"物质社会环境"（Physical-Social Environment）的一切"物质文化现象"（Material Cultural Objects），如器械、工厂和其他物质工具；构成"生物社会环境"（Bio-Social Environment）的"显现的文化行为"（Overt Cultural Behavior），如技能、艺术、政治训练、制度创设；构成"心理社会环境"（Psycho-Social Environment）的象征行为，或言语反应；"象征的文化物象"（Symbolic-Cultural Objects）。

第一类是指所有的物质工具，第二类实际上是指创造文化的所有的人类的行为，第三类是指言语、文字和思想形式，这是人类最伟大的文化造诣，第四类是指偶像、庙宇、艺术品等含有特殊意义的事物。[①]

黄文山在文化的分类中注重的是文化的动态历程。他强调，只有按照以上的分类，才能显示出文化不是静的"遗产"，而是由"活动的顺应的历程"创生出来的"共业"。黄文山指出：

> 第一因人类对于周遭的自然之顺应，所以利用自然原料供营养的需要，与衣食住的获得。第二，因社会成员的相互关系，所以有性的生活和社会操行的形式之创生。第三，因人类有主观的行为，所以有艺术、宗教、道德与科学之表现。这些文化生活的诸方面都是互相关系的，然而这种关系并非一成不变，所以我们现在对于文化的观察，侧重其动的历程，注重其历程之顺应作用。我们相信任何的文化分类，如能满足今日社会科学的需要，必要

---

① 黄文山：《文化学的建筑线》，《新社会科学季刊》第 1 卷第 2 期，1934 年 8 月，第 17～18 页（文页）；《文化学建设论》，载氏著《文化学论文集》，第 32～33 页；《文化学体系》，第 26～27 页。

把静止的观念取消，转过来由新的观点去抉发爬梳，才能得到相当的结果。①

三 "文化学"在科学体系中的位置

对文化的概念有了基本的确认之后，便具备了对"文化学"的范畴进行规定的基本条件。"文化学"是什么？在解释这一定义时，黄文山指出有两点必须予以注意：第一，"文化学"的对象，未曾经过任何社会科学或文化科学的系统研究，换言之，"文化学"研究文化现象所采取的观点，与任何社会科学或文化科学绝不相同。第二，"文化学"所研究的文化现象或体系及其研究所采取的观点，不特在逻辑上为一致，而在科学上也很重要。② 关于"文化学"的定义、学科范畴及与其他学科的界限，黄文山在1934年发表的《文化学的建筑线》等文中就已经给出了初步的阐明。"文化学"是什么？黄文山指出："文化学是以文化为其研究的对象，而企图发见其产生的原因，说明其演进的历程，求得其变动的因子，形成一般的法则，据以预测和统制其将来的趋势与变迁之科学。"③ 30多年后他在编写《文化学体系》一书时，对"以文化为其研究的对象"做了进一步的说明，改为"文化学是以文化现象或文化体系为其研究的对象"，④ 但基本的含义大致相同。

这里最重要的问题是，首先必须认识到"文化学"是如历史学一

① 黄文山：《文化学的建筑线》，《新社会科学季刊》第1卷第2期，1934年8月，第18页（文页）；《文化学建设论》，载氏著《文化学论文集》，第33～34页；《文化学体系》，第27～28页。

② 黄文山：《文化学的建筑线》，《新社会科学季刊》第1卷第2期，1934年8月，第19页（文页）；《文化学建设论》，载氏著《文化学论文集》，第34～35页；《文化学体系》，第28～29页。

③ 黄文山：《文化学的建筑线》，《新社会科学季刊》第1卷第2期，1934年8月，第7～9、19页。

④ 黄文山：《文化学体系》，第28页。

般的"个体科学"，还是如物理学、化学、生物学一般以"概括化"为手段的"概括科学"？因为两类学科的方法和特征完全不同。受博厄士的影响，黄文山认为以"文化"为术语、以一种"文化取向"（cultural approach，黄文山称为"文化搜讨"）为研究社会现象的方法，是可取的，因而"文化学"是一种概括的科学。

一门新学科的产生及其独立存在，最重要的是要厘清与其他学科的关系。有学者认为，"文化学"和社会学本身是不能加以确分的，"文化学"就是用"文化"的术语研究社会现象的特殊的社会学；有的学者认为社会学就是研究文化的科学。针对许多人认为社会学就是"文化学"，黄文山提出："社会学如要成功一种特殊的社会科学，它决不能采取综合的观点，兼收并蓄，无所不究。至于探研文化理论和文化法则的科学，当然要让给新兴的文化学去担负才对了。"社会学是研究社会行为、社会历程、社会关系、社会组织的学科，而"文化学"是研究文化的起源、文化的演进、文化的动力及法则的科学。"文化学"的形成，与社会学的形成有着相似的经历，即如何从一个一般的概括性的学科成为一个特殊的确定的学科。社会学的基本趋势是在从一般的概括学科转变为一种特殊的社会科学，因此不可能也不应当兼收并蓄地探讨所有的问题，这样一来，探研文化理论或者文化法则的科学，当然要让位于新兴的"文化学"来担负。黄文山指出："在最近的趋势看来，社会学既要成为一种特殊科学，或渐成为一种特殊科学，所以我主张新兴的文化学应该是研究文化的一般科学……现在最好遵照学术进化的通则，把社会学的地位提高，完成其特殊科学的地位，至于'综合社会学'所侧重的文化进化的一般问题，文化生活的根本方向与法则的研究，今后应让给文化学去探讨。"至于和文化人类学、文化社会学的关系，黄文山认为"文化学"是比两者更为综合的一种学科。他说："我觉得文化人类学和文化社会学的界线，非常混淆，现在既有自称为'文化学者'（Culturists）的，以研究'文化的科学'（the Science of Culture）为己任，则我们又何妨进一步，把这类的研究，叫做‘文化学’（Culturology）。”①文化本身是一种独立的现象，又因文化人类学和文化社会学的发展，文化的研究已经具备了成为独立学科的能力。对于“文化学”来说，它并不是要“篡夺”社会学，对于社会学来说，它也没有必要拒绝“文化学”成为独立的学科。

正因为“文化学”是一种“概括的科学”，它的目的在于提供一种抽象的法则，或是提供一种模型，来叙述文化和历史演变的同一性或变易度，或文化变易性之间的关系，因而“文化学”与特殊的社会科学或文化科学，如经济学、政治学的区别，就显而易见了。“文化学”是研究最高层次的文化现象的，而每种文化科学或社会科学只是研究文化现象的某一特殊方面的。黄文山认为，“文化学”与特殊社会科学的关系可以做如下的表述：

> 文化学的范围当然包括一切文化现象的共通质素和关系之一种研究，至于每种文化科学（或社会科学）则只能顾及文化现象的某一个特殊方面，作窄而深的探讨。②

因此，“文化学”与经济学、社会学、政治学等，便得到了明确的划分而独立出来。

作为科学的“文化学”，又有其与一般物理、化学、天文学等不同的特殊性。这一科学不是通过实验或者仅仅通过直接观察来进行研究。黄文山阐述了“文化学”的独特之处在于：

---

① 黄文山：《文化学的建筑线》，《新社会科学季刊》第 1 卷第 2 期，1934 年 8 月，第 22、24～25 页（文页）；《文化学建设论》，载氏著《文化学论文集》，第 40、43～44 页；《文化学体系》，第 33～34、36 页。

② 黄文山：《文化学的建筑线》，《新社会科学季刊》第 1 卷第 2 期，1934 年 8 月，第 27 页（文页）；《文化学建设论》，载氏著《文化学论文集》，第 48 页；《文化学体系》，第 38 页。

　　文化学是一种"文化的科学"（Cultural Science），而不是一种自然的科学……所以它也是一种"目的的科学"（Teleological Science），一种"理解的科学"（Understanding Science）……文化学者是要理解他所研究的文化事象之"目的"，是要从客观上评判文化事象的价值。

　　文化学是一种"经验的科学"（Empirical Science），而不是一种"臆测的科学"……同时要采取观察与经验。

　　文化学是一种规范的科学……文化学亦与其它社会文化学一样，不特产生了它的规范，而且成功了规范的科学（Normative Science）……文化学，在很远的未来，也许可以发见文化变动的正确的法则有自然法则同样的正确性，但因文化体系的构成与自然体系的构成不同，故研究文化体系的文化学，在较近的将来，不能离开它的规范性，这是客观的事实。①

　　这种"文化学"研究的模式主要有：一是文化"类型关系"（Type-relations）之研究；二是"文化序列"（Cultural Sequences）之找寻；三是文化变动的探讨。四是以文化变动当作相互关系的变动之一种函数来研究。②

　　经黄文山组织的"文化学"的概念可以分为 4 大类 21 种：③ 其中关于文化组织与文化内容者有 4 种："文化特质"（Culture Trait）、"文化丛结"（Culture Complex）、"文化模式"（Culture pattern）、"文化基础"（Culture Base）。关于文化构成的状态者有 5 种："社会遗业"（Social Heritage）、"文化发明"（Culture Invention）、"文化假借"

---

① 黄文山：《文化学及其在科学体系中的位置》，岭南大学西南社会经济研究所，1949，第 62～64 页。

② 黄文山：《文化学的建筑线》，《新社会科学季刊》第 1 卷第 2 期，1934 年 8 月，第 28～29 页（文页）；《文化学建设论》，载氏著《文化学论文集》，第 50～52 页；《文化学体系》，第 40～41 页。

③ 本段及以下几段，分见黄文山《文化学体系》，第 72～76、223～251、253 页。

（Culture Borrowing）、"文化改进"（Culture Improvement）、"文化涵化"（Culture Acculturation）。关于文化发展者有 7 种："文化并行论"（Culture Parallelism）、"文化播化论"（Culture Diffusionism）、"文化浑融"（Culture Convergence）、"文化分歧"（Culture Divergence）、"文化延滞"（Culture Lag）、"文化猛进"（Culture Thrust）、"文化凋谢"（Culture Lapse）。关于文化的方法及位置者有 5 种："文化区"（Culture Area）、"文化境"（Culture Region）、"文化段"（Culture District）、"文化中心"（Culture Center）、"文化边缘"（Culture Margin）。这些概念是黄文山论述其体系的基本范畴。

文化当然是广博无限的，但是也可以还原到几种最重要的文化体系，这些体系有相互从属的，也有相互并列的。根据这样的原则，黄文山将文化体系划分为以下诸多类型：语言体系、宗教体系、艺术体系、伦理体系、哲学体系、科学体系、法律体系、经济体系、政治体系、技术体系。在这 10 种基本体系之外，当然还有许多的体系，但都由这 10 类体系的元素结合而成，相互多重从属，从而构成无限的结合，成为混合的和派生的体系。

文化体系与社会体系是不同的。理解这一区别在学科的建立和方法论上十分重要。黄文山指出，社会体系分为 10 种集团：家庭集团、区域集团、民族（或语言）集团、经济（或职业）集团、宗教集团、政治集团、科学（或技术）集团、艺术集团、伦理集团、教育集团及其他。文化体系与社会体系的差别在于：第一，文化体系是内容，社会体系是形式。第二，社会体系是文化体系的持续者而不是其创造者。第三，作为文化体系的秉持者之社会体系的类型之区分，第一种类型是文化价值的特殊种类之秉持者；第二种类型是文化价值的兼容并包式的秉持者。第四，社会体系与文化体系的性质不是同一的或契合的。过去"文化学"之所以不能从社会学中脱颖而出，就是因为忽视了两个体系之间的区别。把两个体系混为一谈。黄文山指出：

至于旧型的分类（混合的分类），在文化与社会的世界中，如果当作真正的体系，实在无存在的可能。假如先前的分类，依然继续下去，则文化学与社会学的分线，就无从开端。我们根据文化体系与社会体系的这种判别，对于更广博的文化体系之结构和动力，便可以作进一步的研究了。

关于"文化学"在知识组织与科学体系中的位置问题，黄文山在1940年代初就曾拟议，希望加以确定。黄文山观察到，由于学者本身的基本哲学不同，或者对于某一方面科学的地位发生特别的兴趣，所得到的分类便受到影响。自19世纪以来，分类之说虽多，但大体上看，可以分为四种："第一类包括孔德、斯宾塞诸人的分类，其所侧重者为社会学或社会科学，对于具体与抽象科学之区分，特别详细。第二类包括现代的交错分类与概念体系，对于第一类一方面是引伸的，一方面是补充的。第三类包括概念的、心理的、主观的体系，以冯德为代表，特别重视民族心理学在科学中的位置。第四类则注重人类学与文化学，如克鲁伯之流，已在此方面建立了一个簇新的基础。"[①]

对于前三种分类，黄文山均有所批评。黄文山认为其主要的缺陷是：大多数不能适用无间；偏重唯心主义与玄学观念，不能把握科学的实在性；鲜能脱出二元论的藩篱；依据的原则不正确，建立的体系不能具有相对永恒的价值与真理。重要的是，新的分类应当能够把新兴的学科在科学体系中的位置，明确地指示出来。黄文山所主张的，正是第四种类型，即致力于把"文化学"在知识组织和科学体系中的位置加以确定。在1949年出版的《文化学及其在科学体系中的位置》一书中，黄文山写道：

---

① 本段及以下几段，分见黄文山《文化学及其在科学体系中的位置》，第72、123、124~125页。

任何适当的科学分类，从理论上说，不但应该是结构的，而也应该是功能的，不应该是静态的，而应该是动态的，不应该是迫力的，而应该是自由的，不应该是保守的，而应该是创造的、发展的、演进的……科学分类现在已骎骎然进到第四类的领域，——即是文化现象，及以这种现象为研究对象的文化学及其在科学体系中的位置。

1968 年出版的《文化学体系》把这一意思表达得更为明白：

（孔德）首先给社会学在科学体系中排列一个新位置，此种眼光，实属伟大；自此以后，科学分类方才开始表现一个簇新阶段，而一切知识组织，也便完全为之改观。但孔德与当时的许多学者一样，不曾透视出"社会"与"文化"的分别，而以文化的研究仅属于社会的一面，所以一直等到文化学者如德之阿斯华德（Ostwald）、美之克鲁伯（Kroeber）、怀德（White）及我与陈序经之科学分类起来，才把文化学放在社会学之后，列为基本的科学，而科学分类的新体系方才告成。[1]

新的科学分类并不是凭空而生的。这一分类有着学术上的脉络与归趋，黄文山列举了前人对于这一趋势的贡献：德国学者文德尔班（Windelband）和李凯尔特对文化科学的见解和分类，他们的贡献在于把冯特的"精神科学"改为"文化科学"，尽管其含义还是"文化哲学"的阶段。狄尔泰对于"文化体系学"的概念之提出，即他提出的"精神科学"之一部分。斯宾塞早在 1876 年即把现象分为三大类：一为"无机体现象"，二为"有机体现象"，三为"超有机体现象"。"超机现象"的提出，避免了孔德把社会文化现象认为"有机现象"的谬

---

[1]　黄文山：《文化学体系》，第 358 页。

误。而这样的分类，也就是美国人类学家克鲁伯的宇宙四级现象区分的渊源。克鲁伯把宇宙间万事万物，分为四级现象：（1）无机界的物质现象；（2）有机界的生命现象；（3）有机界的精神现象或心理现象；（4）超有机界的现象或文化现象。这种分别，对于文化的研究，产生了很大的鼓励。①

与黄文山同时的一些中国学人，在这一方面也有论述。黄文山指出，何兆清的"层叠的宇宙观"颇为精密，尤以"文化层"之提出，足以表示此时期分类的一大特点，虽未给"文化学"赋予一个正当的位置，却已把文化哲学列入，这很可以表现此种分类，已有承认这种新兴科学的可能和趋势。刘任萍的"科学的新分类"把宇宙现象，分为"自然现象"与"社会现象"，而于"社会现象"之下，又区分为"文化现象""文明现象"与"学术现象"。陈序经"纯粹文化科学"的提出，把宇宙现象分为五大类，黄文山认为与他的见解"殊途同归"，亦可算是最前沿的一种。

在《文化学体系》中，黄文山在这一系列中又增加了两位学者，一位是奥斯瓦尔德，他把"文化学"在科学体系中提示出来，把"文化学"算是科学体系发达的顶点，被黄文山称为"超时代的见解"。另一位是怀特，他的"科学范围之扩大"说，把文化看作科学领域的新境界，不复以孔德、斯宾塞的科学序列为限，而"文化学"在科学上的位置及其与各科的关系，由是益为明了。②

综合上述线索，黄文山提出一种"科学的新分类"，其原则是：

> 第一、我们相信科学的观点与人文主义的观点，在最后，是可以融通为一的……一切人文主义的，乃至社会的、心理的、历史的、进化的观点，在最后的分析上，不能与科学的自然主义的观点

---

① 本段及下段，分见黄文山《文化学及其在科学体系中的位置》，第125～142页。
② 黄文山：《文化学体系》，第371、387页。

分离,相反地,却要与它融汇无间。

第二、科学分类首先要解答的问题,即是对于现象采取什么分类。陈序经把克鲁伯第四类别之社会或文化的超有机现象,分析为二,所以形成五种类别,就是无机的、有机的、心理的、社会的与文化的……正确的科学分类,毫无疑义,就应以这五个区别做根据。

第三、现象的这五个类别与自然顺序乃至科学顺序当然是互相投合的……自然的顺序,若从"实在"和"概念"为之区分,自可与上述的五种现象类别相应。科学的顺序,以自然的顺序为基础……如果我们再进一步,以为人类的知识,可以包含相关的哲学的、历史的、应用的科目,则这种顺序,亦即是包含知识与思想的整体。

第四、科学分类或科学体系只是知识的整个体系之一部分。知识的整个体系是统一的,其基础建在自然的顺序之上,且受现象的五种类别所决定。为着得到正确的科学分类或科学体系,则知识的整个体系之了解是必要的。

第五、科学的顺序与自然的顺序,有密切的关系,这点早为科学界所公认。①

因而黄文山吸收前人分类的合理因素,提出了自己的"科学分类",他把科学分为两大类:其一是具体的、经验的科学,在这范畴以内,又分为解析科学、叙述科学、应用科学三种,而解析科学则分为基本科与附属科。其二是抽象的、先验的科学,方法学、理则学、数学等科属于这一大类。

经过分类,产生的便是体系。黄文山说:"我们就在上述的原则之

① 本段及以下两段,分见黄文山《文化学及其在科学体系中的位置》,第143~153、155~156页。

下，提出这样的科学的新分类。但'科学体系'的名词，似比分类一名较为适当，所以我们既名之为科学的新分类，又叫它做科学的体系。"这是一种综合的结果。黄文山在这里所拟议的体系，与其说是一种创造，毋宁说是一种综合。在这一科学体系中，"文化学"占据着最高的地位。黄文山观察到，近代的科学体系，就在那些稳固的、历史的基础之上，不断地扩大。这不是个人主观的建立，而是科学发展的必然。黄文山强调：

> 文化学在这个科学的体系中占最高的位置，纯由文化现象的发见，兴起不久。这不是随便构成，它是现代学术进步的归趋与必然，凡研究过近百年科学发展史的，应该知道科学的生长是依照如下的层次：解剖学、生理学、生理学的心理学、心理学、个人心理学、社会心理学与社会学，最后则为文化学。

四 "文化学"的方法论

黄文山认为，"文化学"既然脱胎于文化人类学和文化社会学，其方法自然也来源于上述两者。"文化学的产生，既由文化人类学与文化社会学孕育而来，故在今日而研究文化学的方法论，自不能脱离两者的方法和概念。自历史上看，文化人类学的基本学理，奠自十九世纪初叶，其后的形式，则由三种概念组成。这三种概念，第一为'语言系统'（Linguistic Fanmilies）之发见（约在一八〇八年）；第二为达尔文的进化论之创立（一八五二年）；第三为'生物测量法则'（Biometric Law）之建立（约在一八七〇年）。"[①] 但"文化学"既然要成为独立的学科，"文化学"的研究方法必然也有自己的特殊性。黄文山说：

---

① 黄文山：《文化学方法论》，载氏著《文化学论文集》，第59页。

（文化学）是可以成为一种独立的科学的，不过这种科学所采用的科学方法，并非自然科学的实验法所能包括。如果更进一步，我们更可断定文化学的现象有自己的层次，有自己的法则，因此文化现象——不论在结构上的体系，或动态上的变迁历程——似应有自己的研究方法。①

在对历史上的进化论派、传播论派、历史主义学派及新近出现的功能学派、唯物论派进行评论的基础上，黄文山致力于建立一种综合的"文化学"方法论。他认为：

在文化学的方法论之问题，乃如何联合各种现存的技术之确当元素，和如何能把由批评和实验得来的元素，综合起来，以造成适当的体系之问题。②

为此，黄文山提出了四种模式的研究方法。

第一是"自然科学的方法"（Natural Science Method），其"主要特征，在乎分析各种事物间的互相关系，进而加以综合的考量，以求得事象间一致的序列或法则，作预料的根据"。

第二是"发生说明的方法"（Genetic-Explanatory Method），"不着重实验的分析，而专注意迹寻现象的历史，表明其发生的原因"。

第三是"期成论的方法"（Telic Method），其特征是"在乎求出现象对于观察者给予的意义，而不在乎说明现象本体的性质"。"期成论"又译"目的论"。

第四是"款式论的方法"（Stylistic Method），"从美学上，看某种物象与我们关于形式、比例、及平衡的统觉之习惯，是否调和"。

---

① 黄文山：《文化学及其在科学体系中的位置》，第61页。
② 本段及以下几段，分见黄文山《文化学方法论》，载氏著《文化学论文集》，第86～89页。

但是这四种方法，范围太大，不能反映具体研究的程序。黄文山又将各种方法加以概括，提出五条具体的方法。

第一，当划出"文化区"或"年代区"为研究的范围。"文化区"和"年代区"是博厄士和魏斯勒为显示空间概念和时间概念而提出的两个概念，① 确定"文化区"和"年代区"，才可以避免和纠正进化派的"独立发展"的错误观念。

第二，"文化区"与"年代区"的真相之把捉。即对于材料收集求备，鉴别求真，用各种具体有效的办法，将文化资料进行排列，使之表现为有组织的有机体，可以显示出相互关系。

第三，注意区外之关系。从横的方面，考察"此文化区"与"彼文化区""此文化境"与"彼文化境"的相互关系，来看出不同文化之间的相互影响。

第四，精研文化变动的因子。这些因子有物理的、生物的或有机环境的、物理社会环境的、生物社会环境的、心理社会环境的、制度的等等。需要研究这些因子与文化的关系，来探讨文化变动的"心与物的基件"。

第五，利用各种文化的概念和原则为探讨的工具。即利用既有学科的研究成果，来提高研究效率，节省研究时间。②

五　文化的法则

黄文山在翻译哈尔的《社会法则》一书时，在"译者序"中已经提出："社会法则的研究，的确是社会学乃至社会科学的唯一目的。"③当他把论述的焦点放到"文化学"上以后，同样认为"研究文化法则，为文化学的主要任务之一"。④ 并且在黄文山看来，"文化学"所要发现

---

① 参阅本书第二章第二节"理论与学说的输入"。
② 黄文山：《文化学方法论》，载氏著《文化学论文集》，第 94~96 页。
③ 哈尔：《社会法则》，黄文山译，商务印书馆，1935，"译者序"，第 1 页。
④ 黄文山：《文化学法则论》，载氏著《文化学论文集》，第 106 页。

的法则是长程的，"文化学所以因文化的发见，异军突起，以找寻过去百万年并预测未来二千万年以上的发展的法则之科学自命"，也是关系到文化的最重要的方面，"科学的新项目之文化学，似应以发见文化'进退，存亡，得丧之故'的法则自任"。①

黄文山认为，科学就是要在极其复杂的宇宙中，找出万物间的因果关系，找出事物的法则。正是因为法则的存在，在过去能够得到某种表现的现象，当它重演时，表现才会一样。因此，法则可以用于对具体现象提供确实的说明，也可以用于预料未来。法则分为自然法则和文化法则，"自然系的法则是'不变共在的法则或阶段'（Law of Invariable Concommitance or Stages），亦即物质的永恒的秩序。它本身存在于无生物界当中，所以是永恒的、非时间的、无例外的。反之，文化系的法则，表见于生命界，或说是超机界，故往往是相对的、变动的、不完全的"。② 黄文山认为"自然法则"与"文化法则"的主要差异在于以下几个方面：

> 第一，文化科学的对象，常常不能离开价值的关系，反之，自然科学却不顾什么评价问题，故能得到不问时空如何而有普遍妥当之因果法则，文化科学则不能。第二，文化法则与社会法则一样，往往含有"心理质素"，自然法则却绝对不含心理成分，所以文化法则多少离不了心理法则的意味，心理法则不能达到普遍妥当的因果法则，则其所求者，也许是倾向法则，或叫做"客观的可能之盖然法则"。第三，在文化科学上，原因结果间不必一致，继起关系，a 必有 a`，可变为 a 必有 b`，或 a 必有 c`。统计学家称为"复数结果"或"复数作用"，故 A 必有 B 之法则，在文化科学上也许有

---

① 黄文山：《文化学在创建中的理论之归趋及其展望》，《社会学讯》第 8 期，1948 年 12 月，第 21 版。

② 本段及下段，分见黄文山《文化法则论究》，《社会学刊》第 4 卷第 4 期，1935 年，第 3、4 页（文页）；《文化学法则论》，载氏著《文化学论文集》，第 108、110 页。

C 或 D 的可能性。第四，自然法则，不问时空，不加条件而有必然的妥当性，至文化法则必以一定历史的背景为其限制之条件，如商业轮回的经济法则只能应用于资本主义型的社会，而不能应用于社会主义型的领土，所以文化法则不是必然的，而是盖然的。

在黄文山看来，文化的法则是一种难寻的结果，最难处在于法则的普遍性和客观性，黄文山指出：

> 我们研究文化现象，很难找得量度文化力的正确的单位，用以表示文化力的相互关系。不但如此，文化现象的变动，受许多因素所支配，而这些因素往往出乎人们所能计算以外，所以普遍的"决定论"，未必能保证一种文化法则，真能够把文化生活的特殊形相，概括起来。

但是，这也并不意味着文化法则完全无迹可寻。事实上，自 17 世纪以来，西方学术界在解释社会现象时，已经提出了许多种法则观念。17 世纪，机械派的社会物理学成为解释社会现象的主要学说，并在 18 世纪得到了继续。尤其到了 19 世纪，福烈（Fourier）提出过"情欲吸引法则"，认为人类情欲是社会上一切悲剧的根源。圣西门提出了带有原始辩证色彩的"历史转变法则"，认为历史的变动，是由组织或建设时代进到批评或革命时代，又由批评和革命时代转到组织或建设时代，循环往复。孔德提出了"知识发展的三阶段法则"，认为人类的知识，从神学的进为玄学的，再由玄学的进为实证的或科学的。穆勒提出关于进步的法则，认为寻找人类进步的法则，是研究社会现象的新途径。巴克尔提出，知识进步是文明的原动力。19 世纪下半叶以后，诸多社会学家对于社会现象和文化现象的解释，又与 17 世纪社会物理学家不谋而合。其后，关于进化的观念，在社会政治领域，由斯宾塞建立起进化社会学的基础；在社会经济领域，由马克思奠定基础。前者成为"正宗的进化论"，后者则成为"历史唯物论"。哈尔著《社会法则》一书，排列并分析了130多种"法则"，并分为五大类：方法论的假设、目的论的法则、统计学的法则、"近因果法则"、辩证法则。哈尔从中得出的基本结论是：像物理法则或化学法则一样精确的社会法则还没有发现，从过去社会科学发展的历史看，学者不过就自己"性之所近、学之所专"，试图由各个专门学科，来实现科学所需的概念统一，这是不可能成功的。①

循着哈尔的结论，黄文山对于前人的这些观点，提出了自己的批评。他认为，17世纪以来这些关于社会法则或文化法则的知识，存在着重大的缺陷。其一，这些观点都是主观的解释，而不是客观的陈述。其二，过于依赖社会事实与其他事实的肤浅比喻，因而这些所谓的社会法则或文化法则，多半是由邻近科学引申过来的，而不是从社会或文化资料的搜集和分析中得出的。"社会法则或文化法则，往往就是由物理学、生物学、心理学、经济学引伸出来的法则。"

各时期、各社会或各地方的文化质素和丛体，在类似的情形下，有类似的所在，这是进化论者承认文化现象中有一致的法则存在之证明。社会学家把机械学的、生物学的、心理学的法则应用到文化领域，不曾获得良好的结果，但把他们在这些领域所发现的规律，应用到文化资料的搜集，未始不可以帮助整理出一条线索来。文化发展假如可以向一定或可界定的方向前进，那么也会清晰地表现出若干的法则。因此，黄文山对于文化变迁和文化历程，提出以下的法则。

其一，发展的法则："发明和采借乃是文化发展的历程之两方面。"黄文山对这一法则的说明是：文化不是静的，而是动的。在任何时期、任何地方，文化变动要么是发明的结果，要么是采借的结果。一切新的文化要素的兴起，无论是物质的还是非物质的，都是由

---

① 本段及下段，分见哈尔《社会法则》，黄文山译，"译者序"，第1~18页；第368~370页。

发明而来，发明之后，才有采借。文化演进的历程，就是受这两个因素所决定。

其二，接触的法则："两种文化相接触，当发生交互采借时，优者强者胜利，劣者弱者被淘汰，否则类化优者而创成新星的综合文化。"黄文山对这个法则的说明是：文化变动同时也是接触的结果。当两个民族相互接触时，文化发展可能出现这么几种情况：一是旧的文化被新的替代或者兼并；二是如强者优者文化利用政治或军事手段实行高压，则弱者劣者的文化除一部分加入战胜者的文化基础外，其他部分可能完全崩溃或遭淘汰；三是有时弱者劣者在特殊情况下会吸收新文化的要素，创立新型的文化。黄文山用这个法则说明中国文化的出路问题。

其三，复度增进的法则："文化基础的复度增进，与所吸收的文化质素之多寡为比例。"黄文山对这一法则的说明是：当新的文化要素加入原有的文化基础时，如果不是取而代之，便要与旧者合并，或并存，所以文化有"复度增进"的倾向，这种"复度增进"与所吸收的新文化要素成比例。①

尽管提出了这几种"法则"，但黄文山对于文化的法则问题，仍留有余地。黄文山指出，自己提出的这几条"法则"，并不能与自然法则相提并论，他解释了自己研究中的某些困难，作为对于文化法则问题的补充。首先，文化现象过于复杂，一切"变数"不易控制，仅能进行初步的分析。其次，根据一些西方学者的观点，文化的内涵并非自然科学的研究取向所能探究。第三，文化事实不断变动，但不能重复，自然科学家的实验方法在文化科学方面不易得到。第四，文化问题受到研究者的预存观念影响，因时代和客观条件不同，研究者的主观观念也不同，纯客观的自然法则，在文化现象中不易形成。

---

① 本段及下段，分见黄文山《文化法则论究》，《社会学刊》第 4 卷第 4 期，1935 年，第 26~28 页（文页）；《文化学法则论》，载氏著《文化学论文集》，第 135~138 页。

黄文山的"文化学"理论，受美国文化人类学的影响至深。有论者注意到了黄在美国所受教育的背景：

> 他到美国留学，是社会学家鲍亚士的学生，并就学于杜威大弟子胡克、宗教哲学家克伦、文化学家克鲁伯等研习学问，且与哈佛的索罗金讨论文化学建立的问题，这说明了他的思想之背景。①

如果分解来看，美国文化人类学的理论对黄文山的影响最大的，一是克鲁伯的社会文化理论，二是索罗金的文化体系类型说。索罗金对黄文山影响特别巨大。黄文山认为，索罗金的《社会和文化动力学》是作者最成熟的作品，试图把一切特殊化的"法则的文化科学"，整合为一种动力的文化学说的，只有索罗金一人。索罗金对于文化的基本观点是：文化的变迁是"波动"的，"有时由'理念文化'倾向到'实感文化'，有时由'实感文化'倾向到'理念文化'，但两者起落之间，有一种'观念文化'为之调和"。社会体系或文化体系，是一种动力的东西，永远在变。文化变迁，原因是内在的，文化的一切部门，在不同时代，有根本的变迁，但同样的一般文化类型在不同的时代有覆演的倾向。索罗金的基本学说是注重反复的社会和文化变迁。② 相比之下，黄文山对于德国"文化学"的传统，了解得较晚。他曾说："德国在二十世纪以著文化学著称的，我与美国怀德到了四十及五十年代，方才知道。"③ 偏重于美国的人类学传统，与偏重于德国的哲学传统，可能是黄文山与朱谦之对于"文化"理论的分歧的主要学术背景原因。

---

① 侯立朝：《中国型文化学的建立者——黄文山》，载张益弘主编《黄文山文化学体系研究集》，第 14 页。
② 黄文山：《现代社会学的趋势及其批判》，《黄文山文集》，第 43~45 页。
③ 《黄文山文集》，"自序"，第 6 页。

第二节　陈序经的《文化学概观》

一　《文化学概观》的写作

陈序经在其《中国文化的出路》和《东西文化观》中，已经对"文化学"的一些基本理论做了介绍和阐述，但他关于"文化学"的系统论著，则为撰写于抗战时期的《文化学概观》，出版于 1947 年，在民国学人建构"文化学"的著作中，可以说是最完备、最广泛、最有独立创见的一种。

陈序经的学术领域本来十分宽广，到抗日战争爆发前，陈序经已经在政治学、社会学、文化史等许多方面，发表和出版了一系列有影响的学术成果。七七事变后，因大学内迁过程中书籍、文稿的散失，陈序经原计划的关于主权论和工业化等具体学术问题的研究已经无法继续，于是决定利用在美国和欧洲搜集到的有限资料，完成"文化学"的研究。① 这是在特定历史条件下的无奈之举，因为相比陈序经已经着手的各种课题，"文化学"比较偏重于理论，而不需要太依赖实地考察资料。为此陈序经在西南联合大学文学院最初所在地、位于大后方的云南蒙自拟定了"文化学系统"的大纲。同时陈序经在西南联大开设"文化学"课程，他后来的《文化学概观》，大致上就是在西南联大讲课的内容。《文化学概观》是陈序经在抗战期间完成的总共 20 册、凡 200 万言的"文化学"巨著的一部分，这一套著作统称为《文化论丛》，其中《文化学概观》4 册，《西洋文化观》2 册，《东方文化观》1 册，《中国文化观》1 册，《中国西化观》2 册，《东西文化观》8 册，《南北

---

① 陈序经：《我怎样研究文化学——跋〈文化论丛〉》，《社会学讯》第 3 期，1946 年 8 月，第 5 版。

文化观》2册。① 陈序经说：“我这二十册的‘文化论丛’就是透过文化的普通与根本的观念，来讨论东西文化与南北文化的问题，自成系统的。”② 他说：“我个人对于文化上的主要概念，都可以在这些册里看出来。”③

《文化论丛》完成后，陈序经积极设法出版。④ 但迄今所见，只有《文化学概观》4册，于1947年由上海商务印书馆出版。在全部《文化论丛》中，《文化学概观》是第一种，据抄录其大纲的岑家梧向黄文山解释，“此书列为第一种，意在解释文化的概念”。⑤ 这部著作集中阐述“文化学”理论的部分，对陈序经早期其他著述中的“文化学”理论进行了扩充，使之更为完备和系统化。与早期的著述相比，这部系统的《文化学概观》力图将“文化学”学科理念做进一步的推进。其主要内容是：

首篇，论现象的分类、文化的意义、文化与文明、文化学史略；

第二篇，论文化学先驱研究者，及人类学、社会学等学科的研究者；

第三篇，论文化之伦理的、宗教的、政治的、经济的观点；

第四篇，论文化之地理的、生物的、心理的、社会的基础；

第五篇，论文化的性质、重心、成分及成分间的关系；

第六篇，论文化的发生、发展、层累与发展的方向；

第七篇，论文化的一致与和谐、回顾与前瞻、自由与平等、模仿与

---

① 这一套书的提要，根据陈其津所言，系录自陈序经手稿，有些尚未完成。其中部分篇目及完成情况与陈序经自己的提法略有差异，待考。参阅陈其津《陈序经治学简述》，载陈传汉、詹尊沂、陈赞日主编《陈序经学术研讨会论文选集》，第13页。

② 陈序经：《我怎样研究文化学——跋〈文化论丛〉》，《社会学讯》第3期，1946年8月，第8版。

③ 陈序经：《文化学概观》（一），“前言”，第1页。

④ 《国内社会学巨著行将出版》，《社会学讯》第1期，1946年5月，第8版。

⑤ 黄文山：《文化学及其在科学体系中的位置》，第164页。

创造。

末篇，论个人与社会、国家与世界、东方与西方、南方与北方。

该书出版后，引起学术界重视，《图书季刊》在"新书介绍"栏目有专文推介。评价文章认为："陈君有二中心思想：一为文化是进步的，非退化的，近代胜于古代，现代又胜于近代，将来必更胜于现在。二为世界各地文化接触交流，将来必趋于融合调和。"① 通过分析陈序经这一著作，可以探讨他对于"文化学"的系统认识。

二 《文化学概观》中的"文化"和"文化学"

陈序经首先也必须对"文化"这一概念提出准确的定义。在《中国文化的出路》一书中陈序经曾说："文化可以说是人类适应时境以满足其生活的努力的工具和结果"；② 在《文化学概观》一书中将其发展为：

> 文化不外是人类为着适应这些自然现象或是自然环境，而努力于利用这些自然现象或自然环境的结果。

> 文化既不外是人类适应各种自然现象或自然环境而努力于利用这些自然现象或自然环境的结果，文化也可以说是人类适应时境以满足其生活的努力的结果。

陈序经认为对于"文化"和"文明"这两个名词，还是应该有所区别。他指出："我们既然有了这两个名词，照我个人的意见，最好还是加以区别，而这种区别的标准，应当从其语源与其运用的趋向方面来决定。"③ 从其语源来看，"文明"的意义，比"文化"的意义要狭小；

① 《新书介绍》，《图书季刊》新第 9 卷第 1、2 期合期，1948 年，第 42 页。
② 陈序经：《中国文化的出路》，第 5 页。
③ 陈序经：《文化学概观》（一），第 37～38、55～56 页。

从运用的趋向来看，"文化"的意义要比"文明"的意义更广。"总而言之，从其文雅的意义来看，文明可以说是文化的较高的阶段。从其政治的意义来看，文明可以说是文化的一方面。"① "文化"可以包括"文明"，而"文明"却不能包括"文化"。前述陈序经将阿尔贝特·施韦泽的 The Philosophy of Civilization, The Decay and the Restoration of Civilization, Civilizations and Ethics 分别译为《文化哲学》《文化的衰败与复兴》《文化与伦理》，就是受此观念支配的结果，陈序经认为：

> （施韦泽，陈序经译为什维兹尔）很明白的指出，从这两个字的语源，及历史来看，这两个字，并没有什么样的区别……我们绝不能像一般普通人所谓，文化是偏于精神的，偏于伦理的，而文明是偏于物质的，偏于非伦理的，而有文化与文明的区别。我们在这里所以译什维兹尔所用 civilization 为文化，就是因为这个原故。②

陈序经认为："一个比较完备而透彻的文化的意义，是要对于物质的文化与精神的文化的两方面，能够加以兼顾。"③ 他关于"文化"的定义，既包含了物质文化方面，也包含了精神文化方面。陈序经的文化观来源于西方早期的人类学理论，可以说与西方文化人类学或社会学的文化观一脉相承，也是涵盖了人类生活的所有方面，是一种最广义的文化观。陈序经论文化，正是在这个最广义的意义上展开论述的，正因为如此，他对于"文化"的具体分析，便具有无所不包的倾向。在陈序经看来，伦理、宗教、政治、经济都是文化的一个个具体的方面，用任何一个具体方面说明"文化"，都是不合理的，因而，陈序经不能赞同用伦理史观、宗教史观、政治史观或经济史观来解释"文化"。④

---

① 陈序经：《文化学概观》（一），第 59 页。
② 陈序经：《文化学概观》（二），第 8 页。
③ 陈序经：《文化学概观》（一），第 30 页。
④ 参阅陈序经《文化学概观》（二），第一篇第 1 ~ 4 章。

文化整体论，是陈序经"文化学"理论的基本原理之一。"文化单位"不能独立存在，凡是"文化"，必然是"文化丛"。这一理论在当时的美国学界十分流行，对中国学者影响也较大。吴景超在文化论战中就指出："陈序经先生在美国时，大约受过这派学说的影响。"① 陈序经对此并不否认，指出"这种文化分不开的理论"，"我以为只是读过 W. D. Wallis 的近著《文化与进步》（*Culture and Progress*）一书的人，便能明白了"。② 陈序经反复强调，对于"文化"的分析只是为着研究的便利，是假定的、相对的、主观的，而不是"文化"本身实际上所有的。文化是整体的，文化的各个方面是不能分开的。"物质文化，固不能离开精神文化，精神文化也不能离开物质文化……文化的其他方面的关系，也是这样。因为文化本身是一个丛杂，是不能分开。"③ 因而，文化的一方面的波动，往往影响到文化的其他方面。正因为文化的各个要素之间存在着不可分离的关系，要学习西方文化的某一方面，则必然连带着要学习西方文化的所有方面。

综合陈序经对"文化"的理解，有如下几个基本的属性。

第一，"文化"是一个复合体。陈序经比较推崇泰勒的观点，强调"文化"是一个"整个的东西，或是泰罗尔所谓的这个复杂的总体"。无论看到文化的动的方面、静的方面，或是物质的方面、精神的方面，或是变化的方面、累积的方面，都是为着研究的便利而划分的，"文化"本身并没有这样的区分。

第二，"文化"本身具有价值的内涵和累积的性质。或者说，文化是进步的，相信文化进步的理论，并不是一般意义上文化上的"夸大狂"。前一代的文化往往是后一代的文化的基础，这种累积的增加，可以是内容的丰富，也可以是范围的扩大。

---

① 吴景超：《建设问题与东西文化》，《独立评论》第 139 号，1935 年 2 月，第 3 页。
② 陈序经：《从西化问题的讨论里求得一个共同信仰》，《独立评论》第 149 号，1935 年 5 月，第 9 页。
③ 陈序经：《文化学概观》（三），第 69～70 页。

第三，文化具有动态的特点，“人类因为有了创造文化的能力，他们也有了改变、保存及模仿文化的能力。他们若觉得他们的文化有缺点，他们可以改变之。他们若觉得他们的文化，比他人的文化好得多，他们可以保存之。他们若觉得人家的文化比较他们自己的文化高一点，他们可以模仿之”。①

第四，“文化”与“自然”虽是现象的最重要区分，但两者有着密切的关系，“文化”是以自然现象为基础，也是以自然现象为资料的。

在陈序经的学科建构中，“文化学”是在经济、政治、法律、宗教、伦理等“特殊的文化学科”之上的研究“文化的整部”的学科。陈序经不仅受美国文化人类学理论的影响，同时对德国的文化学说也十分了解。在德国学者将科学分为“自然科学”与“文化科学”的基础上，陈序经认为，根据研究对象所包含的现象的不同，具体的科学可以分为三大类：一是“纯粹的自然科学”，又分为天文、地质、物理、化学、生物等；二是“自然与文化科学”，又分为人类、心理、社会、历史、地理等；三是“纯粹的文化科学”，又分为经济、政治、法律、宗教、伦理等。上述三大类可称为“具体科学”。除此而外，还有两种主要的学科，即数学、论理学，是研究各种具体学科的基础，也是各种具体科学的工具，可称为“抽象科学”。“文化学”即是具体科学中的第三种——“纯粹的文化科学”。②

陈序经在肯定各个学科对于“文化学”学科创建的贡献的前提下，仔细划定“文化学”与相关学科的边界。特别是“文化学派的社会学”，这是与“文化学”最不易分清的一个领域。许多人认为，文化社会学派“所说的社会学，往往是与所谓文化学，没有什么的分别”。陈序经从社会与文化的区分和相互关系方面，指出社会是文化的一部分，“社会的范围，是比文化的范围为小”，因而不能认为社会学就是“文

---

① 陈序经：《中国文化的出路》，第5页。
② 陈序经：《文化学概观》（一），第18、19页。

化学"，"文化学"完全有成为独立学科的必要。①

在陈序经的科学体系分类中，"文化学"与"纯粹的自然科学""自然与文化科学"是平行的关系。"文化学"又是统领文化的各个部门的科学，如经济学、政治学、法律学、宗教学、伦理学。"文化学"与自然科学相比，较为落后，根据自然科学发展的启示，虽然各个具体的特殊学科可以开展分门别类的深入研究，但这些具体学科之上的综合学科，仍有存在的必要和发展的优势。"文化学"的发展对于各具体的特殊文化学科，具有促进的作用。陈序经认为：

> 自来经济学者、政治学者、宗教学者、伦理学者、法律学者以及其他的学者，对于文化的研究虽很注意，然而他们所注意的，只是文化的某一方面，而非文化的整部。文化学对于这些特殊的文化学科，正像生物学之于植物学与动物学。生物学的发展，既不碍于植物学与动物学的发展，文化学的发展，也不会碍及特殊的文化学者如经济政治等等的发展。其实，正像植物学与动物学，因了生物学的发展，而愈发达，特殊的文化学科，也必因文化学的发展而愈发达。②

三 关于文化的法则与定律

陈序经以"文化学"的学科理论作为《文化学概观》的主要内容，从原理上阐述"文化""文化学"的概念以及"文化学"的基本内容和规律等基础性的理论问题。在这部著作中，关于文化理论与文化观在篇幅上的比例与早期阐述文化观的著述完全相反，《中国文化的出路》和《东西文化观》两部书中，大部分篇幅用于阐述他的中西文化观，

---

① 陈序经：《文化学概观》（二），第 198 页。
② 陈序经：《文化学概观》（一），第 18 页。

小部分用于说明有关"文化"的理论,而《文化学概观》一书则主要介绍和论述关于"文化"的基本理论。在论述逻辑上,从"文化学"问题的本原开始,层层深入,论述了文化的定义,文化的基础,文化的性质、重心、成分及成分的关系,文化的发生和发展,文化层累,文化接触的规律和发展的方向等理论问题。由学理推演而出的对于中西文化的认识和态度,只在全篇的最后几章提出。除了前述"文化"的意义和西方学者对于"文化学"的研究史、"文化学"研究的重要性外,该书对"文化学史"进行了系统的梳理,从文化问题的各种研究历程中,揭示"文化学"学科建立的过程和趋势。而全书最重要的部分,是对于"文化"的分析,如:

(1)文化的基础,陈序经将文化的基础归为地理的、生物的、心理的、社会的基础,并论述了它们对于文化的影响。

(2)文化的性质,在这里陈序经指出了文化的基础,实际上以"文化的文化基础"最为重要,并分别论述了"文化惰性""文化弹性""文化遗存""文化区域""文化中心""文化重心"等概念。

(3)文化的成分,陈序经将文化的成分简分为四,即伦理方面、宗教方面、政治方面、经济方面。陈序经强调,文化虽可以分为各成分,但又是一个"复杂的总体",各成分间的关系最密切,有相成的关系、相反的关系、直接的关系、间接的关系,所以文化一方面的波动,往往会影响到其他方面。这是"文化学"的一个重要原理。

(4)文化的发生、发展等方面的原理。"文化"是与人类历史同时发生的,"文化"是人类特有的现象。所有的文化是独立发生的还是传播而来的,都可能各有其是非。"文化"的发展是进步的,是有无限前途的。

陈序经的"文化圈围"理论,是一种较具抽象意义的文化法则理论。前章已述,陈序经在《中国文化的出路》中提出过一个"文化圈围"的概念,作为不同文化之间的区别,并进而提出了文化的一致与和谐的原理。陈序经认为,同一"圈围"的文化,在时间上和空间上自然是一致与和谐的。而两个以上"圈围"的文化，互相接触，如果其程度相等而时代环境趋向又容许二者合而为一的话，其结果和趋势也同样是一致的，或和谐的，或是一致与和谐的。当两种文化出现程度上的差异，而且时代与环境所要求的文化是其中的一种文化，两者相接触后，不能适应于这时境的文化逐渐成为文化层累里的一层，适应于这时境的文化逐渐伸张，这个送旧迎新的时代也许延续很长，然而它的趋势只有一致。一致与和谐是作为复杂总体的文化所包含的一个基本原则。程度较低的文化，比较简单，偏于一致；程度较高的文化，比较复杂，偏于和谐。文化是由较低向较高的方向发展，因而文化是由一致而趋于和谐。这个原理在《文化学概观》中继续得到申论，陈序经强调，"所以文化上的和谐，实为现代文化上一个很重要的问题"。[1]

陈序经"文化的一致与和谐"的原理，对于不同文化的接触，具有重要的意义。陈序经指出，两种或两种以上文化的接触，必定经过一个过渡时期，在过渡时期，其趋势有时也像是平行的，但这种平行，是文化变迁与溶化中的一个过程，其结果总是趋于一致、和谐，或一致与和谐的。因此，无论哪一方，在接触以后，都不能独立生存。因为文化一经接触，立即形成一种新局势、新要求与新趋向，任何一种文化都不能单独适应之。

在历史上，"两种程度相等的文化的接触"只是理论上存在的，具有现实意义的问题是，不同程度的文化接触应当产生什么样的后果。根据陈序经的"文化的一致与和谐"的原理，如果是两种程度不同的文化相接触，这种一致与和谐的过程必然表现为程度较高的一种文化淘汰程度较低的一种文化。这一点在《中国文化的出路》中已有阐明，在《文化学概观》中，陈序经继续论证道：

　　　　假使因为甲种文化的程度较高，而乙种文化的程度较低，而时

---

① 陈序经：《文化学概观》（四），第11页。

代环境所需要的，又是甲种文化，那么这两种文化接触以后的结果，是什么样呢？我们的回答，是乙种文化不能适应于这个新时境，而逐渐的成为文化层累的一层，这种文化接触，也有其过渡的时期，在过渡的时期里，乙种文化和甲种文化，也好像是有了两种平行并立的文化，但是从文化的趋势上看去，他们并非平行并立，而是乙种逐渐成为陈迹，甲种逐渐伸张而成为共有的东西，而变为送旧迎新的时期。这个时期，也许延长得很久，但其趋势是一致的。①

由此陈序经提出了他的文化观上的一些原理，即文化接触的结果，无论是程度相等的文化还是程度不同的文化，无论是两种文化还是多种文化，适应新的时代与环境的文化要素，将成为共同的文化组成部分；不适应新的时代与环境的文化要素，将逐渐消亡，而成为历史的陈迹。陈序经的全盘西化论，就是根据这一理论加以论证的。

陈序经《文化学概观》一书引述国内外学说十分丰富，完全称得上一部百科全书式的东西方"文化"理论综述。当时的书评写道："陈君是书于各派各家学说，博观约取，予以介绍，间亦评骘其得失。"②陈序经的"文化学"理论，主要来源于西方文化人类学和社会学的理论。陈序经的"文化学"体系中最深层的观念，是广义的文化观、文化整体论和对"文化进化论"与"文化传播论"的整合，并由此演绎出完整的"文化学"体系和"全盘西化"的结论。陈序经的"全盘西化"思想总体上是导源于进化论的，③ 在他看来，文化既是进步的，又是能传播的："文化是能传播的，故在不同的民族或地方，可以找出雷

①　陈序经：《文化学概观》（四），第18页。
②　《新书介绍》，《图书季刊》新第9卷第1、2合期，1948，第42页。
③　参阅王尔敏《中国近代思想史论》，台北：华世出版社，1982，第179~180页；张俊《试论三十年代全盘西化思想的理论基础》，《中国历史学会史学集刊》（台北）第19期，1987年7月。

同的特质。文化是有进步的，故在不同的民族或地方，可以找出相同的阶段。"① 肯定了普遍的进化，才能明确文化发展的方向；肯定了传播的功能，才能揭示出不同文化接触的意义，从而关注由于文化接触而产生的社会和文化变迁。陈序经整合"文化进化论"和"文化传播论"，与现代文化人类学发展的基本趋势相一致。同时，陈序经的"文化学"理论是学理，但自始至终透射出对现实思潮的关注。如对固有文化，陈序经根据其"文化学"的理论，指出"所谓保存固有文化这句话，无论在文化发展的理论上，或趋势上，都是不通的。因为在两种或两种以上的文化尚未接触之前，既无所谓固有，在他们已经接触之后，他们也惟有一个共同的文化，而无所谓固有"。② 对于当时在思想界盛行而受到国民党官方意识形态强烈批判的国家主义思潮，陈序经给予了一定的同情，指出国家是对文化影响极大的社会基础之一，以政治为文化的重心本也是文化发展的一个重要阶段，近代文化各方面的发展，得力于国家以政治的力量去发展，是一个趋势和事实，因而国家对于文化，可以"以国家为单位，以国家为立场，而且主要的，还是以增强国民的爱国心与发展民族的意识为目的"。③ 同样，对于国民党极力批判的"个人主义"，陈序经极力提倡。他在《中国文化的出路》中就已指出，中国文化要"全盘西化"，就要彻底打破中国传统思想对于个性的压制，给个性以充分发展的机会。"但是要尽量去发展个性的所能，以为改变文化的张本，则我们不得不提倡我们所觉得西洋近代文化的主力的：个人主义。"④ 在《文化学概观》中，陈序经则理直气壮地阐明，个人主义实际上是尊重个性、发展个性，这样的个人主义，"并非自私主义，并非自利主义"。这种个性的发展或是个人主义，是文化进步度量，"凡是这种个性最发展的时代，或是这种个人主义最发达的时期，也就是文

① 陈序经：《文化学概观》（一），第 82 页。
② 陈序经：《文化学概观》（四），第 17 页。
③ 陈序经：《文化学概观》（二），第 147 页。
④ 陈序经：《中国文化的出路》，第 123 页。

216

化最发达的时期。在西洋的文化发展的历史上，固是这样，在中国的文化发展的历史上，也是这样"。①

第三节 朱谦之的《文化哲学》与《文化社会学》

一 特殊的呼应者

朱谦之在参与建构"文化学"的学人中，是一个特殊的例子。朱谦之的"文化学"，视野较黄文山、陈序经更为开阔。他认为，现代学术已经一致倾向于"文化主义"，在历史学方面，表现为文化史；在社会学方面，表现为文化社会学；在教育学方面，表现为文化教育学。而文化哲学则是一切学术的根本。朱谦之认为："不讨论文化问题则已，要讨论文化，必须从根本上着想而求个根本的解决……文化各部门，如宗教、科学、艺术乃至社会生活之政治、法律、经济、教育各方面，只要从根本上着想而求根本的解决，那便非需要有各部门之文化哲学或文化社会学不可。"② 他不是从建立一个单独的"文化学"学科的角度来谈"文化学"，而是将所有的学术指向"文化"的趋向，就这一点而言，朱谦之对"文化学"的理解与黄文山、陈序经极不相同，但是当黄文山等人倡导"文化学"时，他表示拥护，对"文化学"的学科创建，起到了一定的呼应作用。

朱谦之（1899~1972），字情牵，1899年生于福州一个世代行医的家庭。1913~1916年，朱谦之就读于福建省立第一中学，少时不仅熟读《左传》《史记》《通鉴》等史学名著，还自编了一本《中国上古

---

① 陈序经：《文化学概观》（四），第79页。
② 朱谦之：《文化哲学》，第2~3页。

史》，对探讨世界的起源问题十分着迷。在中学时代，朱谦之时常以"闽狂""古愚""左海恨人"等笔名为福州的报馆投稿，逐渐小有名气，并单独发表过一个小册子——《英雄崇拜论》，以英雄自命。1917年，朱谦之考入北大法预科，1919年转入哲学系攻读，此后数年专注于研究"宇宙本体"的问题，先后发表了《周秦诸子学统述》《太极新图说》《政微书》等哲学著作，其间"虚无主义"思想已初露锋芒，被吴稚辉称为与梁启超、梁漱溟和胡适并列的"最近时代中国思潮的代表者"。① 据朱谦之本人于1927年写就的《回忆》，他将自己自到北京求学以后的10年划分成若干个时代，即"革命思想时代""革命实行时代""厌世悲观时代""放浪时代""我的忏悔时代""我的再生时代""我的恋爱时代""我的讲学时代""我的隐居时代"。在"我的讲学时代"中，朱谦之于1924年，应厦门大学之邀出任教职，讲授"中国哲学史""中国文学史"和"历史哲学"，但因为与厦门大学"采取国家主义之精神"不能融合，不久辞职，与夫人杨没累隐居西湖蔼岭山下，悉心著述，进入"我的隐居时代"。1928年4月，杨没累去世，次年朱谦之借资东渡日本，改用"朱情牵"的名字在日本学习日语和法语，准备进一步赴法求学。在日本期间，他得到蔡元培的帮助，以国立中央研究院社会科学研究所特约研究员的身份，进行"社会史观与唯物史观之比较研究"的课题研究。越两年归国，任上海暨南大学教授。在此之前因为参与了浙江省金融问题的讨论，关注信用经济学的研究，于是在上海期间著成《历史学派经济学》，由蔡元培作序，1933年在商务印书馆出版。朱谦之在暨南大学教授"历史哲学""西洋史学史""哲学概论""社会学史"等课程，写成《黑格尔主义与孔德主义》，介绍黑格尔主义。

　　1932年，朱谦之应广州中山大学校长许崇清之聘，任中山大学社

---

① 吴稚晖：《一个新信仰的宇宙观及人生观》，《吴稚晖先生全集》卷1，台北：中国国民党党史资料编纂委员会，1969，第15页。

会学系教授。这使他有机会将原来就在计划中的"写一部'文化计划'"的工作付诸实施。中山大学文学院院长吴康邀请朱谦之出任史学系主任，朱谦之在史学系的行政机构之外，建立史学研究会，出版学术刊物《现代史学》，他的重要学术著作，如《文化哲学》《中国音乐文学史》《现代史学概论》《中国思想对于欧洲文化之影响》等，均有一部分先在《现代史学》发表。1941 年朱谦之主持中山大学文学院。广州沦陷后，朱谦之随校辗转流离，个人的学术兴趣转向历史与现实的结合。1942 年，依照国立专科以上学校教授休假进修办法，朱谦之获得一年休假机会，到桂林开展"比较文化史"的研究。1943 年返回中山大学，被聘为研究院专任教授，并曾经一度代理研究院的院务。朱谦之一生学识广博，著述甚多，据不完全统计，有专著 42 部，译著 2 部，论文百余篇，研究范围涵盖哲学、宗教、历史、政治、经济、文学、音乐等多方面，因而在学术界享有"百科全书式学者"的美誉。①

朱谦之认为自己的学术生涯经历了从"虚无主义""唯情主义""历史主义"到"文化主义"四个阶段，相应的，自己的思想也经历了"宗教的""哲学的""科学的"到"艺术的"四个时期。他把自己的著作分别置入这几个不同的时期来排列。1928～1933 年写作《革命哲学》《无元哲学》等著作时，他所持的是"虚无主义"，这一阶段的思想倾向是"宗教的"；1923～1928 年写作《周易哲学》《一个唯情论者的宇宙观及人生观》等著作时，所持的是"唯情主义"，这一阶段的思想倾向是"哲学的"；1928～1932 年写作《历史哲学》《大同主义》《历史学派经济学》等著作时，所持的是"历史主义"，这一阶段的思想倾向是"科学的"；1932 年以后，写作和准备写作《文化哲学》《文化社会学》《文化历史学》《文化教育学》，这一阶段所持的主义则进入"文化主义"，思想倾向则是"艺术的"了。朱谦之将这种变化看作必

---

① 黄心川：《百科全书式的学者朱谦之》（序言），朱谦之《中国景教》，第 3 页。

然的思想进展，他指出："我以为一个思想家，只要他不间断地忠实地追求真理，则在其一生的著作里，必可发现以上之四个发展阶段。"[1]朱谦之的"文化学"，也正是按照这四个阶段来建立其体系的。

在第四个阶段，1932 年以后，朱谦之专注于与文化相关的理论著述，他的这种转向，与时局也有密切的关系。九一八事变发生时，朱谦之正在上海暨南大学任教，据他自述，"那时风声鹤唳，已有不可终日之势。我气愤极了，以为欲救中国，须根本上从文化着手"，[2]就萌生了"如孙中山作《实业计划》似的，写一部《文化计划》，以为中华民族复兴的根本"[3]的想法。朱谦之将自己历史哲学思想的主要原则推广至文化领域，形成了他的文化哲学思想。《历史哲学》一书是朱谦之1924 年在厦门大学的讲义合集，1926 年由上海泰东书局出版，全书 11万字。1931 年，朱谦之由日本回国后，运用新接触的孔德、黑格尔学说，对《历史哲学》加以补充和改善，1933 年由民智书局以《历史哲学大纲》为名出版，其中关于历史的定义、历史哲学的分期、历史进化的动力等观点是其文化哲学体系的理论基础。1932 年秋，朱谦之应广州中山大学之邀南下讲学，他开始为学生教授历史哲学、文化哲学课程，并在《现代史学》上发表《文化哲学》《文化类型学》《南方文化运动》《南方文化之创造》《中国文化现阶段》等文。朱谦之说：

> 我痛心疾首，感于民族之不能复兴，乃由于文化之不能复兴。因此毅然决然提出"文化哲学"这一个科目，以二年的努力，撰成这一部十六万言的著作，和《文化历史学》二十余万的稿本。[4]

---

[1] 朱谦之：《文化哲学》，第 257 页。

[2] 朱谦之：《文化哲学》，第 259 页。

[3] 朱谦之：《世界观的转变——七十自述》（二），《中国哲学》第 4 辑，三联书店，1981，第 492 页。

[4] 朱谦之：《文化哲学》，第 259 ~ 260 页。

1934 年，朱谦之对数年研究成果加以整理，写成《文化哲学》一书，1935 年由上海商务印书馆出版。全书共 20 万字，除绪论外，分为 10 章，各章篇目为：

第一章　文化的进化；

第二章　文化类型学；

第三章　文化分期原理；

第四章　宗教的文化概念；

第五章　哲学的文化概念；

第六章　科学的文化概念；

第七章　艺术的文化概念；

第八章　文化之地理上分布（上）；

第九章　文化之地理上分布（下）：

第十章　文化与文明。

全书并附有关于南方文化运动的几篇演讲稿。《文化哲学》的出版是他思想上进入"文化主义"的重要标志。朱谦之的文化哲学思想集中体现在这本书中。《文化社会学》的写作，也是在此时拟订计划的。抗日战争期间，他在随国立中山大学四处搬迁的过程中，又完成《文化社会学》，各章的篇目为：

第一章　绪论；

第二章　文化社会学的概念；

第三章　社会文化的基本类型；

第四章　政治的文化概念；

第五章　法律的文化概念；

第六章　经济的文化概念；

第七章　教育的文化概念；

第八章　未来之文化社会。

同时在各地的讲学中，朱谦之也宣讲他的文化哲学和文化社会学的相关内容。

二　"文化学"体系

在朱谦之的"文化学"体系中，"文化学"可以分为几个亚种类：文化哲学、文化社会学、文化史、文化教育学。他的"文化学"体系的著述，本也打算按照这一分类分别完成。《文化哲学》1933年完成，1935年由上海商务印书馆出版。《文化社会学》迟至1948年才由中国社会学社广东分社出版。《文化历史学》据作者自述早在1930年代中就已有稿本，但未见出版。文化教育学也是朱谦之长期从事的学科，他多次提及《文化教育学》，却未见其文。这几部著作的关系，朱氏曾有一个说明，谓"《文化哲学》分析研究的是知识的类型，《文化社会学》分析研究的是社会的类型，《文化教育学》则专分析研究人格的类型"。[①] 其中，《文化哲学》是朱谦之关于"文化学"理论的著作，其中就文化的定义及文化的类型、发展阶段及其相互间的关系进行系统阐述。不过，尽管朱谦之在多部著作中讨论"文化学"，而且还有多种相关计划，但最终并未形成以"文化学"为名的统一著作，似乎后来也并不打算撰写这样的著作。

朱谦之认为"文化"就是"人类生活的一切表现，下至创作一个泥馒头，上至创作一个宇宙观，一本律典"，无不是文化。总之，只要是人类生活的表现，都可以叫文化，因而对文化史的研究便是对人类历史的研究。在《文化哲学》中，他对"文化"的定义是：

> 第一，文化就是人类生活的表现……生物中只有人类才能支配环境，创造文化的。
>
> 第二，文化是人类生活各方面的表现……我们不但要将宗教哲学科学艺术属于文化领域以内，就是政治生活法律生活经济生活以

---

① 朱谦之：《文化社会学》，中国社会学社广东分社，1948，第191页。

及教育生活都应该属于文化领域以内去研究的。[①]

这一观念在朱谦之《文化社会学》一书中，得到了同样的强调。[②]

朱谦之关于"文化"类型的划分，是认识他的全部"文化学"体系和著作的前提，也决定了他的"文化学"建构的总体架构和特征。他将"文化"划分为两大方面，一方面是关于"知识的文化概念"，一方面是关于"社会的文化概念"，前者为宗教、哲学、科学、艺术，后者为政治、法律、经济、教育。1932 年 11 月他在广州培英中学的演讲中已经明确提出这一观念，[③] 在《文化哲学》《文化社会学》等著作中又反复强调，在《文化哲学》中指出：

> 在知识生活上说，文化本质应分为宗教、哲学、科学，再加上艺术；这样在社会生活上说，文化本质亦应分为政治（军事），法律，经济（产业），再加上教育。[④]

"知识的文化概念"和"社会的文化概念"在朱谦之这里，是以"文化"和"文明"来区分的。朱谦之注意到了"文化"与"文明"在西语语源上的区别，在《文化哲学》中，大段引述了米田庄太郎的《现代文化概论》，来说明"文化"与"文明"在语意上的分别。[⑤] 米田庄太郎谓，德语 Kultur 之源及意义，均带有宗教色彩，反之 Civilization 的源及意义，本与政治法律的生活相关，所以前者有极深邃的精神的意义，而后者与社会、政治有密切的关系。朱谦之根据这种观点，认为：

---

① 朱谦之：《文化哲学》，第 9、4~8 页。
② 朱谦之：《文化社会学》，第 14~15 页。
③ 朱谦之：《中国文化的现阶段》，载《文化哲学》，第 267~272 页。
④ 朱谦之：《文化哲学》，第 41 页。
⑤ 朱谦之：《文化哲学》，第 7 页。实际上朱谦之的《文化哲学》在相当大程度上也参考了米田氏的这本书。

文化与文明的确有些区别，也是事实。德人所倡导之 Kultur 概念，实为精神文化的概念（即宗教、哲学、科学、艺术等知识生活），英美所倡导之 Civilization，则实为社会的文化概念（如政治、法律、经济、教育等社会生活），含混起来固然可如一般学者把两者区别置之不论，若精细考察起来，则此实即代表人类生活之两方面的表现。即一方面表现为人类之知识生活的文化，一方面表现为人类社会生活的文化。①

朱谦之认为，中文中以"文化"一词并包知识与社会的两方面，也是符合用语习惯的，而可以将专指"社会组织发达"的"文明"一词附入其中。这样一来，"文化"是一个大的概念，而"文明"是一个从属其中的概念。上述"文化"的定义，即是从包含"文明"概念的大的范畴理解的。但当研究的对象分别指向两个部门时，关于"知识的文化生活"的部门 Kultur，与关于"社会的文化生活"的部门 Civilization，也可以用中文的"文化"和"文明"来加以区别。"知识生活"上的宗教、哲学、科学、艺术即所谓"文化"，"社会生活"上的政治、法律、经济、教育即所谓"文明"。"文化"是"文化哲学"研究的范围，"文明"为"文化社会学"研究的范围。②

朱谦之认为，"文化哲学"的研究具有十分重要的意义，是一切学术的根本，"就中尤以文化哲学更为研究一切文化学中一个'最综合的因子'。因为哲学能够根本的回答何为文化这个问题，所以文化哲学不但有它独特的在哲学中最高的地位，而且更为其他历史学、社会学、教育学所凭依，而为研究文化历史学、文化社会学、文化教育学者所必经的路径"。因此要系统地研究人类文化的进化，就必须先谈所谓文化哲学，"将来的哲学，应该就是文化史的哲学，换言之，即为文化哲学"。

---

① 朱谦之：《文化哲学》，第 8 页。
② 本段及下段，分见朱谦之《文化哲学》，第 9、43 页；"序言"，第 13、4 页。

而从朱谦之对其"文化哲学"课程的说明，可以看到他心目中的"文化哲学"的主要内容。朱谦之说：

> 说明文化的本质及其类型，对于宗教、哲学、科学、艺术等各种知识生活，均加以根本研究，又分析文化之地理上分布，以明中外文化关系，及本国文化之新倾向，并谋建设未来之世界文化。

"文化社会学"在朱谦之的心目中，则是与"文化哲学"同属"文化学"的一个部门。正如"文化哲学"是哲学发展的必然产物一样，"文化社会学"也是社会学发展的必然产物。"文化哲学"承担着说明知识文化的本质及其类型的任务，对宗教、哲学、科学、艺术等各种知识生活加以根本的研究，而"文化社会学"则承担说明社会文化的本质及其类型，对政治、法律、经济、教育等各种社会生活加以根本的研究。[①]

就"文化哲学""文化社会学"与"文化学"的关系而言，"文化哲学""文化社会学"包含在"文化学"之中。既然"文化"是"人类生活各方面的表现"，所谓"文化学"就是对四种知识生活和四种社会生活"各方面所表现的总成绩而加以适当的研究"，不过"文化学"的范围非常广大，区分起来，属于知识生活的是所谓"文化"，属于社会生活的是所谓"文明"，前者为"文化哲学"研究的范围，后者为"文化社会学"研究的范围。朱谦之说：

> 总而言之，文化学、文化哲学或文化社会学虽然名词不同，本质上却同为研究文化的历程、类型、法则和集团生活的产品的学问，不过合言之为文化学，分言之即为文化哲学和文化社会学。

---

① 本段及以下两段，分见朱谦之《文化社会学》，第18、17、13、28页。

就"文化哲学""文化社会学"与其他具体学科的关系而言，"文化哲学"和"文化社会学"是综合的"文化学"，诸多专门的学科，如政治学、法律学、经济学、教育学，是这两门综合性学科的前提和预备。朱谦之指出："我们不要以为文化哲学和文化社会学是各文化学的入门，要知道这乃是各知识文化学和社会文化学的综合。"从这个意义上，朱谦之将"文化学"视为各门具体学科的综合性学科，与陈序经的认识有相类似之处。

三 "文化主义"的倾向

朱谦之的"文化学"，视野较黄文山、陈序经更为开阔。他认为，现代学术已经一致倾向于"文化主义"，在历史学方面，表现为"文化史"；在社会学方面，表现为"文化社会学"；在教育学方面，表现为"文化教育学"。考察朱谦之的"文化学"主张，更值得关注的就是他的这种"文化主义"倾向。

关于"知识文化类型"与"社会文化类型"的关系，朱谦之指出："知识文化类型"对于"社会文化类型"具有决定的作用，政治、法律、经济、教育四种"社会文化类型"依存于四种"知识文化类型"并受其支配。"就其文化结构来说，政治、法律、经济、教育均为独立之一种特殊社会文化，与别的不同；若从其文化概念的形式上说，则此四类型的文化均按着历史的发展，而依此不断抽取知识文化以构成其各自的文化概念。"重要的是，各社会文化之本质的类型与各知识文化中的某一方面类型，又有着对应的关系，四种"社会文化类型"实际上各受"知识文化类型"的一种的支配。例如从本质上说，"社会文化类型"中的"经济文化"只能与"知识文化类型"中的"科学文化"相对应。这样社会文化与知识文化的密切关系就可以表述为：

社会文化的经济类型和知识文化的科学类型，原只为一物之两面。在知识生活上叫做宗教，在社会生活上，则表现为社会文化类

型的政治生活；知识生活上的哲学文化表现为社会文化类型的法律
生活；知识生活上的艺术文化表现为社会文化类型的教育生活；这
都是论理的必然，没有法子改变的。①

因此从文化概念学的观点看，各社会文化的本质都与知识文化构成
特定的对应关系："政治本质为宗教概念化，法律本质为哲学概念化，
经济本质为科学概念化，教育本质为艺术教概念化。"朱谦之还设计了
将社会文化的各类型与知识文化的各类型相互配合，构成复杂的社会类
型。在知识的文化领域，通过宗教、哲学、科学、艺术相互关系的搭
配，形成知识文化的 4 个时期、16 个阶段，即宗教的宗教阶段、哲学
的宗教阶段、科学的宗教阶段、艺术的宗教阶段、宗教的哲学阶段、哲
学的哲学阶段、科学的哲学阶段、艺术的哲学阶段、宗教的科学阶段、
哲学的科学阶段、科学的科学阶段、艺术的科学阶段、宗教的艺术阶
段、哲学的艺术阶段、科学的艺术阶段、艺术的艺术阶段。② 而在社会
的文化领域，也通过政治、法律、经济、教育相互关系的搭配，形成
社会文化的 4 个时期、16 个阶段，即政治的政治阶段、法律的政治阶
段、经济的政治阶段、教育的政治阶段、政治的法律阶段、法律的法
律阶段、经济的法律阶段、教育的法律阶段、政治的经济阶段、法律
的经济阶段、经济的经济阶段、教育的经济阶段、政治的教育阶段、
法律的教育阶段、经济的教育阶段、教育的教育阶段。③ 将社会文化
的 16 个阶段与知识文化的 16 个阶段根据其相关的功用，得到如下的相
互关系：

宗教的宗教阶段——政治的政治阶段
哲学的宗教阶段——法律的政治阶段
科学的宗教阶段——经济的政治阶段

① 朱谦之：《文化哲学》，第 31 页。
② 朱谦之：《文化哲学》，第 31、30 页。
③ 朱谦之：《文化社会学》，第 38 页。

艺术的宗教阶段——教育的政治阶段

宗教的哲学阶段——政治的法律阶段

哲学的哲学阶段——法律的法律阶段

科学的哲学阶段——经济的法律阶段

艺术的哲学阶段——教育的法律阶段

宗教的科学阶段——政治的经济阶段

哲学的科学阶段——法律的经济阶段

科学的科学阶段——经济的经济阶段

艺术的科学阶段——教育的经济阶段

宗教的艺术阶段——政治的教育阶段

哲学的艺术阶段——法律的教育阶段

科学的艺术阶段——经济的教育阶段

艺术的艺术阶段——教育的教育阶段

朱谦之关于"文化学"的体系建构，或者也可以说他的文化观、历史观的最根本的思路，是认为人类无论是知识、社会还是历史发展，都存在一个一致的、正在进行的"文化主义"的倾向。朱谦之的基本观念是：知识文化中的宗教、哲学、科学、艺术，这一顺序同时说明了知识文化价值的上升；社会文化中的政治、法律、经济、教育，同时也说明了社会文化价值的上升。这种文化类型的进化，便是社会进化的根本原因。政治的文化类型，代表着原始的或较"野蛮"的社会状态；法律的文化类型，代表着"半文明"的社会形态；经济的文化类型，可以说是"文明"的社会形态；如果再进入教育的文化类型，这才是最高最好的理想社会，代表着从"文明"再进到"新文化"的阶段。"我们可以说，真正的社会文化价值，不是政治、不是法律、不是经济，而在于将来之教育文化价值的完全实现。"这个理想社会，"乃是文化主义的社会"。[①]

---

① 朱谦之：《文化社会学》，第 184、191 页。

知识文化的四个类型反映人类文化进化的四个阶段，即人类知识文化的进化已经历经宗教、哲学、科学三个前后相继的阶段，现在正在向更高的文化模式——艺术阶段迈进。同样的，社会文化的进化也已历经政治、法律、经济三个阶段，正在向教育阶段迈进。社会文化的进化与知识文化的进化同时发生，互相对应，并最终统一为"大同世界"。如图示：

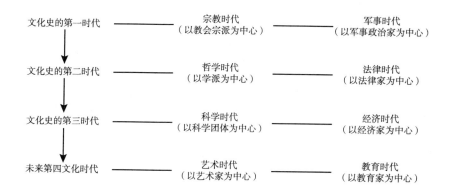

在这四个阶段中，第三个阶段正是当前的阶段。朱谦之指出，现代生活是以科学的文化概念为中心，又以经济支配一切。构成现代文化根底的，是科学团体和经济组织，因而现代文化的把握，也就是科学文化与经济文化的把握。将来的阶段，则是第四阶段。"我们未来的文化社会，乃是自由的世界、艺术的世界，我们显示的文化社会乃是必然的世界、科学的世界，然而人类社会所向的目标，即是脱离必然的世界走向自由的世界，只有到了自由的世界，我们才能够说，到达了文化之所以成为文化的'文化时代'，我们才能够说真正文化的生活代替了野蛮的生活。"①

朱谦之用"文化主义"的视角来看待中国文化，将中国文化置于"哲学－法律"的阶段之下。在《文化哲学》中朱谦之说："中国文化

---

① 朱谦之：《文化社会学》，第185页。

无论从何点看去，都只是代表哲学的文化，而哲学的文化，在文化发展之历史阶段上，无论从何事实证明，也都只是代表文化史之第二阶段，而非文化史之第三阶段——科学文化的阶段。"① 在《文化社会学》中他又说："中国在知识文化之分布上既为哲学文化代表，那么在社会文化之分布上也自然是法律文化的代表，真正的法律应该是道德与法律合一，应该以哲学为最高的规范，中国法系的特点即在于以哲学（道德）为内容，以法律为形式。"② 因为西方文化所处的阶段为文化史上的第三时期，在中西文化的比较中，中国必然处于落后的地位，"代表哲学文化的中国人，一与代表科学文化的西洋人接触，便在思想上行为上显出种种的不同，而且处处显出我们文化落后的现象"。③ "中国哲学的经济，实已发展到了哲学的法律制度所允许的极限，从此以后，便一落千丈，以较之西方经济即以机器方法为中心的科学的经济型，便不免现出停滞于静止的状态。"④

朱谦之承认文化是进化的，上述的四个阶段有进步落后之分，但世界上各个地方的文化都代表文化史上的一个具体阶段，都有其位置和意义，"各种文化从其独立的观点来看，都是独立的；从其相互关系的痕迹来看，都是不独立而互相影响的。每种文化究竟能够接受其他文化至某一方面程度，这是要受质和量的定律的限制，但是每种文化要想从根本上消灭他种文化，则简直是不可能的事"。因此不能将处于前面阶段的文化估价得太低了。而"未来第四文化时代"，即"艺术时代"或"教育时代"，是人类文化共同的理想，是目前任何文化都没有达到的。所有的文化，包括西方文化在内，都正在向这样一个路径前进。因而，对于中西文化，应当从"全文化体系"的角度去看待。中国文化要达到这样一个"文化的理想境"，"我们要一方面不自毁本国之固有文化，

---

① 朱谦之：《文化哲学》，第186页。
② 朱谦之：《文化社会学》，第92~93页。
③ 朱谦之：《文化哲学》，第186页。
④ 朱谦之：《文化社会学》，第130页。

一方面大着心胸去接受本时代的文化"，"除却这一条路以外，便'此路不通'了"。或者说，我们要"把握中国的哲学文化，以溶化于西洋科学的文化之中，因而跃进于第四时期之艺术的文化"。①

总的来说，朱谦之自认为，1932 年以后他所做的"文化学"的研究，在著作方面主要包括《文化哲学》《文化历史学》《文化社会学》《文化教育学》，所持的主义是"文化主义"，研究的问题是"文化体系论""综合的研究"和"文化教育"，所采用的思想方法是"艺术的"。朱谦之是一个时代感极强的学者，他从现实的需要出发研究文化，努力建构一个融合中西各家学说和特别强调时代感的"文化学"体系，"以明中外文化关系及本国文化之新倾向，并谋建设未来之世界文化"。②朱谦之的《文化哲学》《文化社会学》《文化历史学》等著作以及关于文化教育学的文章都有开创之处。他在《文化社会学》的"后序"中说："如上几种的文化科学工作，虽不必自我创始，自信却有一些新的哲学体系和文化原理，为前人所未见未闻的。"③

四　理论的依托

《文化哲学》和《文化社会学》是朱谦之关于"文化学"理论最具代表性的著作，其中就文化的定义及文化的类型、发展阶段及其相互间关系的系统阐述，架构出朱谦之独具特色的"文化学"体系。朱谦之指出，文化绝不只是过去的机械累积，而是在不间断的累积中永远创新，由过去而现在而未来，一切文化都是现代的文化，过去文化的精神是永远渗透、扩张于现在之中的。文化史研究的任务不是要整理过去累积下来的"木乃伊般"的文献、古籍资料，而是要从无穷的累积中找出文化进化的法则，最终把握文化的"现在性"。20 世纪前半期是中国思想界的极度繁荣时期，各种西方学说纷至沓来，朱谦之博采各家学

---

① 朱谦之：《文化哲学》，第 187～188、210 页。
② 朱谦之：《文化哲学》，第 257 页；"序言"，第 13 页。
③ 朱谦之：《文化社会学》，第 191 页。

说，理论来源庞杂是他的"文化学"思想的一个显著特色。

朱谦之认为文化是处于永远的不停发展与进化过程中，文化本身就是"变"和"动"的表现，这个变动，就是生活的进行，就是进化。"所以文化和进化根本只是一个，一方面是时时刻刻的积累，一方面即时时刻刻的创新"，文化的进化既不是单纯的历史累积结果，也不是像黑格尔所说的那样，是对以往不断"否定"的产物，乃是在时时刻刻的累积中，便于原有的基础上发生变化，进而发展为新的文化。人类文化的进化便是由着"生命之流"的冲力层层推进，不断向更高的文化模式发展，前阶段为后阶段的基础，后阶段可以支配前阶段。朱谦之将文化的本质视为人类具有创造活力的"生命之流"，将"生"的概念融入文化的概念，"生活经验受了环境抑压而生的突进跳跃，乃是一切文化的根柢"。①

朱谦之从哲学的高度，将文化的本质视为人类生活本身，而不是所谓人类生活遗留下来的"总成绩"，他反对将文化视为抽象的灵物，而与生活经验相分离。他认为"生命之流"是文化发生的根源，更是推动文化永远创新、不断发展的冲力。德国文化哲学家斯末尔（Georg Simmel）认为，在历史的社会实在中，人类的相互作用可以分为内容（context）和形式（form），所谓内容，就是存在于个人的冲动、关心、目的、倾向、心理状态、运动等内部的作用；所谓形式，就是人与人之间发生相互关系后，形成社会化的各种各样的形式。② 根据斯末尔1918年在所著《生命观》中给文化下的定义："文化一般乃依于'生'，为'生'而产成各种范畴，当'生'构成客观固有价值之独立形象之时，便产生文化"，③ 朱谦之理解为：文化乃是"生命之流"必然的产物，为生命必然的发展阶段，由于它的客观而与"生"对立，但同时为"生"而有辩证的统一。朱谦之对此说大为推崇，主张：

①　朱谦之：《文化哲学》，第15、14页。
②　叶法无：《近代各国社会学思想史》，大陆书局，1933，第86页。
③　转引自朱谦之《文化社会学》，第14页。

我们新的文化哲学，则以为构成文化本质的东西，不仅是那已经可估定价值的人类生活所留下的总成绩，而且是根源于人类生活深处那永远创造、永远进化的"生命之流"。①

朱谦之自青年时期起便是柏格森生命主义哲学的热情鼓吹者和宣传者，他引用"生命的冲动""绵延""真正的时间"等概念解释文化发生与累积的现象。朱谦之认为，只有有生命的文化才是"真文化"，"真文化是起于极微细，极简单，而累进自积，无限扩张的……过去的保存而已，所以未来的扩张增大无已；即因未来的扩张增大无已，所以文化的进化也永远没有休歇"。② 这些观点很明显的是柏格森生命哲学在文化领域中的体现，朱谦之也坦诚他的历史哲学和文化哲学思想对柏格森的生命哲学"有很多的借重"，③ 柏格森生命哲学足以构成朱谦之"文化学"的一个重要的理论来源。

朱谦之认为"绵延"是文化进化中的一面，但是如果人类文化的进化只是一味地"绵延"，则文化的进化就会像"滚雪球"似的，漫无限制与不可预知，因而还应看到文化进化中"扬弃"的一面。借助黑格尔的辩证法，便可以对文化何以由一种类型向另一种类型进化有一个清晰的把握。早在五四时期，朱谦之就开始了对黑格尔哲学的研究，"深切同情于黑格尔的生平和著作"，④ 认为自己是一个"半黑格尔主义"（Half-Hegelist）者，努力在历史哲学上，将黑格尔与孔德结合，在生命哲学上，将黑格尔与柏格森结合。朱谦之的学术体系是这样建立的：

从黑格尔主义与孔德主义结合的基础上，建立了我的历史哲学；

---

① 朱谦之：《文化哲学》，第 14 页。
② 朱谦之：《文化哲学》，第 21 页。
③ 参阅董德福《柏格森生命哲学与中国现代思想界》，《天津社会科学》1996 年第 1 期。
④ 朱谦之：《世界观的转变——七十自述》（四），《中国哲学》第 6 辑，三联书店，1981，第 407、489~490 页。

从我的历史哲学的基础上，建立了我的文化哲学；从我的文化哲学基础上，建立我的文化社会学乃至文化历史学、文化教育学等等。

朱谦之将进化学说分为两派：一是以达尔文派为代表的科学派。一是以黑格尔派、柏格森派为代表的哲学派，柏格森进化论认识的只是宇宙全体的真实，现实生活中，人们往往更多的要探求个体的真实。要解决这个问题，只能求助于黑格尔的进化学说。朱谦之将两者结合、改造，形成了虚无主义的流行进化说。

根据黑格尔的辩证法原理，朱谦之指出事物自我意识的发展一般要经历"即自的"（自在）—"对自的"（自为）—"即自且对自的"（自在自为）三个阶段，在"即自的"基础上发生对"即自的"阶段自身的否定，从而进入"对自的"阶段；进而又产生对"对自的"阶段的否定，进入"即自且对自的"阶段，这一阶段即包含第一阶段的"正"，又包含第二阶段的"反"，由此形成了"合"。将"否定之否定"的原理对应于人类文化的进化，便可看到人类文化由"宗教文化"而"哲学文化"而"科学文化"，最终达到"艺术文化"阶段的发展脉络。

结合柏格森生命哲学与黑格尔的辩证法，只是使人们看到人类文化在无尽的累积中永远创新的总体趋势，要说明文化在时间绵延中的有序发展，还必须使用层创进化的观察方法，朱谦之引入了摩尔根（L. H. Morgen）、亚历山大（J. Al Gxander）的"新创化论"，其中包含"突创"（emergence）、"层次"（levels）、"内包"（involution）、"上届"（dependence）和"因缘"（relatedness）等五个概念。运用这五个概念观察文化的进化，则可看出"它不仅是一个继承的延长模式，乃是生命之无穷的发展，当着机械势力突然爆裂，便依次涌现出来"的过程，① 还可以使人们对文化的进化各相续的阶段互为基础，层层推进，后一阶段对前一阶段的创新关系了然于目。朱谦之指出：

---

① 朱谦之：《文化哲学》，第25、22页。

現在的文化就是个无始常新的文化流，常有所创，常有所生，然而所谓"生"，也不是自无出有，本无其物而忽自"突创"的意思。"突创"必须有个底子，而后这种突创的进化，才是文化的进化……突创的进化其自身亦在进化之中，而文化的进化则为突创的进化之极点。

朱谦之的"文化四阶段论"是对西方学者知识进化发展阶段说的继承和发展。人类文化现象分为"物质文化"和"知识文化"，根据文化的不同本质，将其划分为宗教、哲学、科学、艺术四个类型是最为合理的方法，它使人们既可看到不同文化阶段间进化的关系，又可看到不同文化类型间相互的关系。四个文化类型代表人类文化前后相继的四个阶段，文化的四个类型各以独特的方法为标识，如宗教阶段的方法是"演绎法"，哲学阶段的方法是"辩证法"，科学阶段的方法是"归纳法"，艺术阶段的方法是"直觉法"。朱谦之认为宗教、哲学、科学、艺术，既是四种本质不同的文化类型，又是前后相继的四个文化阶段。孔德曾将文化的进化分为"知识的进化"和"物质的进化"两种，其中"知识的进化"包括三个阶段，即神学时代—形而上学时代—实证科学时代；"物质的进化"也同样历经三个阶段，即军事时代—法律时代—产业时代。朱谦之认为所谓文化进化的阶段反映的是文化的三种本质不同的类型，神学时代产生宗教文化，形而上学时代产生哲学文化，实证科学时代产生科学文化。以此为基础，朱谦之指出，实证科学阶段并不是人类文化发展的最高顶点，其后还应加上一个"艺术的阶段"；与之对应，产业时代后还有一个"教育的时代"。这才构成人类文化进化的完整体系。

五　中西文化观

如前所述，朱谦之把人类文化分为四个时期，即宗教文化、哲学文化、科学文化和艺术文化。他认为当前人类正处于文化史的第三时

235

期——科学文化阶段，文化进化的必然前途是艺术阶段。宗教文化、哲学文化和科学文化虽然本质不同，但都将通过不同的方式先后发展为"艺术的文化"。

朱谦之不同意将中国文化和印度文化统称为东方文化，他认为世界的文化主要有三种，地形和气候因素对人类文化的发生和发展具有决定性作用。人类依于高地、平原、海洋环境的迥异，形成了以印度为代表的"高地文化"、以中国为代表的"平原文化"和以西欧为代表的"海洋文化"，这是世界文化的三元。从文化的地理基础加以区分，印度文化属于高地发生的"宗教的文化"；中国文化属于平原发生的"哲学的文化"；欧洲文化属于海洋发生的"科学的文化"。[①] 它们分别代表人类文化发展的三个时代。根据朱谦之的文化地理论，文化的时代递进展现为文化主潮在空间上的推移。

中国文化的特征在于人生。朱谦之认为：

> 中国文化的特质，就在"人生"。中国没有真正的宗教，也没有真正的科学，而只有真正的人生哲学，就是一种"教养的知识"，一种"哲学的文化"。

而这一"哲学"，正是"唯情哲学"，是"人的文化"。但是，文化是向前演进的，现代的文化是科学的时代，未来的文化是艺术的时代，遵循人类文化进化的原理，东方文化无可选择地必须接受科学文化。朱谦之指出：

> 这种"人的文化"，当现在竞食时代，实在拿不出来，其价值亦不易为世人所认识，要是勉强拿出，其结果也不过吃亏而已。所以中国虽有特殊的哲学文化，而不能因此哲学文化而得救，这乃是

---

① 本段及以下几段，分见朱谦之《文化哲学》，第 180、203～204、210、212、214 页。

一种事实。而且文化是向前演进的，我们如不能迎头赶上那快枪大炮无畏舰潜水艇飞行机的时代，我们是没有资格来谈我们过去的哲学文化的。我们也没有资格来提倡那"一箪食，一瓢饮，在陋巷人不堪其忧，回也不改其乐"的人生哲学的。

中国之哲学的文化，从一方面来看，确已成为过去的了，但从另一方面来看，即在全文化体系中，中国文化却有"复兴"之希望。问题乃在我们能否把握哲学的文化，以溶化于西洋科学的文化之中，因而跃进于第四时期之艺术的文化。

如此，朱谦之便指明了世界各种文化的发展趋势：

印度：由"宗教文化"到"艺术文化"；

中国：由"哲学文化"到"艺术文化"；

西洋：由"科学文化"到"艺术文化"。

中国文化目前还处于落后的阶段，当今的主要任务，就是经历"科学文化"的洗礼，以向"艺术文化"迈进。尽管在这种迈进过程中，中国文化也有着比西洋科学文化更高的优势，但是，"科学文化"的阶段是必需的。朱谦之说：

就是理想的文化也必须要一个物质的基础的，如果科学文化之现阶段，不能贯彻，那么理想的艺术文化，即中国文化所欲倾向之新文化，亦决不会如飞将军似的从天而下……我们何尝不想即刻从哲学文化走向艺术文化，然而走到艺术文化以前，我们必须通过科学的文化世界，只有牢牢守着科学的文化阶段，走到尽处，才可以转化入于艺术的世界，而这也就是我们提倡中国文化复兴之最大目标了。

但朱谦之又绝不赞成当时广泛流行的全盘西化论，他指出陈序经倡导的"西洋近代文化的主力"的"个人主义"，其实就是直接导致西方文化危机的病根，坚决不能接受，更应予以批判。中国在现阶段之所以落后是因为中国文化缺少"一种实用的知识"，而不是一种狭隘的人生观，西方的"实用的知识"与中国固有的伟大的仁爱的人生观没有冲突，两者的结合恰好预示了中国文化的光明未来。

朱谦之还以中国历史的发展为依据，论证了中国也存在"高地文化""平原文化""海洋文化"的地理格局，中国文化史的发展呈由北向南推进的趋势。他指出，中国的北方多山岭，属于"高地文化"，是中国文化的发源地，但到隋唐时代，北方经济的落后也导致了"高地文化"的衰落，继之而起的是中部长江流域的"平原文化"，两宋至元明清数代是"平原文化"的辉煌时期，但是这种"平原文化"也不是永远不变的。明代以后，海路交通渐渐发达，沿海各地在经济上占有越来越重要的地位；同时，沿海各地又是受西洋文化影响最早也最深的地方，富于蓬勃的革命精神，因而南方的文化是"海洋文化"，在中国文化史的发展中属于第三时代。他以文化地理论为基础，在空间上把中国分为三大文化板块：

高地——中国北部——黄河流域的文化——解脱的知识；

平原——中国中部——扬子江流域文化——教养的知识；

海洋——中国南部——珠江流域的文化——实用的知识。

朱谦之以此为"南方文化运动"制造学理上的依据。朱谦之认为，就当时中国各地经济势力和文化发展的趋势来看，中国文化的唯一希望就在南方，所以他极力提倡"南方文化运动"。在当时中国文化落后于西方文化的形势下，"中国文化的唯一出路，只有接受科学，然而科学文化之唯一的希望，只在南方，因而从文化之地理分布上，而提倡所谓南方文化运动"。

朱谦之认定中国传统文化必须求变，走上科学的路径，才能向未来的"艺术时代"前进。朱谦之对于广东地方的复古思潮持反对态度，他在《奋斗二十年》里记叙道：

当时广东的旧人物，因怕思想的危险，乃有“某书院”之设，某书院提倡读经，提倡旧社会的风俗习惯，其实即是以服从代替革命，他们很不放心于中大自由研究的新学风，他们尤不放心于青年学者们心目中的新天地、新世界，所以他们要以地方政府的力量，来压迫革命思想。[1]

但是朱谦之对于民族文化的出路并不抱悲观和虚无的态度。一方面，朱氏在政治和文化上，都还受到正统观念的影响，在政治上，朱氏参加过国民党领导的国民革命，认为以孙中山为代表的国民党是政治上的革命正统，“推之无所不至”，[2] 因而对三民主义，包括国民党正统的文化观念，没有激烈的抵触。另一方面，朱氏不同意当时影响颇大的德国学者斯宾格勒和英国学者汤因比的观点，即认为中国文化是枯死的文化或僵化的文化，都是已成为过去的文化。朱批评说：

> 以上两种说法，对中国文化的观察都是错误的，都是有损无益的，于事实也大相违背。然则，中国文化果真过去了吗？果真衰老了吗？何以还能支持这么久的伟大战争？全世界的反侵略战争？可见前两种历史的命定论，是应受严格底批评的。[3]

对于中国文化的复兴，朱谦之提出了若干“信条”。其重要内容，是要创造民族新文化。在创造民族新文化的过程中，必须积极接受“科学文化”，而人类所有文化，最终将归入“艺术文化”，从而达到“世界大同”。朱谦之的这几条“信条”是：

---

① 朱谦之：《奋斗二十年》，《朱谦之文集》第 1 卷，福建教育出版社，2002，第 81 页。
② 朱谦之：《世界观的转变——七十自述》（二），《中国哲学》第 4 辑，第 481 页。
③ 朱谦之：《世界观的转变——七十自述》（三），《中国哲学》第 5 辑，三联书店，1981，第 529 页。

第一，我们坚信文化是民族活动的原动力，所以今后中国民族的复兴，必先唤起中国文化的复兴。

第二，我们坚信中国文化的复兴，不是旧的文化之因袭，而为新的民族文化之创造。

第三，我们坚信中国文化在文化全体系中，成一独立之系统，即哲学的文化。其根本精神是应加以发扬，以完成最高之文化统一。

第四，我们坚信印度之宗教文化已属过去，离开现代的文化太远，为中国文化计，应加以拒绝。

第五，我们坚信文明为文化之一阶段，中国文化发展进行中，必须接受科学文化，而谋适合于现代之文明生活。

第六，我们坚信中国文化之史的发展，是自北而南，只有南方，才能吸收科学文化，给中国文化以物质的基础。

第七，我们坚信南方文化运动应从文化教育入手，故第一步骤，在先提倡南方之文化教育运动。

第八，我们坚信中国文化是从独特之哲学文化，走向艺术的文化，即以艺术文化为此独特文化之理想境。

第九，我们坚信一切文化最后均归于艺术，而未来之世界文化，即为艺术文化，即所谓"大同世界"。①

正因为如此，在抗战时期，朱谦之继续致力于学术研究和演讲，强调中国的文化传统。他在回忆这一时期的演讲时写道："无非阐扬我民族文化的悠久博大，只要我们不甘于做外国文化的奴隶，我们即须坚决地承认中国数千年来一脉相传的优良传统，即须坚决地要求文化的自由独立，因而促进抗战的胜利。"②

---

① 朱谦之：《文化哲学》，第 253～254 页。
② 朱谦之：《世界观的转变——七十自述》（三），《中国哲学》第 5 辑，第 530 页。

第五章

寻求体制：走向讲堂与学术
共同体的"文化学"

理论著述是学科建构的前提，但学科的建构并非只有理论著述就能够完成的。在"文化学"学科建构过程中，如何向体制求支持，使这一学科进入大学体系，并建立一系列学会等学术共同体，也是建构者努力的目标。这一进程在建构之初便已经有所考虑，但形成较有影响的潮流，则是在1940年代后期。这主要是因为抗日战争胜利后，中国学术界迎来了一个恢复和发展的有利时机，尤其是建构"文化学"的几位代表性人物，有了进一步沟通交流的客观条件。但是由于时局变化，建构者的努力未及奏效，体制本身已发生巨变，新学科的建构反遇更大挫折。建构者在这一方面的努力，在此前的研究中较少受到重视，本章主要从"文化学"相关课程的开设、建构者之间的相互呼应和建立学术共同体的努力等方面，对"文化学"学科建构的多方面影响和命运展开讨论。

第一节　开设专门课程

一　课程、学系对于学科的意义

大学是知识创造的制度性场所。作为科系和课程成功进入大学，是现代学术工作寻求和获得国家体制支持的主要途径。华勒斯坦等人论述了 19 世纪中期至 1945 年间欧洲大学制度的复兴对于学科发展的重要影响，指出社会学、人类学、古典学、东方研究、地理学等学科，均经历了进入大学而得到有效制度化的过程，从而在不断演进的学科结构中赢得一席之地。[①] 近代各主要学科的建立，都与大学课程、科系的建立密不可分，在近代中国，现代学术意义上的历史学、社会学、政治学等，也无不如此。因而在各学科史的研究中，均将其在大学中的科系建设、课程设立作为考察的重要内容和衡量学科发育程度的重要指标。刘龙心研究现代历史学的建立，以较大篇幅论述了北京大学史学系的发展和史学课程标准化问题；孙宏云在讨论中国现代政治学的发展时，也将其在大学中学系、课程的发展作为考察的重点内容之一。[②]

"文化学"在其创建过程中，建立"文化学系"尚未提上议事日程。受此影响，相关课程的开设不可能如其他学科一般具有系统体制。"文化学"的相关课程，实际上是依靠社会学、人类学、历史学、哲学等学系，以它们的课程体系为基础，将"文化学"的内容作为补充性课程。尤其是社会学、人类学的学系和课程，对"文化学"倡导者的学科建设路径，有重要的启示。

早在 1899 年，社会学即由日本人在广东开办的东亚同文书院列入课程表。1906 年，《奏定京师法政学堂章程》中，始设社会学的科目，但是均未实际开设；后逐渐由少数大学的科目推广至一般大学课程，由大学选修科目进而专设学系，由理论讲习进而发展为实地运用。[③] 1908 年，上海圣约翰大学开设了社会学课程，而在大学中首先设立社会学系的是上海沪江大学，设置时间是 1913 年。两所学校均为教会大学。

---

① 华勒斯坦等：《开放社会科学：重建社会科学报告书》，译者不详，三联书店，1997，第一章"从十八世纪到 1945 年社会科学的历史重建"。

② 参见刘龙心《学术与制度：学科体制与现代中国史学的建立》；孙宏云《中国现代政治学的展开：清华政治学系的早期发展（1926～1937）》。

③ 孙本文：《晚近中国社会学发展的趋向》，《社会学刊》第 6 卷合刊，1948 年 1 月，第 46 页。

1916 年，北京大学开设了社会学课程。厦门大学于 1921 年设立历史社会学系，其后，燕京大学、复旦大学、上海光华大学、大夏大学、清华大学等校陆续设立社会学系或开设社会学课程。1930 年，全国有 11 所大学设置了社会学系，加上合设的系，共 16 所；1947 年，全国大学或学院独立设置社会学系的有 19 校，加上合设的共 22 校，讲师以上的任教老师约 140 人。[①]

人类学课程的设置与此相似。1903 年清廷《奏定学堂章程》中就规定了若干人类学的课程。蔡元培出任北京大学校长后，曾开设人类学讲座。1927 年，广州中山大学聘俄国学者史禄国（S. M. Shirokogoroff）讲授人类学。清华大学设立人类社会学系，其他多所大学的社会学系开设过人类学课程。[②] 1930 年代以后，从国外学成回国者逐步形成一个基本的师资队伍，使用"人类学"或"民族学"开展教学工作。1949 年以前，设有人类学、文化人类学、民族学课程的大学有 16 所，设置人类学系的有清华大学、暨南大学、浙江大学、中山大学等。[③]

在近代引进的各门现代学科中，社会学、人类学是在中国发展比较迅速、取得成绩相对可观、在国际学术界的地位也相对较高的学科。这两个学科的发展，对于"文化学"的建构来说，具有重要的意义。不过，社会学与人类学的设置及其开设课程，虽然分别涉及对文化问题的研究，但并不一定对"文化学"的学科及课程设置产生直接影响。

二 "文化学"课程的开设

"文化学"课程的开设，是"文化学"倡导者努力的结果。据朱谦之所述，"文化哲学"这一个课目，曾在厦门大学设置过，但是从来没

---

① 韩明汉：《中国社会学史》，第 100～101 页。
② 林超民：《人类学在中国》，载陈国强、林加煌主编《中国人类学的发展》，上海三联书店，1996，第 30 页。
③ 黄淑娉、龚佩华：《文化人类学理论方法研究》，第 416 页。

有人担任。① 以"文化学"为名开设课程，则以黄文山为早。1931 年，黄文山在北京大学和北平师范大学任教时，开始为学生讲授"文化学"，黄文山自述："二十年秋北上燕都，讲学于北京大学、师范大学，是年始为同学讲演'文化学'。"②

　　中山大学社会学系的成立，对于"文化学"的相关课程开设多有推动。该系成立于 1931 年，属文学院，由黄文山任第一届系主任，其后周谷城、傅尚霖、胡体乾继续主持系务，前后在该系任教者有朱亦松、邓初民、许地山、陈序经、言心哲等教授。岑家梧曾担任人类学、文化社会学及边疆社会研究三课。③ 1932 年，朱谦之应聘到广州中山大学，执掌中山大学史学系，提出并开设了"文化哲学"课程，这一课程原本为哲学系四年级课程，但选修的学生大多数来自社会学系、历史学系、教育系。④ 这门课程开设的频度颇密，似乎一年中上下两个学期都有开设，至少 1935 年上半年、下半年，在中山大学文学院四年级的学生中都有开设。⑤ 后来成为朱谦之夫人的何绛云当时就选习了这门课程，对朱谦之"鼓励很大"。⑥ 朱谦之在上课的基础上完成了《文化哲学》和《文化历史学》的写作。这一时期，中山大学史学系开设了一系列历史哲学和文化史的课程，颇为引人注目。朱谦之认为："现代历史即为文化史，而文化哲学即为文化史理论。尤其是我讲的文化哲学，是为有志研究文化史理论者而设。"⑦ 因而他特别重视文化史的课程设置，在中山大学史学系，中西古代文化史、中古文化史、近代文化史分

---

① 朱谦之：《文化哲学》，"序言"，第 1 页。
② 黄文山：《文化学论文集》，"自序"，第 3 页。
③ 《广州各校社会学系现况》，《社会学讯》第 1 期，1946 年 5 月。
④ 朱谦之：《文化哲学》，"序言"，第 2 页。
⑤ 《文学院廿三年度下学期四年级生期考时间表》，《国立中山大学日报》1935 年 5 月 24 日；《文学院编定廿四年度上学期时间表》，《国立中山大学日报》1935 年 9 月 2 日。
⑥ 朱谦之：《世界观的转变——七十自述》（三），《中国哲学》第 5 辑，第 519 页。
⑦ 朱谦之：《文化哲学》，"序言"，第 4 页。

期讲授，这是当时国内任何大学历史学系所没有的。[1] 朱谦之主张，史学系各年级各应以一种系统的必修课为中心，一年级应注重通史，二年级应注重上古和中古的文化史，三年级应注重近世的文化史，四年级则应注重中西文化史之比较。[2] 朱谦之也曾在中山大学社会学系开设过"文化社会学"的课程，后让与黄文山开设。[3]

1931 年中山大学开办社会学系后，黄文山"即创设文化学一课程"，后又在中央大学开设。[4] 1947 年，应中山大学杨成志的邀请，黄文山为中山大学历史研究所人类学组讲授"文化学"及"文化动力学"。[5]

坚持系统地开设"文化学"课程的是陈序经。1938 年起，陈序经在西南联大法商学院社会学系开设了选修课"文化学"。当时西南联大社会学系调整课程，因为课程门类过少，系里提议给学生增开几门新课，建议陈序经开设一门关于文化方面的新课程。陈序经也很希望在课堂上讨论有关文化的根本原理问题。关于课程的名称，有人提议就叫作"中国文化问题"，有人提议叫作"东西文化问题"，陈序经对此都不满意，他认为不应该在课堂上谈这些实际的问题，而愿意将文化本身及其根本性的问题或原理，在课堂中予以讨论。为此同人又提议此课程可称为"文化原理"或"文化问题"，陈序经表示就用"文化学"的名称，作为新课程之名。[6] 从西南联大法商学院历年的学程表中可知，"文化学"课程共开设了 6 次（除 1944 年度陈序经奉派赴美外，仅在 1942 年度停开过一次），每次为时一学期，两个学分，授课对象为社会学系的

---

① 朱谦之：《世界观的转变——七十自述》（三），《中国哲学》第 5 辑。

② 《文学院廿三年度第八次院务会议录》，《国立中山大学日报》1935 年 7 月 11 日。

③ 黄文山：《关于附录之说明》，载氏著《文化论论文集》。

④ 黄文山：《文化学的建立》，《社会科学论丛》新 1 卷，1948 年，第 37 页；《文化学论文集》，"自序"，第 3 页。

⑤ 黄文山：《文化学在创建中的理论之归趋及其展望》，《社会学讯》第 8 期，1948 年 12 月，第 9 版。

⑥ 本段及下段，均见陈序经《我怎样研究文化学——跋〈文化论丛〉》，《社会学讯》第 3 期，1946 年 8 月，第 6 版。

高年级学生。陈序经开课的情形，可从他的回忆中看到：

> 社会学系的学生在这个大学里虽特别的少，然而选修这个课程的每年都有十多位。我每周讲两个钟头，此外，往往用些时间去与同学们讨论，这不只是引起学生的读书的兴趣，而且也给我不少的益处。
>
> 因为要对学生演讲，我自己不得不先把这个问题作有系统的大纲。同时分为细目，使在讲演的时间上能够适应的分配。又因年年要讲演，使我对于这个科目的兴趣能够继续而不断。

这一名称在当时曾引起争论。陈序经回忆说："最后我们提出文化学这个名词，当时也有一二位同人，对于用这个名词去做下学期的一个新课程的名称，表示怀疑。我记得后来我回昆明时，以至我到重庆时，都有友人很奇怪的问我，为什么要开这一个学程？因为照他们的意见，那里有所谓文化学这门学问？其实他们从来就没有听过这个名词，然而我却并不因此而放弃我个人的主张。"

由于学科界限不明，没有更多的相关课程开设，所谓"文化学"课程也没能贯穿到底。在大学开设"文化学"的课程，"文化学"的构建者付出了一定的努力，只是毕竟囿于某一地某一校，人去而课停。不过，以课程的方式将"文化学"加以推广，是"文化学"学科建立的一种重要途径。1950 年后，黄文山在美国纽约新社会科学学院讲授"中国文化史""文化学""艺术史"等，[1] 后来在台湾期间，也在台湾大学考古人类学系讲授"文化学"。[2] 有人评论道，他在美国开设"文化学"课程，在美国学术界中也是一个创举。[3] 美国可谓最好的分科治学之地，据说仅社会学一科，各种名目的社会学竟有成百上千，形成一

---

[1] 刘伯骥：《黄文山》，载华侨协会总会编《华侨名人传》，第 393 页。

[2] 卫惠林：《〈黄文山文集〉序》，《黄文山文集》，第 1 页。

[3] 谢康：《黄文山先生的"书"和"人"》，《艺文志》第 84 期，1969 年 9 月。

定体系的也有数十种。美国人发明的诸多新学科，在欧洲的大学中往往长期得不到认同。连美国人也难以接受的"文化学"，要想发育成熟并且普及推广，当然是难上加难。在这一领域，中国至少是为数不多的走在世界前列的国家，只不过这样的前沿或许是边缘的另一种形态。

第二节　建构学术共同体

一　建构者之间的相互呼应

作为共同致力于新学科创建的学人，彼此之间的相互呼应、相互配合，对于扩大新学科的影响和在体制上争取生存空间，十分必要。"文化学"的倡导者在建立学术共同体方面，也做出了一定的努力，而结果并不理想。

"文化学"的倡导者之间的相互启发和呼应，以阎焕文与黄文山的关系最为典型。阎焕文较早关注到"文化学"，但有所创述，还是在阅读黄文山主编的《新社会科学季刊》，受到黄文山的鼓励和启发之后。阎焕文与黄文山本不相识，却因共同倡导"文化学"而结下学谊。据阎焕文 1934 年自述写作《文化学》一文时说：

> 不料今秋暑假返校后，偶购《新社会科学》一卷二号，载有黄文山先生的大作《文化学的建筑线》一文，读后不禁旧痒复发，不可抑制，即去信和黄先生讨论，蒙黄先生虚心指教，又承允许介绍登在《新社会科学》上，以后再印单行本。真不想在三四年后，竟得了同好，真是想不到的幸运！谨此表示谢意，并望读者予以工整严格的批判，以使这个草创的科学早日生长起来。[①]

----

① 阎焕文：《文化学》，《新社会科学季刊》第 1 卷第 3 期，1934 年 8 月，第 94 页。

这一阶段，阎焕文与黄文山联络较多，来往信函不断，黄遂先将阎焕文的《文化学》一文刊载于《新社会科学季刊》上。不久抗战爆发，两人联系中断，黄文山担心未连载完的稿件遗失，便将《文化学》全文附于自己的《文化学论文集》中。黄文山说：

> 阎先生与予素昧平生，曩予主编《新社会科学季刊》（正中书局印行），书札往还无虚日，凡所扬榷，颇多抉发。阎先生复以所写《文化学》一稿嘱登季刊。其后该刊中辍，一部分稿件，尚存行箧。今者国事骤变，南北睽违，予与阎先生亦复不通闻问。予恐斯稿一旦散佚，有负所托，乃附刊于此。①

黄文山肯定了阎焕文对"文化学""系统研究"的贡献，称赞"阎先生对于文化学，实能首先作一系统之探究，匡予不逮，至所佩服""颇多卓见，自成体系"，但也认为，阎焕文此文"粗疏失检之处，往往间出，以向乏先例，殊不足怪"。②阎焕文与黄文山之间，不仅有呼应，而且确实也有各方面的讨论。阎焕文比较重视"文化的有机性"方面，批评黄文山的《文化学的建筑线》对于文化的定义未能指明"文化的历史性"，而且忽视了"文化的有机性"，因而在黄文山的基础上，提出自己的"文化学"定义。阎焕文认为黄文山的"文化学"是将文化人类学与文化社会学合成的，他不同意这样一种观点。阎焕文认为："只以文化社会学欲达理解文化的能事，实在是有所不能……我们的文化学是研究文化的全部，在这一点上是文化学和文化社会学的分水岭。"文化人类学也应"置在文化社会学和文化学相同的关系上"。③其主旨是以"文化学"涵盖文化人类学和文化社会学，而不仅仅是将二

---

① 黄文山：《关于附录之说明》，载氏著《文化学论文集》，第1页。
② 黄文山：《关于附录之说明》，载氏著《文化学论文集》，第1页；《文化学及其在科学体系中的位置》，第163页。
③ 阎焕文：《文化学》，《新社会科学季刊》第1卷第3期，1934年8月，第98～99页。

者整合拼凑。其实当时即使是在有一定专业训练的中国学人眼中，文化人类学与文化社会学之间的激烈论争，似乎也并无学理意义，完全能够熔于一炉。

虽然学术层面上见解略有不同，重要的是，阎焕文在文化思想上同样比较偏重于国民党的主流文化意识形态，这或许是他与黄文山能够形成相互呼应的更深层原因。阎焕文对于与政治关系密切的所谓"新文化建设运动"予以高度评价。他引述陈立夫的《中国文化建设论》，[①]指出："'新文化建设运动'是以民族主义的立场，以复兴中国民族为目的，而建设一个新文化的。""总之，无论'新文化运动'，'科学化运动'，'新生活运动'，'新文化建设运动'，虽然它们的动机、方向不同，而从老衰的命运中，把中国文化救出来，建设新中国文化，是异途同归，不可非议的。"[②] 1937 年黄文山在《战时统制理论问题》一文中，提倡"精神力之统制"，在这一问题上，黄文山与阎焕文的观点比较一致。阎焕文认为："文化统制"不是"文化专制"，"文化专制是一党一派想把持文化据为己有，不使他派染指，是一种恶德。不惟阻止文化的进步，且其自身也没有不失败的"。"至于文化统制，并不想文化单一化，只控制文化，不使陷入病态，走入歧途罢了"。阎焕文认为："文化统制"是可能的，但不是无条件的。"文化既是极复杂的东西，我们要不加以深入的研究，随便乱谈文化统制，是非常危险的……所以要想统制文化的命运，必须深研文化学，然后所说始有所本，所行始有所向，所欲始有所成。"[③]

学者陈高佣也对黄文山提出建设"文化学"给予肯定和呼应，并提议学人合作共同建设这一学科。他关于建立"文化学"观点的提出，与黄文山的《文化学的建筑线》有直接关系。陈高佣在 1935 年说道：

---

① 陈立夫：《中国文化建设论》，《文化建设》第 1 卷第 1 期，1934 年 10 月 10 日。
② 阎焕文：《文化学》，《新社会科学季刊》第 1 卷第 3 期，1934 年 8 月，第 29 页。
③ 阎焕文：《文化学》，附录于黄文山《文化学论文集》，第 127、128 页。

去冬读《新社会科学季刊》，见黄文山先生著有《文化学的建筑线》一文，引动我的极大兴趣，这篇文章中所说的许多理论，虽然还仅是黄先生的一点个人意见，但是"文化学"这个名词的提出，则确可以说是正适应一班研究文化科学的人士之共同要求。①

为此陈高傭发表《文化运动与"文化学"的建立》一文，以为呼应。② 而黄文山对陈高傭也给予了极高的评价，认为陈氏"虽然还不曾谈到文化学的根本问题，但其中有一部分确是真知灼见，确乎不拔，且与作者（黄文山自指——引者注）二十年来的主张，大体上可说是一贯的"。③

朱谦之与黄文山互称"好友"，两人在北京大学求学时期就有密切交往。这种交谊实际上始于思想的交锋。在北京大学时期，黄文山组织了无政府主义团体实社，编辑出版《实社自由录》。1920 年 1 月，朱谦之在北京大学与几位志同道合者合办了《奋斗》旬刊，先后出版了"破坏号""自由恋爱号""无政府革命号"，引起轰动。1920 年 1 月朱谦之出版了一本《现代思潮批评》，④ 批评了无政府主义等各种思潮，提出更为彻底的"虚无主义"。朱谦之将此书赠送给黄文山一本。黄文山则以"兼胜"为名在《北京大学学生周刊》上发表长文《批评朱谦之君无政府共产主义的批评》，为克鲁泡特金的无政府主义辩护，提出"朱君所谓虚无主义，犹待探究，——未来社会的趋势如何，虚无主义果能适合未来的社会吗"的疑问。⑤ 朱谦之又著文《再评无政府共产主

① 陈高傭：《文化运动与"文化学"的建立》，《文化建设》第 1 卷第 6 期，1935 年 3 月，第 1 页（文页）。
② 参阅本书第三章第一节"文化论战与'文化学'的思想需求"。
③ 黄文山：《文化学及其在科学体系中的位置》，第 16 页。
④ 朱谦之：《现代思潮批评》，新中国杂志社，1920。
⑤ 兼胜：《批评朱谦之君无政府共产主义的批评》，《北京大学学生周刊》第 7 号，1920 年 2 月 13 日。

义》，予以反驳，黄文山又予以答复。① 两人因论战而成为友人，按照朱谦之后来的回忆，"但不久我们就互相了解了"。黄文山其时正是《北京大学学生周刊》的编辑，他干脆将周刊的编辑工作托付给朱谦之，并赠朱谦之一首诗："翩翩少年古闽朱，落笔万言意新奇。专注感情耻谈理，诚实态度世所希。况复知行合一体，不分宇宙与身躯。欲破太空沉大地，高怀似你我焉如！"两人交谊较深。②

可是朱、黄二人对于"文化学"的见解不大相同，主要原因是朱谦之的学术构架太大，虽然也用到"文化学"的概念，而目的并不在此。他对黄文山的努力有所肯定，认为：

> 考"文化学"（Science of Culture，Culturology）一名为吾友黄文山先生所采用，其意义与 Vierkandt（德国社会学家费尔康特——引者注）相同，乃在社会学之外，另立一种文化学为独立科学……这是何等伟大的学术企图。③

但是朱谦之并不同意黄文山的这一做法，指出"不能因此而否定了文化社会学的存在。反之我们更应该承认文化社会学和文化哲学同属于文化学之一部门"。④ 两人之间的正面呼应不很明显。

黄文山关注到朱谦之的贡献，除了在具体问题上相互有所讨论外，对其也有客观的评价。他指出："朱谦之教授在其有名之文化哲学上，亦隐约地提及文化学的名词，可惜他不曾意味到文化学究竟是什么科学。"他认为朱谦之所主张的"文化"可以作为哲学研究和科学研究的对象的观点是正确的，但不同意朱氏所说的"文化学"是"文化哲学"

---

① 朱谦之：《再评无政府共产主义》，《北京大学学生周刊》第 9、10 号连载，1920 年 2 月 27 日、3 月 7 日；兼胜：《批评朱谦之君无政府共产主义的批评——答朱君的〈再评无政府共产主义〉》，《北京大学学生周刊》第 12 号，1920 年 3 月 21 日。
② 朱谦之：《回忆》，《朱谦之文集》第 1 卷，第 46 页。
③ 朱谦之：《文化社会学》，第 12 页。
④ 朱谦之：《文化社会学》，第 12 页。

与"文化社会学"的相加，而主张"文化学"是"文化哲学"的"母胎"，"文化社会学"是普通社会学的一个分支，"文化学"则不是社会学属下的一门特殊学科。①

陈序经与上述几位倡导者的关系比较疏远。陈序经的《文化学概观》在正式出版之前，黄文山就已经有一定的了解。陈序经的书稿，曾由黄文山的友人岑家梧"抄寄之大纲"，1943年，黄文山在大夏大学岑家梧住所读到了陈序经关于"文化学"的书稿。② 黄文山认为，自己与陈序经的观点有共同的地方，比如对于"文化学"，两人都给予了极高的地位：

> （孔德）首先给社会学在科学体系中排列一个新位置，此种眼光，实属伟大；自此以后，科学分类方才开始表现一个簇新阶段，而一切知识组织，也便完全为之改观。但孔德与当时的许多学者一样，不曾透视出"社会"与"文化"的分别，而以文化的研究仅属于社会的一面，所以一直等到文化学者如德之阿斯华德（Ostwald）、美之克鲁伯（Kroeber）、怀德（White）及我与陈序经之科学分类起来，才把文化学放在社会学之后，列为基本的科学，而科学分类的新体系方才告成。③

陈序经提出"纯粹文化科学"，及把宇宙现象分为五大类，黄文山认为与他的见解"殊途同归"，亦可算是最前沿的一种认识。但黄文山认为，陈序经的"文化学"著作没有系统地论述"文化学"的方法与法则，而这一方面，正是黄氏"文化学体系"重点建构的部分。黄文山后来说：

---

① 黄文山：《文化学及其在科学体系中的位置》，第16～17、20～21页。
② 黄文山：《文化学及其在科学体系中的位置》，第164页。
③ 黄文山：《文化学体系》，第358页。

陈氏本书，虽属草创之作，但比诸前人同类的著述，的确较有组织、有系统、有主见。陈氏在现象的分类中，对于文化学的位置亦有正确的了解，虽然这种分类法，并非由陈氏所独倡（参见拙作对于科学分类的讨论）。所可惜者，本书以汪洋浩瀚之作，对于文化学的科学之范围、方法、法则以及许多根本问题，均未论及，其全般的结论，在乎迹先地论证其夙昔所倡导的全盘西化论。

因此，黄文山认为，陈序经的"文化学"实际上与哲学意味的"文化科学"并没有细致地厘清，还带有"各学科的集合"的意味，没有将它视为一门特殊的专门的学科。这种从定义的角度分辨名词，进而把握学科的努力，在后来的历次文化研究热潮中，常常可以看到。通过这种办法，黄文山将陈序经的"文化学"与自己倡导的作为独立学科的"文化学"从根本上区分出来。黄文山说：

> 陈氏在结论上虽也注重于文化学的建立，以及其在科学中的地位，然陈氏所谓文化学（Kulturwissenschaft），也就是指文化科学，但依我们的意思，德文 Kulturwissenschaft，在英文译为 Cultural Sciences，与 Social Sciences 或 Mental Sciences，差不多同义，这当然是包括许多的科学而言。至于文化学，则为 Culturology or Science of Culture，是指一种独立的科学。……陈氏不曾把这两个名词分辨清楚，所以把文化科学与文化学混用。①

而在中西文化观上，黄文山、陈高傭、朱谦之都明确批评陈序经的全盘西化论，在政治上，前几人与国民党关系比较密切，陈序经恰恰与当局保持相当距离。黄文山、陈高傭均为参加《中国本位的文化建设宣言》的"十教授"成员，本身就是国民党的党派学者，而陈序经对

---

① 以上两段，分见黄文山《文化学及其在科学体系中的位置》，第125~142、25页。

于国民党极力强化思想统制，特别是加强在西南联大这样的高等学府里的势力渗透，十分反感。国民党为了控制大学，规定西南联大院长以上的高级行政管理人员必须加入国民党，陈序经受蒋梦麟和梅贻琦两位校长的邀请，在西南联大担任法商学院院长，但他坚决不肯加入国民党，对于附和国民党官方意志的文化观点，毫不客气地予以反对。陈序经强烈抨击"十教授"的本位文化论，而黄文山、陈高傭也反复强调对陈序经全盘西化论的批评。朱谦之从文化的现代性方面，对全盘西化论表示同情，指出："许多人主张'全盘西化'，以为这就是中国文化的唯一出路，这话我决不反对。我们尊重过去的文化，然而过去的文化须经过今我的创造活动，而后才有存在的意义，所以一切真的文化都是现代的文化，也都是适合于现代的文化，不然所谓过去文化，只是糟粕而已，无生命的木乃伊而已。"但是达到文化的理想境界，不是通过"西化"，而必须通过"科学的文化阶段"，朱谦之很明确地说："我们就现代的中国文化来看，无论从哪方面，都是宣告西方文化之侵入，与本国文化之破产，所以现阶段的中国文化，自然而然地已经走上科学文化的路上。我们越充分理解中国文化的现阶段，越发现中国文化如果不想继续创造则已，要想继续创造，则必须有一个物质的基础，所以全盘承受科学文化，即所以促进中国的新文化；所以凡为现阶段文化所应有尽有的，都可以大量地欢迎它。不过我们要注意的，就是我们所欢迎的乃是科学文化，而不是陈序经先生所谓'西化'。"①

抗战胜利后，原本避处各大后方的大学得以复员，学者之间的相互联系和学术交流活动有了进一步加强的条件，同时为了扩大声势，"文化学"的倡导者们也有沟通和联络的需求。抗战胜利后，广东省立法商学院成立，创办社会学系，黄文山任院长兼系主任。朱谦之随中山大学回迁广州。1948 年 6 月，复员广州的岭南大学校董会接纳了继任校长提名委员会的提议，聘请陈序经为岭南大学校长。这样一来，在

---

① 朱谦之：《文化哲学》，第 212～213 页。

1940 年代末，几位"文化学"的主要倡导者风云际会，云集广州。1948 年，中国社会学社广东分社在岭南大学举行年会，学者岑家梧提议由黄文山、朱谦之、陈序经都提出研究报告，集中讨论。此时正值黄文山连续发表关于"文化学"的几篇重要论文，朱谦之刚刚出版《文化社会学》，陈序经刚刚出版《文化学概观》，由这三位研究文化的学者提交研究报告，自然富有深意。但黄文山承认，自己的理论与朱、陈有别："顾细自检讨，觉得个人的观点，与（朱陈）两先生多不相同……我们三人虽然同是研究文化学，观点正不必相同。学问非一派可尽，一面尊人所学，一面申己所学，或能对本国思想、世界思想作充量的贡献。"①

二 早期的有关学术共同体

学者之间的相互呼应既不如意，在建构"文化学"的学术共同体方面，取得的成效更为式微。关于"文化学"的学术团体，从 1930 年代初，就出现过一些名称接近的组织，这些组织不一定是真正的学术团体，或者内容上不是真正意义上的"文化学"。不过，其中有的组织，与"文化学"学科倡导者有一定联系，考察其来龙去脉和彼此之间的关系，或可深化对后来"文化学"共同体建构成效的认识。

1933 年 12 月，在江西南昌成立了一个"中国文化学会"（有的文献上称"中国文化协会"，应是同一组织），但这一学会并不是"文化学"的学术团体，而是在官方支持下推动文化运动的组织。该会的主要负责人，同时也是国民党内的重要干部，如贺衷寒、邓文仪等。他们发表过一个宣言性质的文件，明确地表示，反对包括共产主义、自由主义、物质主义在内的各国的思潮，而提倡以德国国家社会党的政策为师，对中国的新文化运动采取否定的态度，要求"结束前期文化

---

① 黄文山：《文化学在创建中的理论之归趋及其展望》，《社会学讯》第 8 期，1948 年 12 月，第 9 版。

运动（指新文化运动——引者注），重新做起，确立新的责任"。该会标榜：

> 我们主张以三民主义为中国文化运动之最高原则，发扬中国固有文化，吸收各国进步文化，创建新中国文化。①

中国文化协会之所以设立在南昌，是因为国民党江西"剿共"胜利后，将这里视为"安内攘外复兴革命策源地"，政治背景和目标十分显然。学会的附和者所热衷讨论的，少有学术研究，多为纠正"文化谬误"，而"谬误"的所指，即国民党当局所批评的西化和复古。《乐群周刊》上载文称："最近江西南昌青年界邓文仪等，发起组织文化协会，以结束前期文化运动，发扬中国固有文化，吸收各国进步文化，创建新中国文化为旨归。"而这一所谓"新的文化运动"，实际上是被指望"施以有组织有规律之文化统制"。② 这个协会后被误为"文化学会"，1944 年日据下的中日文化协会上海分会主办的《文协》月刊上，发表一篇《记十一年前中国文化学会成立》，应指的就是这一团体。③

1934 年 3 月，中国文化建设协会在上海中华学艺社大礼堂成立，一年中，分会遍布全国各省。协会成立的盛况为一般团体难以企及，上海、南京、江苏各地、湖南、湖北、四川、陕西都有代表参加，与会者多达 200 余人。会议主席为国民党要员潘公展，他在协会的筹办经过报告中，指出协会的发起，是因为"大家感觉到中华民族，已至生死存亡之关键，要想救国家、救民族，一定要从根本上努力，要根本努力，则不能不从文化上用功夫"。报告中也论及文化的意义，阐述"文化是一般人生活的方式，是无所不包、无所不有的，无论任何民族国家，其

---

① 田灌夫：《中国文化学会之成立》，《中国革命》第 3 卷第 2 期，1934 年 1 月 20 日；《中国文化协会引言》，《乐群周刊》第 12 卷第 5 期，1933 年，26～28 页。
② 《祝文化协会成立》，《乐群周刊》第 2 卷第 15 期，1933 年 1 月，第 8 页。
③ 星：《记十一年前中国文化学会成立》，《文协》第 2 卷第 2 期，1944 年 3 月。

生活方式之表现即文化，社会的进化，亦即文化的进化"。国民党上海市党部代表童行白、上海市市长吴铁城分别致了贺词，最后通过的协会纲领表达了所要提倡和所要反对的各种主张：

> 甲、积极的要提倡：（一）民族精神，（二）科学精神，（三）统一精神，（四）创造精神。消极的要消灭：（一）封建思想，（二）阶级思想，（三）颓废思想，（四）奴隶思想。[1]

中国文化建设协会成立后，对于本位文化的论争问题比较重视，也参与了其中许多活动。刊载《中国本位的文化建设宣言》的《文化建设》杂志，就是该会创办的。其他方面的发展则并不理想。在该会成立后的一年内，能够看到的成绩，不过是"各省分会已大抵组织成立，各事业委员会亦正在计划工作，《文化建设》月刊创刊迄今，为期半年，'读书竞进会'正筹备完成，开始办理。固不可谓无成绩可言，特以事属草创，大抵多偏于准备的工作耳"。[2] 有学者注意到，这一学会建立时，恰好缺乏"文化学"研究的自觉意识。阎焕文述及中国文化建设协会时，指出其对于"文化学"没有客观的态度，没有系统的研究，没有建立"文化学"的雄心。[3] 中国文化建设协会实际上是以思想上的统制和官方文化意识形态的宣传为功能的，自然不能以"文化学"的学会相期待。

1934 年，北平还出现了一个由《文化批判》杂志社特设的"文化研究会"，其宗旨是"本复兴民族文化之立场，集中追求真理之精神，研究学术，交换智识，以推进中国社会之进化为目的"。该会设立五个小组，分别从事各方面研究，即政治经济研究组、史学研究组、哲学研

---

① 《中国文化建设协会已正式在沪成立》，《众志月刊》第 1 卷第 1 期，1934 年 4 月，第 103、104 页。

② 《中国文化建设协会一周年》，《文化建设》第 1 卷第 6 期，1935 年 3 月，第 2 页。

③ 阎焕文：《文化学》，附录于黄文山《文化学论文集》，第 133 页。

究组、妇女与青年问题研究组、文艺研究组。① 研究会特别重视在青年中征求会员，以"在青年知识界来担当这一辅导的任务"为职志，② 研究会总干事为刘海鸥，顾问中有梁实秋、陶希圣、陈映璜、黎锦熙等人。③ 这个组织与国民党的官方文化意识形态相呼应，赞同"唯生论"，拥护"科学化运动"和国民党的文化统制政策。他们在《文化批判》的发刊词中说：

> 以科学的唯生论作为文化运动的准绳，而加以精密地系统的阐述，并以此否定机械的唯物论和玄虚的唯心论，倡导科学化运动，改进社会经济结构……确立文化统制政策。④

1933 年 2 月，黄文山等人参与创办了"中华社会科学学社"，黄是其中三名常务理事之一，负责编辑期刊工作，同时担任社会组和史地组组长。这个团体所主办的期刊，就是发表过黄文山不少论文及阎焕文的长文《文化学》部分内容的《新社会科学季刊》。⑤ 中华社会科学学社标榜"以研究社会科学，阐明三民主义，促进国家社会进步为宗旨"，主要活动是"研究社会科学之各种理论""探讨解决中国各种社会问题之方案""出版期刊及丛书""举行各种社会科学演讲会"。⑥ 几位与黄文山关系密切的学者，如何联奎、卫惠林，都是该会会员。⑦

1934 年冬，又出现了一个与黄文山等一批对民族文化研究饶有兴趣

---

① 《文化研究会简章》，《文化批判》第 2 卷第 1 期，1934 年 11 月。
② 《文化研究会征求会员启事》，《文化批判》第 2 卷第 1 期，1934 年 11 月，第 3~4 页。
③ 《文化研究会职员会员一览表》，《文化批判》第 2 卷第 1 期，1934 年 11 月，第 152 页。
④ 海鸥：《发刊词》，《文化批判》第 1 卷第 1 期，1934 年 5 月，第 3~4 页。
⑤ 《中华社会科学学社社务报告》，《新社会科学季刊》第 1 卷第 1 期，1934 年 2 月，第 211 页。
⑥ 《中华社会科学学社简单〔章〕》，《新社会科学季刊》第 1 卷第 1 期，1934 年 2 月，第 212~213 页。
⑦ 《中华社会科学学社社员名单》，《新社会科学季刊》第 1 卷第 1 期，1934 年 2 月，第 211 页。

的学人相关的学术性组织，即由何联奎、黄文山、孙本文、卫惠林、胡鉴民等发起的"中国民族学会"，该学会"以研究中国民族及其文化为宗旨"，主要活动计划是"搜集民族文化之实物""调查中国民族及其文化""研究中国民族及其文化""讨论中国民族及其文化问题""编行刊物与丛书"。[①] 在其工作计划中，已经确定由学会主要成员分任介绍欧美民族学目录及其研究方法和原则，其中黄文山、孙本文等负责美国部分，何联奎等负责英国部分，凌纯声、杨堃、卫惠林等负责法国部分，德国、日本、俄国也都有学者分任。[②] 该学会后来在南京中央大学成立。1935 年 12 月、1936 年 12 月，分别举行过两次年会。因抗日战争影响，会员分散，活动不多，只举行过座谈会两次。1944 年曾在成都出版《中国民族学会十周年纪念论文集》。[③] 吴文藻在抗战期间曾协助其成立云南人类学学会，后因战争关系人员分散，也没有什么活动。[④]

三　1940 年代后期学术共同体在广州的尝试

抗战胜利后，相关的一些学术共同体有了发展的机会，有些团体对"文化学"的发展有所裨益。其中，中国社会学社及其广东分社在"文化学"学者的联系方面有着不可忽视的作用。中国社会学社成立于 1922年，终因参加人数太少，无形解散。1928 年另行组织，发展成为一个全国性的学会，具有了专业学术共同体的性质，如孙本文所说，"全国社会学者在此唯一的学社中分途研究，表现一种团结一致的精神"。[⑤]

中国社会学社广东分社在抗战初期即已筹备，因广州失陷，致使筹

---

① 《中国民族学会简章草案》，《新社会科学季刊》第 1 卷第 2 期，1934 年 8 月，第276 页。
② 《中国民族学会工作计划》，《新社会科学季刊》第 1 卷第 4 期，1935 年 3 月，第 337 ~338 页。
③ 《中国民族学学会近况》，《社会学讯》第 4 期，1947 年 1 月，第 4 ~5 版。
④ 黄淑娉、龚佩华：《文化人类学理论方法研究》，第 425 页。
⑤ 孙本文：《晚近中国社会学发展的趋向》，《社会学刊》第 6 卷合刊，1948 年 1 月，第46 页。

备停顿。抗日战争胜利后，中山大学、岭南大学复员广州，同时原广东省立勤勤大学法商学院发展成为广东省立法商学院，黄文山接任该院院长，创办社会学系，并积极在广州的社会学界承担联络。利用这一资源，1946 年 4 月，中国社会学社广东分社成立，主要由在广州的中山大学、广东省立法商学院、岭南大学三校社会学系人员组成，理事长为黄文山。① 广东分社成立一年后，已有社员 41 人，其中大学社会学系教师 13 人。② 分社在联络社员方面的主要工作有举办大会、学术讲座和座谈会及出版作为学会通讯的刊物《社会学讯》。

1947 年 1 月，黄文山到南京与孙本文、凌纯声商讨恢复组织中国社会学社、中国民族学社及出刊《社会学报》《民族学年报》等事宜。③ 据报道，"中国民族学会由黄文山、何联奎、孙本文、徐益棠等发起组织，民国二十三年十二月成立于南京……最近以黄文山氏来京，乃举行座谈会。决定（一）春间在京召开年会，（二）编纂《民族学名词辞典》，推举黄文山、凌纯声、孙本文、卫惠林、何联奎、徐益棠等负责编，（三）出刊民族学年报"。④ 因社会学、民族学本身具有良好的基础，学术共同体的恢复比较顺利，这些机构和人员对黄文山"文化学"的建构努力起到一定的作用，其中一些研究方向有利于"文化学"的发展。

试图把"文化学"融入学术团体的尝试，是 1945 年在广州成立的"中华文化学会"。该学会渊源上溯自 1937 年 2 月 11 日吴康等一批中国学人在法国巴黎成立的"中华文化学会"，这个学会在成立时有 30 多人，以江浙籍学人居多。当时已计划设立专门学术研究机关，如拟设中华文化学院或研究院，但因抗战事起，学人纷纷回国，会务

---

① 《中国社会学社广东分社成立经过》，《社会学讯》第 1 期，1946 年 5 月，第 7~8 版。
② 《中国社会学社概况》，《中国社会学社》第 5 期，1947 年 9 月，第 6 页。
③ 《黄文山返穗》，《社会学讯》第 4 期，1947 年 1 月，第 4 版。
④ 《中国民族学学会近况》，《社会学讯》第 4 期，1947 年 1 月，第 4~5 版。

停止。① 1945 年 10 月，该学会的一部分成员返回广州，倡议恢复该会，于 11 月 25 日举行该学会的成立大会，吴康、黄文山等 9 人当选为理事和常务理事，吴康为理事长。12 月 15 日，中华文化学会在中华文化学院内设临时办事处，1946 年 1 月迁入广州文德路私立广州法学院内。该会的政治倾向十分明显，章程中提出"以研究学术，发扬文化，建设三民主义新社会为宗旨"。② 学会有研究部，分为三大类 27 组，其中在第二大类社会科学类中设有"文化学"组，主要研究员为黄文山、戴裔煊和岑家梧，③ 这同时表明，该会虽然以"文化学会"为名，主张研究学术，研究计划也包括"文化学"，却并不是主张"文化学"为独立学科的学人的专门组织。

抗战胜利后的这一时期，是"文化学"相关学术成果发表较多的时期。这与主要的倡导者集中在广东，并且在学术界占据一定的学术资源有关。广东省立法商学院出版《法商学术汇刊》一册，"其中关于社会学者有黄文山《文化体系与社会关系》……等篇"。④ 虽然归在社会学的范围，实际上讲的是黄文山"文化学体系"中的一个专题。中山大学法学院出版《社会科学论丛》，收有黄文山《文化学的建立》。⑤ 中国社会学社广东分社出版的《社会学讯》密集地发表了一系列与"文化学"有关的论文。1947 年 10 月，黄文山在《社会学讯》第 6 期发表《文化体系的类型》。1948 年 4 月，陈序经在《社会学讯》第 7 期发表《研究西南文化的意义》。12 月，《社会学讯》第 8 期刊载孙本文

---

① 吴康：《中华文化学会在巴黎》，《中华文化学术专刊》第 1 卷第 1 期，1946 年 11 月，第 34 页。

② 《中华文化学会大事记》，吴康、罗镇欧编《中华文化学会概览》，中华文化学会，1946，第 11~12、6 页。

③ 《中华文化学会各部工作计划》《中华文化学会研究员名表》，载吴康、罗镇欧编《中华文化学会概览》，第 10~11 页。和文化学并列于社会科学类的各组是：三民主义组、政治学组、法律学组、经济学组、社会学组、教育学组、市政学组。

④ 《社会学新书刊出版》，《社会学讯》第 3 期，1946 年 8 月 1 日，第 7 版。

⑤ 《国立中山大学法学院〈社会科学论丛〉出版》，《社会学讯》第 7 期，1948 年 4 月 20 日，第 4 版。

《二十年来之中国社会学社》、陈序经《社会学与西南文化之研究》、朱谦之《文化社会学纲要》、黄文山《文化学在创建中的理论之归趋及其展望》。值得注意的是，陈序经在主持岭南大学校政时期，设置西南社会经济研究所，刊行丛书，特将黄文山的《文化学及其在科学体系中的位置》纳入出版，黄文山撰写此书时，"得友人卫惠林、戴裔煊诸先生之切磋者独多。陈校长序经允为印行，而岑家梧教授复多方推进"。①这应是一次协调和呼应的努力。

在构建新学科的过程中，学人之间的联系、协调和呼应十分重要。而在"文化学"的建构过程中，可以看到其中有相成和相应的，也有相反和相对的关系。从倡导"文化学"的多数人来看，论述"文化学"的现实意义，很难避免学术为政治服务之嫌，而且是为国民党的集权路线服务。国民党提倡"新生活运动"和"新文化建设运动"，包括"中国本位文化建设运动"在内，都是面对日本不断强化的压力，力图以权力集中和思想统一的方式，改变北京政府时期中国政治上的割据纷争，以及五四以来思想上五花八门、莫衷一是的状况，加强国民党和国民政府的统一掌控。问题是，国民党和国民政府的统制，很难得到国民的高度认同，而国民党和国民政府对待异见，又往往采取高压暴力手段。如果以"文化学"的建设来简单地论证"文化统制"的合理性，就不禁令人怀疑其动机和效果，在仍然深受五四以来思想自由风尚主导的学术界，不易获得普遍和真心的迎取。加之，由于各自的思想着眼点存在较大差异，新的学科理论又处于草创阶段，尽管各人努力营造一种协调和合作的氛围，最终仍显得各说各话，所期待的学术共同体停留在非常低级的水平。而华勒斯坦指出的"研究的制度化"的其他各个方面工作——创办各学科的专业期刊、按学科建立各种学会（先是全国性的，然后是国际性的）、建立按学科分类的图书收藏制度②——则完全没有提上议事日程。

---

① 黄文山：《文化学及其在科学体系中的位置》，"自序"，第9页。
② 华勒斯坦等：《开放社会科学：重建社会科学报告书》，第31～32页。

第三节 体制的中折和学科建构的轮回

一 "文化学"的消失与建构者的异趣

新中国成立后，对原有的学科体系进行了大规模的调整，社会学、人类学是社会科学中受到冲击最大的两个学科，1952 年，设有社会学系的大学只有中山大学和云南大学，1953 年，这两个仅有的社会学系亦并入其他院校和专业，社会学教学和科研至此完全停顿。①

在这种情况下，原本在理论和体制上对社会学、人类学比较依赖，尚处于倡导阶段的"文化学"便完全丧失了立足之地。在整个民国时期，"文化学"建构所取得的全部成就，仅限于学科概念的引入、学科创建的呼吁及少数系统著述、个别课程和不甚专门的学术组织。新中国的文化建设，先天已有挟军事、政治胜利之威而来的完整的意识形态，对于具体文化问题的研究，也有他国"社会主义文化"的既成样板，而"文化学"、社会学、人类学的理论，西方色彩如此之重，阶级特性又易于标签，从整体上已经成为新社会所不需要的东西，这在体制上，使"文化学"的学科建构骤然而终。此前的学科建构者，如陈序经、朱谦之等，均将学术方向转到其他领域，"文化学"一词长时间无人提及。虽有黄文山在港台及海外继续从事"文化学"体系的著述，由于政治的隔阂，对大陆基本上没有产生影响，在港台地区也不成气候，至少距离其理想目标还遥不可及。钱穆等人虽然也有以"文化学"命名的著述，主要目的不在于学科建构，而是为了宣扬其思想。钱穆的西学本来就遭人诟病，附会之处不少，而且讲西学多半也是因应时势，未必即以为然。

---

① 韩明汉：《中国社会学史》，第211页。

1949 年春，黄文山到台湾，居台北数月，7 月抵达美国旧金山。[①]
1956 年在洛杉矶出版中英文《华美周刊》，1960 年任教于美国南加州
大学（University of Southern California），1961 年在洛杉矶创办"华美文
化学院"，以保存及阐扬中国文化，并促进东西文化交流与混融为目
的，自兼院长。1968 年，为台湾的"国家科学委员会"聘为客座教授，
返回台湾，任教于台湾大学社会学系及考古人类学系。1970 年，受聘
为香港中文大学新亚学院客座教授。一年后应珠海书院之邀，留港讲
学，任该校文学院院长。后因肾病施行手术，1973 年夏，辞退香港职
务，返回美国，任洛杉矶东方大学研究院院长及教授。1982 年在美国
洛杉矶逝世，葬于当地玫瑰坟场。[②]

离开大陆后，黄文山还能继续从事他的"文化学"理论体系的构
建。1950 年应美国文化人类学学者克鲁伯邀请，黄文山赴哥伦比亚大
学人类学系从事"文化学"研究，并在纽约新社会科学学院（New
College-New School for Social Research）讲授"中国文化史""文化学"
"艺术史"等课程。在南加州大学任教期间，"文化学"也与"中国文
化史""中国艺术史"等课程一样，是他讲授的主要课程之一。黄文山
在台湾期间，在台湾大学考古人类学系也讲授"文化学"。[③]

1959 年，所著《黄文山学术论丛》由台湾中华书局出版，所收各
论文以提倡建立"文化学"的论著为主。1963 年 6 月，在台湾的《中
央研究院民族学研究所集刊》第 27 期发表英文论文"Culturology——
Its Evolution and Prospects"（《文化学的演进及其展望》）。

在台湾和海外期间，黄文山完成了《文化学体系》一书的最后部
分，1968 年该书在台湾出版。全书 19 章，分上、中、下三篇，合计约
70 万字。该书对文化研究的学说进行了全面的综述和批评，系统提出
了关于"文化"和"文化学"的观点，指出"文化学"是研究文化现

---

① 何联奎：《自述》，《何联奎文集》，第 409 页。
② 刘伯骥：《黄文山》，载华侨协会总会编《华侨名人传》，第 397 页。
③ 卫惠林：《〈黄文山文集〉序》，《黄文山文集》，第 1 页。

象的科学，不但应当成为独立的科学，而且应在科学体系中占据最高的位置。"文化学"的任务，是说明文化体系的类型、结构和动力，形成一般的文化学说和原则，并据此求得文化问题的解答。这是黄文山自1920年代致力于"文化学"建构以来最系统的和集成性的理论著作。

同时，他在大陆时已经出版的一些书籍，如《文化学及其在科学体系中的位置》《唯生论的历史观》，翻译的《当代社会学学说》《社会法则》，也都谋求在台湾再版。① 晚年到美国后，黄文山仍致力于英文著作《文化学与中国文化》的编撰，此外还有各种著作和文集出版。1959年出版的《黄文山学术论丛》，所收论文以提倡建立"文化学"的论著为主；1971年出版的《当代文化论丛》（上下册），以1949年以后撰写的短篇评论和随笔为主；② 1983年台湾出版的《黄文山文集》主要收集了若干篇论述民族学、社会学、中国文化的论文，及一部分评论、序跋、诗词等文字。1971年在台湾出版了黄文山翻译的李约瑟的名著《中国之科学与文明》（即《中国科学技术史》）导论卷。同年在香港《珠海学报》发表的短文《由文化形态到文化学——克鲁伯的文化学说研讨》，可见其晚年对"文化学"理论的不倦探索，甚至对"文化学"的发展势头仍抱乐观态度，表示"余于当代文化之研究由文化形态学以进于文化学，今日大有欣欣向荣之势，殆有同感"。③ 直到辞世前，黄文山仍十分重视"文化学"相关著述的撰写和出版，"待刊之书稿，有《文化学方法论》、《新大同书》、英文《中国文化学》、《黄文山文化学论丛》、《文化学导论》，及《超级太极拳》等书"。④ 黄文山至死，都将"文化学"的建构看作自己最重要的事业。在去世前，

① 《文化学及其在科学体系中的位置》《唯生论的历史观》1982年由台湾商务印书馆重新出版，《当代社会学学说》1965、1967年在台湾重印，《社会法则》1965、1968、1971年在台湾重印。

② 这两部书分别由台北中华书局1959年、香港珠海书院出版委员会1971年出版。

③ 黄文山：《由文化形态到文化学——克鲁伯的文化学说研讨》，《珠海学报》（香港）第4期，1971年7月，第21页。

④ 刘伯骥：《黄文山》，载华侨协会总会编《华侨名人传》，第395页。

黄致函友人刘伯骥，请求他为自己办理后事。信中说：

> 写一墓碑，交西人刻字，碑之中，除生卒年月日外，书先父黄
> 文山号凌霜之墓，左为母湖南长沙夫人讳黄文华，右为广东中山夫
> 人讳郑洁贞，男（大江）、任夫、建夫、女美华敬立。中华民国年
> 月日。碑下英文横书作家、文化学专家、爱国者黄文山。公元生卒
> 年期。①

朱谦之的学术兴趣十分宽广，他在"文化学"方面的著述，只是
其全部著述中的一部分，很难将他的全部学术兴趣归结为以"文化
学"为中心的研究。但他宏大的"文化学"体系以及其中的具体方
面，也确实是其愿意倾注心血的。1949 年时，他将自己在比较文化方
面的六篇论文结集为《比较文化论集》，但因时局关系，没有能够出
版。编写这部书时，朱谦之认为，当时世界上还没有一部理想的"比
较文化学"的专门著作，或者可以说"比较文化学"尚未成立，他想
应用自己已有的"历史哲学"和"文化哲学"的研究成果，来从事
"比较文化学"的研究，其内容主要包括：

（1）世界史上的文化区域；

（2）文化区域之形态学；

（3）比较宗教；

（4）比较哲学；

（5）比较科学；

（6）比较艺术；

（7）世界文化主流之协调与综合。②

朱谦之所研究的比较文化学，其对象就是作为历史存在的三种

---

① 刘伯骥：《黄文山》，载华侨协会总会编《华侨名人传》，第 397 页。
② 本段及下段，分见朱谦之《比较文化论集·序》，《朱谦之文集》第 7 卷，第 254、
255 页。

"知识文化"，即印度、中国和西欧。在完成《比较文化学》之前，朱谦之决定先发表《比较文化论集》，为将来撰写《比较文化学》做准备。编入此集的六篇论文分别是已在各刊发表的《世界史上之文化区域》《中国人性论史》《中国文化之本质体系及其发展》《中国文化之地理三周期》《印度佛教对原始基督教之影响》《希腊与中国音乐之交流》，朱谦之以为，这些论文不足以代表《比较文化学》之全体，但合拢起来，可以"包含一种完整体系的文化形态学在内，如能与前著《文化哲学》、《文化社会学》参照阅读，更可以窥见一种根据严密之论据所形成的比较文化学之体系"。朱谦之希望"如果环境稍为安定，在最近的将来，我愿竭力贡献一部完整可观的《比较文化学》，以求与Spengler、Toynbee之著作并驾齐驱"。

新中国成立后，思想和学术的格局大变。作为一位时代感非常强烈的学者，朱谦之主动或被动地尽力完成自己的学术转向。在建国之初大学校园里的新民主主义学习活动中，朱谦之曾经被推举为"新民主主义学习会"的召集人、哲学系学习小组的组长，并担任了"辩证唯物主义与历史唯物主义"和"社会发展学说史"两个科目的教学。特别是经过电影《武训传》的批判后，朱谦之认为，自己的"世界观"开始"逐渐改变"，进而，对原来撰述的《文化哲学》和《文化社会学》等著作采取了检讨和批判的态度。他表示：

> 我因学习了《武训传》才完全明了艺术和教育都是有阶级性的，而我从前表现于《文化哲学》和《文化社会学》中"超阶级"思想，乃是根本错误，意识到这是无产阶级世界观和小资产阶级世界观的不同。《文化哲学》以前虽有李长之等批评它，但都不曾惹起我的注意，而只在学习关于《武训传》的批评以后，我才能站稳立场，决心把这错误思想加以肃清。尤其如和平的空想——表现于《文化哲学》中所说的"艺术时代"，或《文化社会学》中所云"美的社会主义"无阶级立场，——徘徊于两种矛盾

的思想体系之间，表现小资产阶级的软弱性。①

1952 年，全国院系调整，朱谦之回到母校北京大学哲学系任教授，但主要的学术领域已不再是包括"文化哲学""文化社会学""比较文化学"或者"文化教育学"的"文化学"的问题了。这时的朱谦之，主要从事中国哲学史的教学和研究，撰写了《老子哲学》《中国哲学史史料学》《中国哲学史简编》等著作。1958 年他又转入东方学的研究工作，成为中国在东方哲学领域的拓荒者之一，先后撰写了《日本哲学史》《日本的朱子学》《日本的古学及阳明学》《中国哲学对欧洲的影响》。在音乐学方面，他出版了《中国古代乐律对于希腊之影响》。1964 年，朱谦之调往中国科学院哲学社会科学部世界宗教研究所任研究员。尽管此时他已重病缠身，但仍著述不止，致力于佛教和中国基督教等方面的研究，翻译的著作有《中国禅学思想史》《韩国禅教史》，特别是基督教史研究领域的《中国景教》，被学术界公认为一部重要的中国基督教史专著。1972 年朱谦之因脑溢血逝世，享年 73 岁。

陈序经是在大陆政权更替之际从天津南开大学来到广州的。1948年，岭南大学聘请陈序经担任校长，陈序经旋南下主持岭南大学。新中国成立前夕，陈序经挽留了陈寅恪、姜立夫等一批知名学者到岭南大学任教，并反对将岭南大学迁往香港，对岭南大学最后阶段的发展和稳定过渡到新时代起到了关键的作用。1952 年，大学院系调整，作为教会大学的岭南大学不复存在，以原岭南大学和中山大学的文、理科系为基础，组建新的中山大学，陈序经任中山大学筹委会副主任。1954 年，陈序经任中山大学历史系教授，并负责筹建东南亚研究所，1956 年被评为一级教授，担任中山大学副校长。1962 年，暨南大学在广州复校，陈序经兼任校长。1964 年，陈调任南开大学副校长。在这一时期，尽

① 朱谦之：《世界观的转变——七十自述》（四），《中国哲学》第 6 辑，第 413～415 页。

管受到各种不公正的待遇和了无穷期的思想批判，陈序经仍坚持进行科学研究，并且竭尽全力地为新中国高等教育的发展，做出自己的贡献。"文化大革命"期间，陈序经受到严重的冲击，被无端扣上"美国特务""反动学术权威"的罪名而遭到专案审查和残酷迫害。1967 年 2 月 16 日，思想上和生活上都饱受折磨的陈序经在南开大学的临时居所因心脏病突发而逝世，终年 64 岁。

1949 年以后，陈序经仍很重视自己的"文化学"著述，在新中国成立初亲笔所填的一份表格中，在"著作及发明"一栏里，还将《文化学概观》作为 6 项成果之一填报，与 1933 年完成的《沙南疍民调查》、1946 年完成的《疍民的研究》、1941 年完成的《暹罗与中国》、1948 年完成的《南洋与中国》、1949 年完成的《越南问题》并列，而对影响甚大的《中国文化的出路》《东西文化观》只字不提。① 显然陈序经认为自己的这部著作算得上学术著作，而不是思想著作。但是1950 年后陈序经的治学环境发生了巨大变化，许多自己原来已经很有造诣的学科如社会学等被取消了，他费了许多心血构建的"文化学"当然更谈不上了。在这种情况下，陈序经开始开辟新的学术领域。1954年，陈序经参与筹建中山大学东南亚研究室，后来发展为东南亚研究所，即以主要精力专注于东南亚古史和中国少数民族史的研究。1950～1960 年代，他撰写了《东南亚古史研究》8 种，即《东南亚古史研究初论》《越南史料初辑》《林邑史初编》《扶南史初探》《猛族诸国初考》《掸泰古国初稿》《藏缅古国初释》《马来南海古史初述》，1992 年12 月以《陈序经东南亚古史研究合集》为题，由香港商务印书馆、台湾商务印书馆、深圳海天出版社出版。他以丰富的人类学、社会学、历史学的理论，结合自年轻时便积累下来的对东南亚地区实地考察的知识，旁征博引，条分缕析地阐释了东南亚各国的历史沿革、地理方位、种族源流、社会经济、文化宗教、风俗习惯、国际关系等问题。这 8 部

---

① 表格藏广东省档案馆，卷宗号：38 - 1 - 83。

著作内容博大，涵盖了东南亚所有的古国，实质上是一部完整的东南亚古代史。

陈序经关于中国少数民族历史的研究成果，主要体现在 1950 年代开始的匈奴史研究和 1960 年代进行的西南少数民族史的研究。《匈奴史研究》收集整理了大量中国与欧洲有关匈奴的资料，融会贯通，考校钩沉，不囿成说，引领了中国周边民族史研究的新发展，受到学术界高度评价。1964 年夏，陈序经前往云南西双版纳访问考察，获得一批关于西双版纳历史的新资料，回来后，他利用大量中外史料对傣文的西双版纳编年史——《泐史》进行了诠释和补充，纠正了原书的若干讹误，提高了西双版纳地方历史的准确性，丰富了《泐史》的资料记载，增强了这部珍贵史书的存史功能。这部书稿于 1965 年脱稿。这部西南少数民族史研究的专著《泐史漫笔——西双版纳历史释补》，同样是在进行大量实地考察的基础上，对这一地区少数民族的历史进行了细致的研究，在历史学、民族学上都具有重要的价值。这两部研究成果在 1989年、1994 年分别由天津古籍出版社和中山大学出版社出版。

二　"文化学"重建的呼声

"文化学"的重新提倡，是在 1980 年代以后随着中国大陆"文化热"的兴起而再度受到重视。1982 年，著名科学家钱学森在《中国社会科学》上著文倡议，对文化进行系统的研究，建立"文化学"的基础理论，从整个社会系统来研究文化事业，建立学科。钱学森是从社会主义物质文明和精神文明并立的意义上提出这一概念的。他指出，对应于研究物质财富生产事业的经济学，有必要建立一门研究精神财富创造事业的社会科学——"文化学"。钱学森指出：

> 我们党和国家下大力发展科学技术、文学艺术、教育事业以及其它社会主义精神财富创造事业，所以我们要研究创造精神财富的全部学问。我想，分散地提这门学问、那门学问不行了，要综合地

提，全面地提，所以建议称这门学问为文化学。文化学是关于社会
主义精神财富创造事业的基础理论。①

　　钱学森是著名科学家，时任国防科学技术工业委员会副主任。以他
的名望和地位，这一倡议得到了高度重视。1980 年代中期，国外社会
科学界对文化现象和文化理论的研究日益受到国内学术界重视，国际上
新兴分支学科与交叉学科的产生也对国内学术界有很大鼓励，不少人士
把研究目光转向文化学说的探讨和中西文化的比较。在这种形势下，学
术界中有人意识到，分立的、多元的人文科学诸学科最终将在"文化
学"中得到统一，许多学术之谜可望在"文化学"中得到解答。因此，
黑龙江省社会科学院主办的《学习与探索》杂志发表了一些关于"文
化学"的文稿，以推动这方面研究的进展。其中刘敏中的论文《文化
学说构架无效要素价值论纲》分析了文化学说构架系统的特性，探讨
了作为文化学说构架系统的无效要素的价值属性，认为可以从结构价
值、矫正价值、积淀价值等方面认识文化学说构架系统中的无效要素的
价值。② 因刘敏中的这篇论文，何新提出"在我国的人文社会科学中，
也有必要开展'文化学'研究的问题"。③ 同时，何新在《文化学的概
念与理论》一文中指出：

　　　　广义的文化学，即文化形态学，不同于狭义的文化人类学。这
　　门科学实质上是一切人文学术的共同基础，并且在原则上应当概括
　　和归纳人文学术的主要成果。这门科学探索解释人类文化形态起源
　　和演化的理论和方法。它有两大分枝，一是以主体——人类为对
　　象，一是以主体的创造物——社会及其产物为对象。前者是人类

①　钱学森：《研究社会主义精神财富创造事业的学问——文化学》，《中国社会科学》
　　1982 年第 6 期。
②　刘敏中：《文化学说构架无效要素价值论纲》，《学习与探索》1985 年第 3 期。
③　何新：《关于文化学研究的通信》，《学习与探索》1986 年第 2 期。

学，后者是社会科学。人类学又分为两大分枝，一是研究人类的自然本体——体质人类学。一是研究人类的文化起源——文化人类学，由民族学和考古学两科组成。社会科学则划分为历史、心理、语言、经济诸科。①

顾晓鸣也是当代"文化学"的一名重要倡导者。他在《有形与无形：文化寻踪》一书中分析鉴别了各种文化概念，从文化的基本理论、文化原型分析、文化现实媒介三个方面论述了"文化学"的存在与发生体系。顾晓鸣并且指出："我认为，由于文化现象遍及人类的一切方面，因此，'文化学'的提出有可能确立一门与我们通常的社会历史研究角度和方法迥然不同的总体性学科。"这样一门学科，用现代术语来讲，是"基于'文化研究'的经验研究和中间理论基础上的一门实证学科"。②

这一潮流，与民国时期"文化学"在中国的倡导和建构已相距30多年。饶有趣味的是，历史上的许多现象，在新一轮建构中又得到了某种程度的再现。

首先是西方理论重新大量输入国内。1980年代以后，出现了一批以"文化学"理论为主要对象的研究著作，1987年庄锡昌等人编的《多维视野中的文化理论》，介绍了中外名家关于"文化学"的概念、方法和理论。作者另有《文化人类学的理论框架》，以日本人类学家绫部恒雄主编的《文化人类学的十五种理论》为蓝本，论述了文化人类学的思想和学术流派。1999年陈山著《痛苦的智慧：文化学说发展的轨迹》，介绍了西方各种文化理论思潮的嬗变及哲学思想史基础。其他各种"文化学"的研究著作，都将西方有关"文化"的理论或详尽或略地做了介绍，作为自己的"文化学"论述的基础。1989年韩明青的

① 何新：《文化学的概念与理论》，《人文杂志》1987年第1期。
② 顾晓鸣：《有形与无形：文化寻踪》，上海人民出版社，1989；《追求通观：在社会学文艺学文化学的交接点上》，第52、55页。

《文化论》从文化系统论到文化进化论，把文化研究和人类研究结合起来，揭示了文化研究的人本主义特点和物质进化论特点。童恩正的《文化人类学》介绍了该学科的基本方法、观念和术语。1991 年胡潇著《文化现象学》，对文化本质的反对面——文化现象进行观察、思考和研究。1996 年李春泰出版《文化方法论导论》，提出方法的进步是文化发展的内在原因，从宏观的视野指出，文化方法发展经历了"想象、直观、控制实验、形式化"四个阶段。[①]

同时，"文化"的概念问题仍是"文化学"提倡的首要问题。几乎所有的论著都由"文化"的概念讲起，所有的概念溯源几乎一致，但并不意味着这个概念问题得到了圆满的解决。朱维铮提到，1982 年夏天上海学术界人士举行文化史座谈会，首先提出文化定义问题，引出此后近两年的基本概念争论。关于文化的界定人人各异，反而导致没有定义即是定义的倾向，结果是基本概念的探究暂束高阁，讨论文化的传统结构、特征和价值判断等问题为主的泛文化研究暂居主流。[②] 各种论述中的"文化"概念以及所导致的"文化学"范围的不一致，成为新时期"文化学"建构的普遍现象。

在系统著作和教科书的编写方面，以"文化学"为题的教材和专著陆续产生。以"文化学"作为题目的著作，则有郭齐勇著《文化学概论》、李荣善著《文化学引论》、孙凯飞著《文化学——现代国富论》[③] 和陈华文著《文化学概论》及《文化学概论新编》诸种。2000 年刘敏中的《文化学学·文化学及文化观念》一书探讨了"文化学"

---

① 各书出版情况：庄锡昌、顾晓鸣、顾云深：《多维视野中的文化理论》，浙江人民出版社，1987；庄锡昌、孙志民：《文化人类学的理论框架》，浙江人民出版社，1988；陈山：《痛苦的智慧：文化学说发展的轨迹》，辽宁人民出版社，1999；韩明青：《文化论》，广西人民出版社，1989；童恩正：《文化人类学》，上海人民出版社，1989；胡潇：《文化现象学》，湖南出版社，1991；李春泰：《文化方法论导论》，武汉出版社，1996。

② 朱维铮：《壶里春秋》，上海文艺出版社，2002，第 48 页。

③ 孙凯飞：《文化学——现代国富论》，经济管理出版社，1997。

理论的一些基本问题。① 同样，关于"文化学"的研究和思考，既有从社会学、人类学角度的分析，如 1988 年刘云德著《文化论纲》，从社会学的角度讨论文化问题，对文化要素、文化分析、文化变迁、东西文化做了简要阐释；② 也有从哲学角度的认识，如郭齐勇和邓晓芒撰文《文化学内核刍议》，提出"以人为核心"的"文化学"理论建设问题，指出"文化学"研究包括"理论文化学"（文化哲学）、"文化历史"、"比较文化"、"现实文化"、"文化管理和应用"多层次的内容。③ 1999 年刘进田著《文化哲学导论》，从文化与人的内在相关性中考察文化，将文化研究放在哲学本体论的高度进行研究。④

因"文化热"的高涨和"文化学"的再度呼吁，在工具书方面也出现了需求。1988 年出版的《文化学辞典》广泛参考国内外的有关著作和各类辞书，提供了有关"文化学"的一般名词术语、重要理论和流派、人物与著作、文化类型与研究机构等方面的基本知识，并附有"文化学"研究的参考书目。⑤

在新时期有学者提出了"文化学"的学科设置问题，并希望通过这一方式将"文化学"纳入国家的学术体制。李宗桂认为，"文化学"研究文化的生存环境，文化的地域、民族、时代等属性，文化的积累与变迁、继承与创新、传统与现代、大传统与小传统、民族化与世界化、多样性与统一性的关系；或者说是探讨文化的要素、特征、性质、动力、结构、功能、价值、生命，研究文化各系统的类型、形态、机制、历程（发生、发展、成熟、衰变）以及不同文化系统之间的传播、选择、涵化、交融、转型、整合的特点及其规律。从学科定位来看，"文化学"是研究文化的科学。它以文化现象、文化行为、

---

① 刘敏中：《文化学学·文化学及文化观念》，黑龙江人民出版社，2000。
② 刘云德：《文化论纲——一个社会学的视野》，中国展望出版社，1988。
③ 郭齐勇、邓晓芒：《文化学内核刍议》，《哲学研究》1988 年第 5 期。
④ 刘进田：《文化哲学导论》，法律出版社，1999。
⑤ 覃光广、冯利、陈朴：《文化学辞典》，中央民族学院出版社，1988。

文化本质、文化体系（文化系统）为研究对象，探讨其起源、演变、传播、结构、功能、本质，文化的个性与共性、特殊规律与一般规律。"文化学"是一门综合性、边缘性、交叉性的新兴的社会人文学科，是基础研究和应用研究并重的"应用性基础研究"学科。作者呼吁，文化研究的实践已经为国家设置新兴的一级学科——"文化学"——提供了坚实的基础，并在客观上呼唤着"文化学"一级学科的设置，以及相应的学位授权点的设置；同时，也呼吁在本科阶段设置"文化学"专业。① 林坚也指出，作为一门与政治学、经济学并列的基础性学科，"文化学"是在最一般的意义上对有关文化现象及其本质进行研究，抽象出一般规律，引导各个分支文化学科的研究，是关于"文化"的"元研究"。作为一个学科体系，"文化学"应列为"一级学科"，可分设如下二级学科：文化学原理、文化哲学、文化人类学、文化社会学、文化地理学、文化产业学、组织文化学、中国文化史、世界文化史、比较文化学。②

　　在中国各地，尤其在高等院校和社会科学院中，以"文化"冠名的各种"文化研究所"已不可胜数，但在学系设置方面，仍十分罕见。近年来，众多大学的历史系改为"历史文化学院"，其中有些学校在此类学院中设置了"文化学系"，如华中师范大学，在历史文化学院下设立"文化学系"，以历史学专业为依托，重视"文化学"理论的培训。

　　总的来说，"文化学"在新时期的建构，仍然遇到了在民国时期遇到的大致同样的问题。有论者在提倡之初便表达了愿景：

　　　　文化学目前在国内尚是一门有待开拓的新兴学科，究竟如何认识它的研究对象、学科性质、基本理论和研究方法等，还需要学界

---

①　李宗桂：《"文化学"建设与文化现代化》，《中山大学学报》2005 年第 6 期。
②　林坚：《文化学研究的状况和架构》，《人文杂志》2007 年第 3 期。

同仁作更深入的探讨。本文所谈的，只是若干不成熟的看法，发表出来，不过是期冀引起大家对这些问题的关注，推动这门新兴学科的建设，倘若能达此目的，那我们就感到莫大的欣慰了。①

直到今天，这应当还是一个问题。

① 周洪宇等：《关于文化学研究的几个问题》，《华中师范大学学报》1987 年第 6 期。

结　语

从文化自觉到知识"自觉"

　　西方学术输入中国，对近代中国知识界，既启动了观念、知识和制度的转型，指示了学术发展的目标和标准，也导致了中国学人因身处中国知识和学术落后的窘境而产生的民族焦虑和文化紧张感。不少中国学人从西方学术发展的历史中，认识到"文化学"这一"新兴学科"对近代中国特有的吸引力。在近代西方，为着找寻人类历史发展的根本法则，靠着"近代科学"的指引，发展出了多门现代学科，但各门学科的建立并没有一劳永逸地完成探索人类历史发展法则的使命。社会学是最接近于这一学术目的的学科，它的发展曾盛极一时，门派林立，但或趋于琐碎，或趋于玄奥。民族学、人类学以自然科学的态度参与了对人类社会的探讨，对以原始初民为代表的小型社会研究做出了显著的贡献，但对于全部人类社会与文化法则的探研还远远没有解决。正是在这一背景和追求下，"文化学"登上了世界学术的舞台。

　　可是，"文化学"在西方的发展并不能如人意，它能否成为独立学科，争议不小。即使在对这一学科态度积极、乐观的少数中国学人看来，也只能说要到1930年代，"文化的研究，可以成为独立的学科，始为学术界所逐渐认识"。① 1930 年代以后，"文化学"的建构工作主要在美国有所发展。一般而言，第一次世界大战以后，各种学科往往因在美国地位的上升而影响到全世界，也影响到中国。但即使在美国，"文化学"的学科概念也受到严厉的批评和质疑。莱斯利·怀特指出，文化的科学在 19 世纪因为泰勒和涂尔干的贡献而有了一个良好的开端，但发展相当滞缓，理论进步微乎其微。博厄斯否认这门学科，布朗也否认它。布朗质疑道："文化的科学是可能的吗？博厄斯说它是不可能的，我同意他的说法，人们不能有文化的科学。"② 在怀特提出"文化学"的概念后，这一新词曾被学者称为"愚蠢的名称"，"看起来和听上去都很讨厌"，表示无法接受这一概念。③ 许多西方学者认为，"文化学"与"文化人类学"本质上是一致的，只是名称不同而已，这意味着"文化学"并不需要也没有被视作一门独立的学科。

在这种情况下，中国学人受西学驱动，开始了"文化学"的建构。这一建构，不是直接输入其现成产品，在对该学科最为积极踊跃的中美两国学者身上，他们在"文化学"的建构中更多地显示出分头并进、相互影响的状态。这些实际发生的影响不同于照搬借鉴，一定程度上类似于"同源发展"。通过对这种"同源发展"的比较，可以看到在中国"文化学"建构者的某些思想，已经超前于西方学术界，甚至反过来对海外学界产生积极作用。以黄文山为例，在他的《文化学体系》出版时，他的老师、美国纽约新社会科学学院院长克伦（Horace M. Kallen）博士已注意到，19 世纪以来西方社会科学学者均主张对他们的学科的说明，自应与自然科学采用相同的方法才对，"他们主张唯一正确的逻辑是实证逻辑"，但黄文山与他们不同，他对西方学者的理论提出挑

---

① 黄文山：《文化学体系》，"自序"，第 5 页。

② L. A. White, *The Science of Culture：A Study of Man and Civilization*, pp. 90, 96.

③ Leslie A. White, " 'Culturology' in Webster's Dictionary," *Man*, nos. 30, 31 (february, 1959)：31.

战。① 黄文山对"文化学"的研究，实际上偏重于"理念逻辑"和"动力演变理论"，与20世纪上半叶西方学者偏重于田野调查和比较功能方法很不一样。到了20世纪六七十年代，西方学术界反而扬弃了比较方法，转向于观念结构原理与数理分析，这倒与黄文山早先强调的有同理之处。再如"新进化论"，黄文山在《阶级逻辑与文化民族学》中指出，文化民族学在方法学上，应当以一种综合的"新进化论"（neo-evolutionism）作为"较适当的文化学说"。② 林惠祥1936年5月在《民族学研究集刊》上曾对"新进化论"这一学说做了详细的介绍。③ 陈序经认为文化既是进步的，又是能传播的；既要肯定普遍的进化以明确文化发展的方向，又要肯定传播的功能以揭示不同文化接触的意义，从而关注由于文化接触而产生的社会和文化变迁。陈序经整合"文化进化论"和"文化传播论"，这些都与现代文化人类学中的"新进化论"相一致。大体上可以说，到了1940年代，中美学者是在同一时期，基于大体相等的学术基础，在同一学术水平上，对"文化"问题取得大致相当的思维成果。

在中西方学者相互影响方面，莱斯利·怀特和黄文山的学术交往可以作为一个典型的例子。莱斯利·怀特毕业于美国哥伦比亚大学，毕业后曾在中国的燕京大学任教，与后来成为"文化学"在中国的积极提倡者的黄文山有一定渊源。1940年代怀特有关"文化学"的论文发表后，黄文山也曾读到，并与怀特有通信，黄文山曾记述与怀特"往还无虚日，其思想与余印证者颇多，以此校彼我之短长而益自奋发"。④ 晚年时怀特曾向黄文山表示，打算写一本《文化学专论》（*Treaties of*

---

① Horace M. Kallen, "Introduction," 载黄文山《文化学体系》，第9页。

② 黄文山：《阶级逻辑与文化民族学》，《新社会科学季刊》第1卷第4期，1935年3月，第308页。

③ 林惠祥：《民族学学说的新综合——新进化论》，《民族学研究集刊》第1期，1936年5月。

④ 黄文山：《文化学及其在科学体系中的位置》，"自序"，第2页。

Culturology）的书，不过最终没有着笔。^①莱斯利·怀特在《文化科学》中，提到了黄文山关于"文化学"的撰述，并且从黄文山本人那里得知，黄正在撰写一部论"文化学"的专著。怀特慨叹汉语中的"文化学"一词具有比英语更易于为人接受的优势，因为在汉语中，"文化学"既是 culturology 的意思，又是 science of culture 的意思，不至于像在英语中，自己所提倡的 culturology 总是遭到激烈的反对。^②但怀特的《文化科学》一书，即使是作为朋友的黄文山也是 1950 年才第一次读到。^③此时黄文山《文化学体系》的撰述已经完成大半，并且出版或发表了其中最具有理论性的部分。民族学家何联奎后来评价《黄文山学术论丛》一书时说："（黄文山）创见之发表，早于美国人类学者怀德（指莱斯利·怀特——引者注）教授主张建立文化学之前十余年，而其思想之深粹，不让怀德专美于当世。"^④

事实上，民国时期的中国学人，确实也有在"文化学"的创建上与西人争胜的企图。黄文山在 1960 年代出版《文化学体系》时，宁可牺牲掉全书的统一、整洁，而不愿意对几十年来不同时期的文字做一规范整理，就出于保存史迹的考虑。其友人谢康记述："另一个要保存三十年前旧作的原因，据作者亲口告诉我是为着谁是文化学的创立者这个颇为重要的问题……西方学者不乏气量狭隘而带有种族优越感的。这种人一方面不愿承认有色人种黄面孔的中国人有本事创立一门新的人文科学，另方面也可能私心自用攘他人之功，以为己功。所以只有尽量保存原始资料的本来面目，才可以证明这门学问最初创立的历史。"^⑤

由此可以看到，"文化学"在中国现代学科体系中的地位与其他学科有所不同。自西而东的"文化学"，客观地说，只是学科概念和相关

① 《黄文山文集》，"自序"，第 6 页。
② L. A. White, *The Science of Culture: A Study of Man and Civilization*, p. 412.
③ 《黄文山文集》，"自序"，第 6 页。
④ 《何联奎文集》，第 623 页。
⑤ 谢康：《黄文山先生的"书"和"人"》，《艺文志》第 48 期，1969 年 8 月。

"前理论"的输入，就学科建构的整体而言，中国反而更有声势。在各门现代学科中，有学者指出 20 世纪三四十年代，中国人类学已与国际人类学平起平坐，[①] 这在新学科中实属不易。而比较"文化学"在西方和中国的地位及进展，中国似乎还有所超前，至少显示出齐头并进之势。正是在这个意义上，陈高傭预测过中国对于"西洋还没有建立成功的文化学"，有特别的理由加以努力。[②]

但是，"文化学"在中国，同样也受到西方学术和思潮的影响和制约。黄文山强调"唯生论"、朱谦之理论中的"生的哲学"色彩，与西方思想在 20 世纪的演变的新的倾向并未脱离。黄文山意识到："大凡历史的臆测，总离不开一个时代的观念的体系之影响。十九世纪是一个进化论与唯物论的世纪，当时的学者之一切思维，多半为这两种主要的思潮所范畴而莫能外。现在伟大的生命哲学潮流，已经在廿世纪的三四十年代，奔腾澎湃着。在德国继狄尔泰而起的哈德加、耶士柏士等生命哲学家的思想，已渐渐成为时代思潮的主流。在我们的国度里，根据'生的原则'，来解释宇宙、文化、社会的新企图，现在虽然正在开始萌芽着，但这种努力，实在可以说是继进化论唯物论而起的一枝生力军。"[③]

然而较之西学驱动更为重要的是，在西学主导已经成为民国时期中国思想与学术的基本底色的背景下，国人对中西文化问题的广泛关注，特别是对中国文化出路问题的论争，提供了对"文化学"理论的独特社会需求。这是"文化学"在中国的发展独树一帜的根本原因。首先，"文化学"作为一门独立学科得到倡导，是近代中西文化冲突引发文化观念和文化选择的反思的结果。关于中国文化出路的讨论，产生了对文

---

① 王铭铭：《西学"中国化"的历史困境》，第 30 页。
② 陈高傭：《文化运动与"文化学"的建立》，《文化建设》第 1 卷第 6 期，1935 年 3 月，第 3 页。
③ 黄文山：《历史科学与民生史观》，《更生评论》第 1 卷第 2 号，1937 年 2 月，第 8 页。

化发展基本规律的哲学层面理论思考的需求。这在"文化"概念输入中国、文化史撰著盛行、文化论争中对"文化"概念解释的重视和各种文化理论争相涌入中国的过程中已有全面的体现。第二，"文化学"学理与近代中国思想界对中西文化观的阐述关系密切，学科与思潮有着相辅相成的效应。关于文化问题的讨论对"文化学"学科的作用，最突出的表现则是在文化论战中。1920年代以来，在中国发生的多次关于文化出路的论战，其中所表达的文化主张，均与论战各方的文化理念密切相关。1935年1月因《中国本位的文化建设宣言》发表而引起的文化论战，对于有关文化的理论乃至"文化学"的呼吁起到了巨大的作用。"文化学"从学理深处影响着学人对中西文化的基本认识，是学人文化思想的学术根源，对于不同的文化主张，提供着文化理论上的依据。第三，在迥然不同的本土需求的制约下，"文化学"在近代中国呈现复杂多样、最终也未能取得一致的发展态势。文化问题的讨论是一个学术问题，然而它背后有无法摆脱的政治和社会因素的影响。这就使得"文化学"这门学科在不同的人倡导下，所希望得出的结论完全不同。无论是附和国民党意识形态的本位文化派，还是主张"全盘西化"的知识分子，他们都会以相应的"文化学"理论作为自己文化观点的支撑，从学理上论证其文化观的合理性。"文化学"在民国学人那里，实际上是由不同政治立场、文化主张的学人分头而积极进行建构的。

也正是由于同样的背景和原因，"文化学"在中国的本土需求，恰恰缺乏学术本身的原动力和内在基础，或者说缺乏以学术积累和学术问题为导引的驱动。"文化学"在中国的热闹景象，实际上难免学术之外的虚假繁荣，在所谓"本土需求"中，思想的需求显然超出了学术的需求。这导致了三个方面的后果。

一是理论上多"比附"，不能超越西人。

中国思维方式本来好比附。与斯宾格勒的文化类型学在欧洲的境遇截然相反，清季民初，围绕中西文化的"比较"在中国盛极一时。另一方面，"文化学"的内涵外延模糊，使之即使在喜欢花样翻新的新大陆美国也步履维艰，却在善用比喻的中土得其所在。西学的学科概念、学术理论和学科形式，启发和推动了中国学人"文化学"的建构，而比附的思维方式产生的与其说是学术动力，不如说是附会的方便。附会则难以真正彻底地取得理论创新和完成理论建构，西方学界遇到的困境和没有解决的问题，同样制约着"文化学"在中国的前途。即使是对西方文化学说极力推崇的研究者也不难看到，用"文化"术语解说社会现象的危机，在文化人类学基础尚未巩固的情形下，犹有不健全的感觉。① 而在概念工具层面之上的理论发展，无论是在黄文山的《文化学体系》，还是陈序经的《文化学概观》或者朱谦之的《文化哲学》《文化社会学》中，都难有真正超越西人的成就。

二是缺乏具体课题的研究和典范作品的提供。

中国"文化学"的构建者将主要精力放在学科呼吁和理论构建上，重视的是看似顺时序实则倒述式的学术史梳理和述评，是根据建构者当时建构"文化学"的需要而从西方学术发展历史中寻找和取得学术的、思想的资源。虽然有许多思想观念的争鸣，却没有多少实际的研究，因而无法落实为具体课题，更遑论学科的本土化和中国特色了。作为思想史的素材固然极其丰富，作为学科史的生成演化，却显得前期学术准备并不充分。早在1923年，学者在介绍德国的文化理论时，就已经感慨中国学术界对于"切实研究"和"实事求是"的严重欠缺。有论者指出："吾国之言文化运动者，一人创一新说，十人和之，百人盲从之。盲从者多，则反对此学说者，被人目为守旧腐败矣。更有以为仅仅翻译丛书、发刊杂志，便尽文化运动之能事，对于文化比较的研究与批判反而疏忽。此皆不免蹈不切实研究与不实事求是之弊。"② 这一状况在后来也没有根本性的改变，没有能够通过具体研究的学术典范来有效推动

---

① 毛起鵕：《文化社会学派的学说与批评》，《社会科学杂志》第 2 卷第 3 期，1930 年 5 月 1 日，第 9 页。

② 颂华：《德国之文化形体学研究会》，《史地学报》第 2 卷第 7 期，1923 年 11 月，第 4 页。

学科的成长。

从社会学在西方学科发展史上的经验看，现实社会问题的研究对于社会学的成长起到了至关重要的作用。在社会学提倡之初，也带有过于宏观和理论化的痕迹，早期社会学家也试图以一种综合的社会科学来系统表述社会历史发展的宏观规律，而到19世纪末，社会学传到美国与实用主义思潮结合，成为以自然科学计量化方法研究和解决实际社会问题为主的经验科学，从而受到政府和各方面重视，社会学方不至于流于虚玄而丧失科学的地位。人类学在其发展过程中也逐步专门化，形成一系列具体的学科规则来从事专门问题的研究，并在实际问题的解决中取得实效。中国人类学之所以能够在20世纪上半叶与西人"平起平坐"，恰好不是因为中国学人呼吁或者倡导得力，而是将更多的精力，一方面放在学科基本理论的述评，一方面放在实际的研究上，因而产生了一批不仅具有中国特性，而且具有世界水准的如《江村经济》《金翼》等学术成果。

相比之下，中国的"文化学"建构者除在一些可以划入其他学科范畴的少数具体问题上有所涉猎外，作为"文化学"基本问题的具体研究很少得到公认，更谈不上以经典作品来扩大学科影响。黄文山也进行过一些具体问题的研究，发表过《对中国古代社会史研究的方法论之检讨》《阶级逻辑与文化民族学》①等论文，这些论文也与其"文化学"体系有关联，但研究的深度和影响都十分有限。陈序经在学术上更重要的是对于疍民及东南亚问题的研究，这里虽然有与"文化学"观念相关的成分，但难以视为"文化学"的具体研究。朱谦之只是对"文化学"有一定的呼应，他的众多各学科研究，虽也体现其"文化主义"的取向，其实是与"文化学"无太大关系的。其他人士，虽有倡导，却没有实际进行自己所提倡的"文化学"研究领域。没有典范，

---

① 黄文山：《对中国古代社会史研究的方法论之检讨》，《新社会科学季刊》第 1 卷第 3 期，1934 年 11 月；《阶级逻辑与文化民族学》，《新社会科学季刊》第 1 卷第 4 期，1935 年 3 月。

是"文化学"在民国时期倡而未立的重要表现，同时也是重要原因。

三是学人之间缺乏内部的协调，学术共同体效果式微，学科影响不大。

黄文山、陈序经等倡导者对于中西文化的基本观念歧异甚大，特别是在文化冲突中，中国学者各自所据的学理及对学理的理解不同，因而始终不能大体清晰地划分"文化学"的学科边际。就在黄文山等人的相关论文发表后，胡鉴民仍指出"文化学尚无一定的定义与公认的领域"。[①] 学术共同体的建设方面虽有努力，而成绩不大。1940 年代末，"文化学"倡导者曾有携手合力建立学术共同体以加强联合和扩大影响的机遇，但最终不仅限于一隅，而且转瞬即逝。在这种情况下，妨碍到"文化学"学科的整合及影响的扩张，更谈不上明确的学术分支机构和学术研究的分工，关于"文化学"的讨论大多停留在思想史的层面，偏于抽象，看上去超前，实则空虚，以致"文化学"无法成为一门公认的科学。

综上所述，"文化学"在近代中国的倡导与构建，以学术史的问题形式而展现近代文化思想变迁的多维面相，是西学驱动和本土需求双重作用下的结果。"文化学"在中国得到提倡的思想背景，是近代以来在西学刺激下的民族自觉和文化自觉。一方面，受西学的分科治学即"科学"的影响，中国学人孜孜追求以"科学"的外部形态来建立放之四海而皆准的、能够探寻人类历史发展根本法则的新的"学科"；另一方面，被西学改变了世界观的中国人认识到，中国在世界文明中居于边缘地位，遂以文明中心为参照，将"文化研究"和"文化学"作为边缘文明的自我认知和自我定位的理论工具，因而"文化学"的倡导一开始就与近代世界和近代中国的思想史背景密不可分。与其他现代学科在中国的境遇相比，"文化学"显示了异乎寻常的"发展"，在其传布

---

① 胡鉴民：《从文化之性质讲到文化学及文化建设》，《社会科学研究》第 1 卷第 1 期，1935 年 3 月，第 12 页。

过程中就呈现与众不同的特点，其提倡和发育的程度，比起它在欧美国家，有后来居上之势。如此殊遇，亦与 1920 年代以后中国社会强烈的民族自觉和民族意识紧密联系。"文化学"所关注的文化类型差别，在后发展国家往往被解读为文明程度差异的根源。正因为建构这一学科需要民族意识、民族文化的培育和刺激，在全世界范围看，反而不是在发达国家得到发展，而是在相对边缘、需要与文明中心划分出自身文化界限和确定自身文化地位的国家更受重视。因为唯有在这样的文化里，才有必要通过"文化学"学科的建构来"准确"认识自己文化的价值。费孝通在 1997 年论述"文化自觉"的意义时指出：

> 文化自觉只是指生活在一定文化中的人对其文化有"自知之明"，明白它的来历，形成过程，所具的特色和它发展的趋向……文化自觉是一个艰巨的过程，只有在认识自己的文化、理解所接触到的多种文化的基础上，才有条件在这个正在形成中的多元文化的世界里确立自己的位置，然后经过自主的适应，和其他文化一起，取长补短，共同建立一个有共同认可的基本秩序和一套各种文化都能和平共处、各抒所长、联手发展的共处守则。①

从"文化学"在近代中国的建构历程中可以看到，知识自觉（"文化学"的学科自觉）是文化自觉（民族意识觉醒和对中国文化历史地位的自觉）的派生。因为需要认识世界其他文化、认识中国自身文化、探索中国文化的出路，作为理论工具的"文化学"在中国受到重视，吸引了众多学人的参与建构。来自西方的"文化学"的种子，落到了近代中国这样一种最有利于其生长的土壤之中，尽管先天不足，但在一定条件下还是不断成长。考察知识与制度的转型，首先需要关注的是转

---

① 费孝通：《反思·对话·文化自觉》，《费孝通文集》第 14 卷，群言出版社，1999，第 166 页。

型的具体性、历史性，而并非简单的西学单向输入或西方与中国的笼统对应。民国时期"文化学"学科建构的努力，成为近代中国知识转型一般进程中多少有些异样的特例，对于"文化学"学科建构的历史认识，或许能使我们更客观地重新审视学术转型与社会变动的关系，以及中西学术的复杂纠葛。

参考文献

中文部分

一 报刊

《一般》第 8 卷，1929 年

《人文月刊》第 7 卷，1936 年

《大公报》（天津），1935 年

《大同日报》（汉口），1935 年

《大夏》第 1 卷，1934 年

《小说月报》第 20 卷，1929 年

《广州民国日报》1934 年

《中山月刊》（重庆）第 3 卷，1940 年

《中山文化教育馆季刊》第 1、2 卷，1934、1935 年

《中日文化》（南京）第 1 卷，1941 年

《中心评论》第 10 期，1936 年

《中央日报》1935 年

《中央导报》第 23 期，1932 年

《中华文化学术专刊》第 1 卷，1946 年

《中国社会》第 1 卷，1935 年

《中国革命》第 3 卷，1934 年

《中国新书月报》第 2 卷，1932 年 1 月

《中德学志》第 3 卷，1941 年

《文化与社会》第 2 卷，1936 年

《文化与教育》第 70 期，1935 年

《文化批判》第 1、2 卷，1934 年

《文化建设》第 1、2 卷，1935～1936 年

《文化界》第 2 期，1933 年

《文协》第 2 卷，1944 年

《文摘》（上海）第 1 卷，1937 年

《正论》第 24 期，1935 年

《东方文化》第 2 期，1943 年

《东方杂志》第 20、23 卷，1923、1926 年

《北平周报》第 110 期，1935 年

《北京大学学生周刊》第 7、9、10 号，1920 年

《北京师大周刊》1924 年

《史地社会论文摘要》第 1 卷，1935 年

《史地学报》第 2 卷，1923 年

《乐群周刊》第 2、12 卷，1933 年

《民铎》第 8 卷，1927 年

《民族》第 2 卷，1934 年

《民族学研究集刊》第 1、5 期，1936、1946 年

《众志月刊》第 1 卷，1934 年

《创进月刊》第 3 卷，1936 年

《汗血周刊》第 2 卷，1934 年

《更生评论》第 1 卷，1937 年

《时事新报》1922 年

《社会学刊》第 1~4、6 卷，1929~1935、1948 年

《社会学讯》第 1~8 期，1946~1948 年

《社会研究》（北平），1936 年

《社会科学杂志》第 2 卷，1930 年

《社会科学论丛》新 1 卷，1948 年

《社会科学研究》（上海）第 1 卷，1935 年

《译书汇编》第 2 年，1902 年

《武汉日报》1935 年

《现代评论》第 3 卷，1926 年

《国立中山大学日报》1935 年

《国闻周报》第 12、13 卷，1935~1936 年

《国衡》第 1 卷，1935 年

《图书季刊》新第 9 卷，1948 年

《京报副刊》第 312 号，1925 年

《春雷月刊》第 1 期，1923 年或 1924 年

《政治季刊》第 2 卷，1938 年

《南大思潮》第 1 卷，1928 年

《研究与进步》（北平）第 1 卷，1937 年

《科学的中国》第 1 卷，1933 年

《独立评论》第 139 号，1935 年

《前途》第 3、6 卷，1935、1938 年

《真理与生命》第 2 卷，1927 年

《晨报》1935 年

《清议报》第 33、90 册，1899、1901 年

《新月》第 2、3 卷，1929、1930 年

《新北辰》第 2 卷第 1 期，1936 年

《新民》第 2 卷第 2 期，1936 年

《新民丛报》1902 年

《新社会科学季刊》第 1 卷，1934 年

《新青年》第 9 卷，1922 年

《图书季刊》（重庆）新第 5 卷第 4 期，1944 年

二　文集、资料汇编

马芳若编《中国文化建设讨论集》，龙文书店，1935

中国第二历史档案馆编《中华民国史档案资料汇编》第五辑第一编文化（一），江苏古籍出版社，1994

冯恩荣编《全盘西化言论续集》，岭南大学青年会，1935

吕学海编《全盘西化言论集》，岭南大学青年会，1934

《朱谦之文集》第 1、第 7 卷，福建教育出版社，2002

《孙中山全集》第 9 卷，中华书局，1986

杨深编《走出东方——陈序经文化论著辑要》，中国广播电视出版社，1995

《吴稚晖先生全集》，台北：中国国民党党史资料编纂委员会，1969

邱志华编《陈序经学术论著》，浙江人民出版社，1998

何联奎：《何联奎文集》，台北：中华书局，1980

余定邦、牛军凯编《陈序经文集》，中山大学出版社，2004

《陈立夫先生言论集》第 1 辑，无出版者，1935

《黄文山文集》，台北：台湾商务印书馆，1983

梁启超：《饮冰室合集》第 9 册专集 49，中华书局，1989

《斯宾塞教育论著选》，胡毅、王承旭译，人民教育出版社，1997

《费孝通文集》，群言出版社，1999

三　报刊文章、研究论文

于光：《智者永远受入尊敬：纪念朱谦之先生诞辰 100 周年》，《世

界宗教文化》1999 年第 1 期

士榜格（Eduard Spranger）：《文化形态学的问题》，王锦第译，《研究与进步》（北平）第 1 卷第 2 期，1937 年 7 月

川尻文彦：《近代中国的"文明"——明治日本的学术与梁启超》，桑兵、赵立彬编《转型中的近代中国——近代中国知识与制度转型学术研讨会论文选》（上），社会科学文献出版社，2010

王一叶：《文化变迁及其学说之检讨》，《前途》第 3 卷第 10 期，1935 年 10 月

王云五：《编纂中国文化史之研究》，胡适、蔡元培、王云五编《张菊生先生七十生日纪念论文集》，商务印书馆，1937

王汛森：《"思想资源"与"概念工具"》，《中国近代思想与学术的系谱》，河北教育出版社，2001

王孝荣：《读书提要·社会的文化基础》，《人文月刊》第 7 卷第 5 期，1936 年 6 月

王敦书：《斯宾格勒"文化形态史观"在华之最初传播》，《历史研究》2002 年第 4 期

王善继：《新兴文化的理论基础》，《文化界》（半月刊）第 2 期，1933 年 10 月 1 日

王新命、何炳松等：《我们的总答复》，《文化建设》第 1 卷第 8 期，1935 年 5 月

王新命等：《中国本位的文化建设宣言》，《文化建设》第 1 卷第 4 期，1935 年 1 月

毛起鹝：《文化社会学派的学说与批评》，《社会科学杂志》第 2 卷第 3 期，1930 年 5 月

方用：《朱谦之"唯情哲学"批判》，《华东师大学报》2003 年第 4 期

方用：《试论朱谦之〈周易哲学〉中的"情"》，《周易研究》2007 年 2 期

方用：《试论朱谦之唯情哲学的理想人格》，《兰州学刊》2007 年第 4 期

方国根：《读朱谦之〈日本的朱子学〉和〈日本的古学及阳明学〉》，《日本学刊》2001 年第 6 期

方维规：《论近现代中国"文明"、"文化"观的嬗变》，《史林》1999 年第 4 期

古道济：《罗维著文明与野蛮书评》，《民族学研究集刊》（重庆中山文化教育馆编）第 5 期，1946 年 4 月

石川祯浩：《近代中国的"文明"与"文化"》，日本京都大学人文科学研究所编《日本东方学》第 1 辑，中华书局，2007

石川祯浩：《梁启超与文明的视点》，狭间直树编《梁启超·明治日本·西方》，社会科学文献出版社，2001

叶青：《〈中国本位的文化建设宣言〉发表经过》，《政治评论》第 8 卷第 11 期，1962 年

叶青：《资本主义文化与社会主义文化讨论》，《文化建设》第 1 卷第 7 期，1935 年 4 月

叶青：《读〈中国本位的文化建设宣言〉以后》，《文化建设》第 1 卷第 5 期，1935 年 2 月

叶法无：《一十宣言与中国文化建设问题批判》，《中国社会》第 1 卷第 4 期，1935 年 4 月

叶法无：《文化与中国文化的出路》，《前途》第 2 卷第 8 期，1934 年 8 月

叶法无：《文化革命论》，《汗血周刊》第 2 卷第 5 期，1934 年 1 月 28 日

叶法无：《现阶段中国文化建设的把握》，《正论》第 24 期，1935 年 10 月

叶钟裕：《怎样建设中国本位的文化》，《文化建设》第 2 卷第 11 期，1936 年 8 月

丛养材：《中国文化建设的真意义》，《前途》第 3 卷第 10 期，1935 年 10 月

有道：《文化概念的研究》，《文化与社会》第 2 卷第 11 ~ 12 期合刊，1936 年 11 月

朱谦之：《世界观的转变——七十自述》（二），《中国哲学》第 4 辑，三联书店，1980

朱谦之：《世界观的转变——七十自述》（三），《中国哲学》第 5 辑，三联书店，1981

朱谦之：《世界观的转变——七十自述》（四），《中国哲学》第 6 辑，三联书店，1981

朱谦之：《再评无政府共产主义》，《北京大学学生周刊》第 9、10 号，1920 年 2 月 27 日、3 月 7 日

刘元钊：《"文化"之涵义》，《晨报》1935 年 6 月 19 日

刘叔琴：《从自然的社会学进向文化的社会学》，《东方杂志》第 23 卷第 19 号，1926 年 10 月

刘叔琴：《文化琐谈》，《民铎》第 8 卷第 4 号，1927 年 3 月

刘叔琴：《论文化科学》，《一般》第 8 卷第 1 期（社会科学专号），1929 年 5 月

刘学照：《"从同"和"超越"：孙中山近代化思想的特色》，张磊主编《孙中山与中国近代化》，人民出版社，1999

刘润忠：《陈序经全盘西化论的文化学基础》，《新东方》1992 年第 12 期

刘敏中：《文化学说构架无效要素价值论纲》，《学习与探索》1985 年第 3 期

米田庄太郎：《文化和文明——文化之社会学的概念》，刘蘅译，《中日文化》（南京）第 1 卷第 6 号，1941 年 11 月

许小青：《20 世纪初新史学与民族国家观念的兴起》，《社会科学研究》2006 年第 6 期

许仕廉：《论文明问题并答胡适之张东荪诸君》，《真理与生命》第2卷第16号，1927年12月

许仕廉：《科学之新分类法》，《现代评论》第3卷第66期，1926年3月

许崇清：《中国本位的文化建设宣言批判》，《文化建设》第1卷第7期，1935年4月

孙本文：《中国文化建设之初步研究》，《政治季刊》第2卷第2~3期合刊，1938年7月

孙本文：《中国文化研究刍议》，《社会学刊》第1卷第4期，1930年9月

孙本文：《沙罗金的〈现代社会学学说〉》，《社会学刊》第1卷第2期，1929年10月

孙本文：《社会学名词汉译商榷》，《社会学刊》第1卷第3期，1930年5月

孙本文：《晚近中国社会学发展的趋向》，《社会学刊》第6卷合刊，1948年1月

孙啸凤：《本位文化建设的动向》，《中国社会》第1卷第4期，1935年4月

杜兰：《文化导论》，邓公玄译，《中山月刊》（重庆）第3卷第1期，1940年3月

李长林：《20世纪三四十年代斯宾格勒"文化形态史观"在中国的传播》，《史学理论研究》2007年第2期

李长林：《斯宾格勒"文化形态史观"在中国的早期传播》，《历史研究》2004年第6期

李立中：《中国本位文化建设批判总清算》，《文化建设》第1卷第7期，1935年4月

李宗桂：《"文化学"建设与文化现代化》，《中山大学学报》2005年第6期

李绍哲：《文化联系性》，《晨报》1935 年 5 月 27 日、6 月 10 日

李绍哲：《全盘西化论检讨》，《晨报》1935 年 4 月 6 日

李绍哲：《读十教授宣言后》，马芳若编《中国文化建设讨论集》，龙文书店，1935

李剑华：《中国本位文化建设绪论》，《中央日报》1935 年 6 月 7 日

吴康：《中华文化学会在巴黎》，《中华文化学术专刊》第 1 卷第 1 期，1946 年 11 月

吴景超：《建设问题与东西文化》，《独立评论》第 139 号，1935 年 2 月

吴稚晖：《一个新信仰的宇宙观及人生观》，《吴稚晖先生全集》卷 1，台北：中国国民党党史资料编纂委员会，1969

何炳松：《论中国本位文化建设——答胡适先生》，《文化建设》第 1 卷第 8 期，1935 年 5 月

何高亿：《黄文山教授及其创建的"文化学"体系》，《中国一周》1968 年 9 月 23 日

何新：《关于文化学研究的通信》，《学习与探索》1986 年第 2 期

余蕴仁：《评〈中国文化的出路〉》，《文化建设》第 1 卷第 2 期，1934 年 11 月 10 日

言心哲：《社会调查与中国本位的文化建设》，《中央日报》1935 年 3 月 4 日

汪杨时：《文化进化论书评》，《中国新书月报》第 2 卷第 1 号，1932 年 1 月

汪荣宝：《史学概论》，《译书汇编》第 2 年第 10 期，1902 年 12 月

宋学勤：《梁启超与社会学》，《史学月刊》2007 年第 12 期

君毅：《国人对文化应改变之态度》，《中心评论》第 10 期，1936 年 4 月

张广智：《西方文化形态史观在中国的回应》，《复旦学报》2004 年第 1 期

张太原：《试析陈序经"全盘西化观"的理论基础》，陈传汉、詹尊沂、陈赞日主编《东方的觉醒——陈序经学术研讨会论文选集》，延边大学出版社，2000

张佛泉：《"民族主义"需要重新解释》，《国闻周报》第 13 卷第 1 期，1936 年 1 月 1 日

张佛泉：《西化问题之批判》，《国闻周报》第 12 卷第 12 期，1935 年 4 月 1 日

张国义：《朱谦之与西方生命史观的输入与改造》，盛邦和、井上聪主编《东亚学研究》，学林出版社，2000

张国义：《朱谦之学术年谱》，《世界宗教研究》2004 年第 3 期

张季同：《西化与创造——答沈昌晔先生》，《国闻周报》第 12 卷第 19、20 期，1935 年 5 月 20、27 日

张季同：《关于中国本位的文化建设》，《国闻周报》第 12 卷第 10 期，1935 年 3 月 18 日

张荫麟：《近代中国学术史上之梁任公先生》，《大公报》1929 年 2 月 11 日

张崧年：《文明或文化》，《东方杂志》第 23 卷第 24 号，1926 年 12 月

张儁：《试论三十年代全盘西化思想的理论基础》，《中国历史学会史学集刊》（台北）第 19 期，1987 年 7 月

陈公博：《提倡什么的文化》，《民族》第 2 卷第 8 期，1934 年 8 月 1 日

陈石泉：《中国文化建设的动向》，《大公报》（天津）1935 年 3 月 13 日

陈立夫：《中国文化建设论》，《文化建设》第 1 卷第 1 期，1934 年 10 月

陈立夫：《文化与中国文化建设》，《文化建设》第 1 卷第 8 期，1935 年 5 月

陈立夫：《科学化运动与民族复兴》，《陈立夫先生言论集》第1辑，无出版地，1935

陈序经：《从西化问题的讨论里求得一个共同信仰》，《独立评论》第149号，1935年5月

陈序经：《东西文化观》，《社会学刊》第2卷第3期，1931年4月

陈序经：《对于一般怀疑全盘西化者的一个浅说》，吕学海编《全盘西化言论集》，岭南大学青年会，1934

陈序经：《再开张的孔家店》，岭南大学学生会编《南大思潮》第1卷第3期，1928年12月

陈序经：《再谈"全盘西化"》，《独立评论》第147号，1935年4月

陈序经：《全盘西化的辩护》，《独立评论》第160号，1935年7月

陈序经：《关于中国文化之出路答张磬先生》，《广州民国日报》1934年1月29日

陈序经：《关于全盘西化答吴景超先生》，《独立评论》第142号，1934年3月

陈序经：《我怎样研究文化学——跋〈文化论丛〉》，《社会学讯》第3期，1946年8月

陈序经：《评〈中国本位的文化建设宣言〉》，冯恩荣编《全盘西化言论续集》，岭南大学青年会，1935

陈其津：《陈序经治学简述》，陈传汉、詹尊沂、陈赞日主编《陈序经学术研讨会论文选集》，延边大学出版社，2000

陈高傭：《文化运动与"文化学"的建立》，《文化建设》第1卷第6期，1935年3月

林之鹤：《做人治学皆为人师》，《文汇读书周报》2009年6月1日

林坚：《文化学研究的状况和架构》，《人文杂志》2007年第3期

林坚：《文化概念演变及文化学研究历程》，《文化学刊》2007年第4期

林晓庄：《释"文化"》，《北平周报》第 110 期，1935 年 4 月

林超民：《人类学在中国》，陈国强、林加煌主编《中国人类学的发展》，三联书店，1996

林惠祥：《民族学学说的新综合——新进化论》，《民族学研究集刊》第 1 期，1936 年 5 月

尚钺：《文化的基础》，《京报副刊》第 312 号，1925 年 1 月 29 日

罗光：《文化建设的标准》，《新北辰》第 2 卷第 1 期，1936 年 1 月

罗志田：《清季民初经学的边缘化与史学的走向中心》，《汉学研究》（台北）第 15 卷第 2 期，1997 年 12 月

罗敦伟：《中山文化与本位文化》，《文化建设》第 1 卷第 10 期，1935 年 7 月

罗敦伟：《建设本位文化的路线》，《中国社会》第 1 卷第 4 期，1935 年 4 月

周洪宇、程启灏、俞怀宁、熊建华：《关于文化学研究的几个问题》，《华中师范大学学报》1987 年第 6 期

郑先兴：《新史学思潮的文化史研究理论与梁启超的文化史研究》，《南都学坛》2007 年第 1 期

郑振铎：《梁任公先生》，《小说月报》第 20 卷第 2 号，1929 年 2 月

宗流：《文化本位与哲学基点》，《晨报》1935 年 3 月 5 日

赵立彬：《西方理论与朱谦之的文化学思想——以〈文化哲学〉为中心》，《中山大学学报》2006 年第 1 期

赵立彬：《陈序经文化学理论与全盘西化论》，《中山大学学报》2000 年第 3 期

赵立彬：《黄文山文化学与文化观述论》，《暨南学报》2004 年第 6 期

胡伊默：《论文化》，《中山文化教育馆季刊》第 2 卷第 3 期，1935 年秋季（具体日期不详）

胡适：《在上海（四十自述的第四章）》，《新月》第 3 卷第 7 期，1929 年 10 月

胡适：《试评所谓"中国本位的文化建设"》，《大公报》1935 年 3 月 31 日

胡鉴民：《从文化之性质讲到文化学及文化建设》，《社会科学研究》（上海）第 1 卷第 1 期，1935 年 3 月

茹春浦：《中国文化问题一个粗略的分析》，《前途》第 3 卷第 10 期，1935 年 10 月

柳诒徵：《中国史学之双轨》，《柳诒徵史学论文集》，上海古籍出版社，1991

钟少华：《中国型的文化创建者黄文山》，《中国文化研究》1998 年第 2 期

侯立朝：《中国型文化学的建立者——黄文山》，张益弘主编《黄文山文化学体系研究集》，台北：中华书局，1976

姜琦：《我也谈谈"中国本位文化建设"问题》，《国衡》第 1 卷第 3 期，1935 年 6 月

洪九来：《略论朱谦之的文化观》，《中州学刊》1995 年第 5 期

秦一散：《一种时空对应的文化寻绎——朱谦之文化思想探略》，《福建论坛》1990 年第 5 期

贾英：《"文化"与"文明"》，《晨报》1935 年 6 月 28 日

钱学森：《研究社会主义精神财富创造事业的学问——文化学》，《中国社会科学》1982 年第 6 期

徐梗生：《关于文化的几个基本概念》，《创进月刊》第 3 卷第 7 期，1936 年 4 月

颂华：《德国之文化形体学研究会》，《东方杂志》第 20 卷第 14 期，1923 年 7 月

高迈：《论文化之特性及其研究》，《文化建设》第 1 卷第 11 期，1935 年 8 月

高觉敷：《现代德国文化科学的心理学》，《教育杂志》第 21 卷第 11 号，1930

郭齐勇、邓晓芒：《文化学内核刍议》，《哲学研究》1988 年第 5 期

桑兵：《晚清民国的知识与制度体系转型》，《中山大学学报》2004 年第 6 期

桑兵：《梁启超的东学、西学与新学——评狭间直树〈梁启超·明治日本·西方〉》，《历史研究》2002 年第 6 期

桑兵：《解释一词即是作一部文化史》，《学术研究》2009 年第 12 期

桑兵《近代中国的新史学及其流变》，《史学月刊》2007 年第 11 期

黄文山：《历史科学与民生史观》，《更生评论》第 1 卷第 2 号，1937 年 2 月

黄文山：《中国文化建设的理论问题与文化学》，《文化学论文集》，中国文化学学会，1938

黄文山：《中国古代社会的图腾文化》，《新社会科学季刊》第 1 卷第 1 期，1934 年 2 月

黄文山：《从文化学立场所见的中国文化及其改造》，《文化学论文集》，中国文化学学会，1938

黄文山：《文化法则论究》，《社会学刊》第 4 卷第 4 期，1935 年 4 月

黄文山：《文化学上的科学的比较方法》，《中华文化学术专刊》第 1 卷第 1 期，1946 年 11 月

黄文山：《文化学方法论》，《文化学论文集》，中国文化学学会，1938

黄文山：《文化学在创建中的理论之归趋及其展望》，《社会学讯》第 8 期，1948 年 12 月

黄文山：《文化学的方法论》，《社会建设》（南京）第 2 卷第 5～6 期，1934 年 8 月

黄文山：《文化学的建立》，《社会科学论丛》新 1 卷，1948 年 2 月

黄文山：《文化学法则论》，《文化学论文集》，中国文化学学会，1938

黄文山：《文化学建筑线》，《新社会科学季刊》第 1 卷第 2 期，1934 年 8 月

黄文山：《由文化形态到文化学——克鲁伯的文化学说研讨》，《珠海学报》（香港）第 4 期，1971 年 7 月

黄文山：《史则研究发端》，《社会学刊》第 1 卷第 3 期，1930 年 5 月

黄文山：《民生史观论究》，《中山文化教育馆季刊》，第 1 卷第 1 号，1934 年 8 月

黄文山：《对中国古代社会史研究的方法论之检讨》，《新社会科学季刊》第 1 卷第 3 期，1934 年 11 月

黄文山：《无产阶级专政》（致陈独秀函），《新青年》第 9 卷第 6 号，1922 年 7 月

黄文山：《阶级逻辑与文化民族学》，《新社会科学季刊》第 1 卷第 4 期，1935 年 3 月

黄文山：《批评朱谦之君无政府共产主义的批评》，《北京大学学生周刊》第 7 号，1920 年 2 月 13 日

黄文山：《批评朱谦之君的无政府共产主义批评——答朱君的〈再评无政府共产主义〉》，《北京大学学生周刊》第 12 号，1920 年 3 月 21 日

黄文山：《现代社会学的趋势及其批判》，《黄文山文集》，台北：台湾商务印书馆，1983

黄文山：《战时统制理论问题》，《更生评论》（广州）第 1 卷第 10、11 期合刊，1937 年 9 月

黄心川：《百科全书式的学者朱谦之》，朱谦之《中国景教》之序言，人民出版社，1993

黄心川：《朱谦之与〈中国景教〉》，《世界宗教研究》1993年第1期

黄永年：《回忆我的老师吕诚之（思勉）先生》，《学林漫录》第4集，中华书局，1981

黄有东：《中国现代"文化学"双峰：黄文山与陈序经之比较》，《理论月刊》2010年第7期

黄有东：《民族本位·中庸型文化：黄文山的"文化出路"观述论》，《现代哲学》2010年第4期

黄有东：《黄文山与"五四"时期的无政府主义思潮》，《燕山大学学报》2008年第3期

黄有东：《黄文山与现代"文化学"》，《中山大学学报》2009年第5期

黄兆临：《文化之范围、内容、与性质》，《新民》第2卷第2期，1936年4月

黄兴涛：《近代中国文化学史略》，《文化史的视野》，福建教育出版社，2000

黄兴涛：《晚清民初现代"文明"和"文化"概念的形成及其历史实践》，《近代史研究》2006年第6期

黄克武：《百年以后当思我：梁启超史学思想的再反省》，杨念群等主编《新史学：多学科对话的图景》，中国人民大学出版社，2004

黄迪：《论"文化的重心"》，《社会研究》周刊（北平周报社会研究社主编）合订本第3集，1936

黄欣周：《文化与文明》，《东方文化》第2期，1943年（具体日期不详）

黄夏年：《朱谦之先生的学术成就与人格风范》：《宗教比较与对话》第2辑，社会科学文献出版社，2000

黄夏年：《朱谦之著述目录》，《世界宗教研究》1999年第2期

黄凌霜：《中国革命与文化改造》，《中央导报》第23期，1932年1月

黄敏兰：《梁启超〈新史学〉的真实意义及历史学的误解》，《近代史研究》1994年第2期

黄尊生：《记黄文山先生》，张益弘主编《黄文山文化学体系研究集》，台北：中华书局，1976

萨孟武：《文化进化论》，《东方杂志》第24卷第23号，1927年12月

龚书铎：《近代中国文化结构的变化》，《历史研究》1985年第1期

阎焕文：《中国文化论》，《新社会科学季刊》第1卷第4期，1935年3月

阎焕文：《文化学》，《新社会科学季刊》第1卷第3期，1934年11月

阎焕文：《文化学》，附录于黄文山《文化学论文集》，中国文化学学会，1938

梁启超：《三十自述》，何天柱编《饮冰室文集》第1册，广智书局，1902

梁启超：《中国史叙论》，《清议报》第90册，光绪二十七年七月二十一日

梁启超：《什么是文化》，《梁任公学术讲演集第三辑》，商务印书馆，1923

梁启超：《东籍月旦》，《新民丛报》1902年第11号

梁启超：《论中国学术思想变迁之大势》，《新民丛报》1902年第3号

梁启超：《国民十大元气论》，《清议报》第33册，光绪二十五年十一月二十一日

梁启超：《研究文化史的几个重要问题》，《梁任公学术讲演集第三辑》，商务印书馆，1923

梁启超：《新史学》，《史学之界说》，《新民丛报》1902 年第 3 号

葛绥成：《文化科学的人生地理学》，《大夏》第 1 卷第 2 号，1934 年 5 月

董德福：《朱谦之生命哲学初探》，《天津社会科学》1996 年第 1 期

董德福：《朱谦之哲学思想梳要》，《镇江师专学报》2001 年第 3 期

董德福《柏格森生命哲学与中国现代思想界》，《天津社会科学》1996 年第 1 期

蒋天枢：《陈寅恪先生传》，《陈寅恪先生编年事略》，上海古籍出版社，1997

蒋志华：《广东文化学研究一瞥》，《广东社会科学》1997 年第 3 期

森纪子：《二十年代中国的"国粹主义"和欧化思潮》，中国现代文化学会编《东西方文化交流的道路与选择》，四川人民出版社，1993

释太虚：《怎样建设现代中国的文化》，《文化建设》第 1 卷第 9 期，1935 年 6 月

曾建屏：《怎样建设中国本位的文化》，《文化建设》第 2 卷第 11 期，1936 年 8 月

曾德雄：《朱谦之的仁论与儒学的承续》，《广东社会科学》1996 年第 2 期

曾德雄：《鉴往以知来——略论朱谦之的历史哲学》，《开放时代》1995 年第 5 期

谢康：《黄文山先生的"书"和"人"》，《艺文志》第 48 期，1969 年 9 月

樊仲云：《由文化发达史论中国文化建设》，《文化建设》第 1 卷第

6 期，1935 年 3 月

　　黎锦熙：《"全盘西化"就是"中国本位文化"》，《文化与教育》第 70 期，1935 年 10 月

　　滕固：《何谓文化科学》，《时事新报》副刊《学灯》，1922 年 11 月 3 日

　　戴秉衡：《文化学与人格之研究》，复旦大学主办：《文摘》第 1 卷第 1 期，1937 年 1 月

　　戴康生：《朱谦之传略》，中国社会科学院哲学研究所编《中国哲学年鉴》（1985 年），中国大百科全书出版社上海分社，1985

四　专著、论文集

　　F. Muller-Lyer：《社会进化史》，陶孟和、沈怡、梁纶才译，商务印书馆，1924

　　S. 南达：《文化人类学》，刘燕鸣等译，陕西人民教育出版社，1987

　　王尔敏：《中国近代思想史论》，台北：华世出版社，1982

　　王养冲：《西方近代社会学思想的演进》，华东师范大学出版社，1996

　　王铭铭：《西学"中国化"的历史困境》，广西师范大学出版社，2005

　　王康：《社会学史》，人民出版社，1992

　　中国现代文化学会编《东西方文化交流的道路与选择》，四川人民出版社，1993

　　本杰明·艾尔曼：《中国近代科学的文化史》，王红霞等译，上海古籍出版社，2009

　　左玉河：《中国近代学术体制之创建》，四川人民出版社，2008

　　左玉河：《从四部之学到七科之学——学术分科与近代中国知识系统之创建》，上海书店出版社，2004

叶法无：《文化评价 ABC》，世界书局，1928

叶法无：《文化与文明》，黎明书局，1930

叶法无：《近代各国社会学思想史》，大陆书局，1933

田彤：《转型期文化学的批判：以陈序经为个案的历史释读》，中华书局，2006

司马云杰：《文化社会学》，山东人民出版社，1990

弗朗索瓦·布里科、默里·韦克斯等：《社会学的由来与发展》，王祖望、魏章玲等译，商务印书馆，1987

弗雷德·英格利斯（Fred Inglis）：《文化》，韩启群、张鲁宁、樊淑英译，南京大学出版社，2008

西村真次：《文化移动论》，李宝瑄译，商务印书馆，1936

吕芳上：　《革命之再起：中国国民党改组前对新思潮之回应（1914~1924）》，台北：中研院近代史研究所，1985

吕思勉：《吕著中国通史》，开明书店，1947

朱谦之：《文化社会学》，中国社会学社广东分社，1948

朱谦之：《文化哲学》，商务印书馆，1935

朱谦之：《现代思潮批评》，新中国杂志社，1920

朱谦之：《中国景教》，人民出版社，1998

华侨协会总会编：《华侨名人传》，台北：黎明文化事业股份有限公司，1984

华勒斯坦等：《开放社会科学：重建社会科学报告书》，译者不详，三联书店，1997

庄锡昌、孙志民：《文化人类学的理论框架》，浙江人民出版社，1988

庄锡昌、顾晓鸣、顾云深：《多维视野中的文化理论》，浙江人民出版社，1987

刘云德：《文化论纲——一个社会学的视野》，中国展望出版社，1988

刘龙心：《学术与制度：学科体制与现代中国史学的建立》，台北：远流出版事业股份有限公司，2002

刘伟：《文化：一个斯芬克斯之谜的求解》，人民出版社，1988

刘进田：《文化哲学导论》，法律出版社，1999

刘敏中：《文化学学·文化学及文化观念》，黑龙江人民出版社，2000

刘集林：《陈序经文化思想研究》，天津人民出版社，2003

关荣吉：《文化社会学》，张资平、杨逸堂译，乐群书店，1930

米田庄太郎：《现代文化概论》，王璧如译，北新书局，1928

许冠三：《新史学九十年》，岳麓书社，2003

孙本文：《文化与社会》，东南书店，1928

孙本文：《社会学原理》，商务印书馆，1935

孙本文：《近代社会学发展史》，商务印书馆，1937

孙本文：《社会的文化基础》，世界书局，1929

孙本文：《社会学上之文化观》，朴社，1927

孙宏云：《中国现代政治学的展开：清华政治学系的早期发展（1926～1937）》，三联书店，2005

孙凯飞：《文化学——现代国富论》，经济管理出版社，1997

克拉克·威斯勒：《人与文化》，钱岗南、傅志强译，商务印书馆，2004

李守常：《史学要论》，商务印书馆，2000

李约瑟：《中国之科学与文明·导论卷》，黄文山译，台北：台湾商务印书馆，1971

李孝迁：《西方史学在中国的传播》，华东师范大学出版社，2007

李春泰：《文化方法论导论》，武汉出版社，1996

李荣善：《文化学引论》，西北大学出版社，1996

李振霞、傅云龙编《中国现代哲学人物评传》，中央党校出版社，1991

杨念群等主编《新史学：多学科对话的图景》，中国人民大学出版社，2004

杨宙康：《文化起源说》，商务印书馆，1930

杨雅彬：《中国社会学史》，山东人民出版社，1987

杨雅彬：《近代中国社会学》，中国社会科学出版社，2001

吴克礼主编《文化学教程》，上海外语教育出版社，2002

邹振环：《晚清西方地理学在中国：以1815至1911年西方地理学译著的传播与影响为中心》，上海古籍出版社，2001

冷定菴编《文化的研究》，友联出版有限公司，1970

张书学：《中国现代史学思潮研究》，湖南教育出版社，1998

张国义：《一个虚无主义者的再生——五四奇人朱谦之评传》，中国文联出版社，2008

张君劢：《明日之中国文化》，商务印书馆，1936

张益弘主编《黄文山文化学体系研究集》，台北：中华书局，1976

张磊主编《孙中山与中国近代化》，人民出版社，1999

陈山：《痛苦的智慧：文化学说发展的轨迹》，辽宁人民出版社，1999

陈以爱：《中国现代学术研究机构的兴起：以北大研究所国学门为中心的探讨》，台北：政治大学历史学系，1999

陈立夫：《唯生论》，正中书局，1934

陈传汉、詹尊沂、陈赞日主编《东方的觉醒——陈序经学术研讨会论文选集》，延边大学出版社，2000

陈华文：《文化学概论》，上海文艺出版社，2001

陈华文：《文化学概论新编》，首都经济贸易大学出版社，2009

陈序经：《中国文化的出路》，商务印书馆，1934

陈序经：《文化学概观》，商务印书馆，1947

陈序经：《东西文化观》，岭南大学，1937

陈其津：《我的父亲陈序经》，广东人民出版社，2000

陈国强、林加煌主编《中国人类学的发展》，上海三联书店，1996

林惠祥：《文化人类学》，商务印书馆，1934

林精华：《民族主义的意义与悖论——20～21世纪之交俄罗斯文化转型问题研究》，人民出版社，2002

罗志田：《国家与学术：清季民初关于"国学"的思想论争》，三联书店，2003

罗伯特·F.莫菲：《文化和社会人类学》，吴玫译，中国文联出版公司，1988

罗伯特·F.墨菲：《文化与社会人类学引论》，王卓君译，商务印书馆，2009

金毓黻：《中国史学史》，商务印书馆，1999

郑金德编著《人类学理论发展史》，台北：台湾商务印书馆，1987

赵立彬：《民族立场与现代追求——20世纪20～40年代全盘西化思潮》，三联书店，2005

胡适、蔡元培、王云五编《张菊生先生七十生日纪念论文集》，商务印书馆，1937

胡潇：《文化现象学》，湖南出版社，1991

柳诒徵：《中国文化史》，上海古籍出版社，2001

威尔海姆·奥斯瓦尔德（Wilhelm Ostwald）：《文化学之能学的基础》，马绍伯译，三友书店，1943

威廉·狄尔泰：《精神科学引论》第1卷，童奇志、王海鸥译，中国城市出版社，2002

哈尔：《社会法则》，黄文山译，商务印书馆，1935

俞旦初：《爱国主义与中国近代史学》，中国社会科学出版社，1996

狭间直树编《梁启超·明治日本·西方》，社会科学文献出版社，2001

费尔南·布罗代尔：《文明史纲》，肖昶等译，广西师范大学出版社，2003

费约翰：《唤醒中国：国民革命中的政治、文化与阶级》，李恭忠等译，三联书店，2004

姚纯安：《社会学在近代中国的进程（1895～1919）》，三联书店，2006

莱斯利·怀特：《文化科学》，曹锦清等译，浙江人民出版社，1988

索罗金：《当代社会学学说》，黄凌霜译，社会问题研究社，1930

哥登威塞：《社会科学史纲第五册·文化人类学》，陆德音译，商务印书馆，1940

夏建中：《文化人类学理论学派》，中国人民大学出版社，1997

顾晓鸣：《有形与无形：文化寻踪》，上海人民出版社，1989

顾晓鸣：《追求通观：在社会学文艺学文化学的交接点上》，广西人民出版社，1989

钱穆：《中国历史研究法》，三联书店，2001

钱穆：《文化学大义》，《钱宾四先生全集》第37卷，台北：联经出版事业有限公司，1998

爱尔乌德（Charles A. Ellwood）：《文化进化论》，钟兆麟译，世界书局，1930

郭双林：《西潮激荡下的晚清地理学》，北京大学出版社，2000

郭齐勇：《文化学概论》，湖北人民出版社，1990

诺贝特·埃利亚斯：《文明的进程：文明的社会起源和心理起源的研究》，王佩莉译，三联书店，1998

桑兵：《晚清民国的国学研究》，上海古籍出版社，2001

黄文山：《文化学及其在科学体系中的位置》，岭南大学西南社会经济研究所，1949

黄文山：《文化学论文集》，中国文化学学会，1938

黄文山：《文化学体系》，台北：中华书局，1968

黄文山：《西洋知识发展史纲要》，华通书局，1932

黄文山：《当代文化论丛》，珠海书院出版委员会，1971

黄文山：《社会进化》，世界书局，1929

黄文山：《黄文山学术论丛》，中华书局，1959

黄文山：《唯生论的历史观》，正中书局，1935

黄兴涛：《文化史的视野》，福建教育出版社，2000

黄兴涛主编《中国文化通史·民国卷》，中共中央党校出版社，2000

黄淑娉、龚佩华：《文化人类学理论方法研究》，广东高等教育出版社，1996

梁启超：《中国历史研究法》，商务印书馆，1933

梁启超：《清代学术概论》，商务印书馆，1921

梁漱溟：《东西文化及其哲学》，商务印书馆，1922

斯勃朗格（Eduard Spranger）：《文化形态学研究》，王文俊译，独立出版社，出版时间约为1942

葛志毅：《谭史斋论稿》，黑龙江人民出版社，2001

蒋天枢：《陈寅恪先生编年事略》，上海古籍出版社，1997

韩明汉：《中国社会学史》，天津人民出版社，1987

韩明青：《文化论》，广西人民出版社，1989

鲁滨逊：《新史学》，何炳松译，商务印书馆，1924

童恩正：《文化人类学》，上海人民出版社，1989

谢康：《中西文明及文化论丛》，台北：台湾商务印书馆，1966

雷蒙·威廉斯：《关键词：文化与社会的词汇》，刘建基译，三联书店，2005

路威：《文明与野蛮》，吕叔湘译，生活书店，1935

路威：《初民文化》，吕叔湘译，商务印书馆，1935

鲍绍霖等：《西方史学的东方回响》，社会科学文献出版社，2001

福泽谕吉：《文明论概略》，北京编译社译，商务印书馆，1995

摩尔根：《古代社会》，杨东莼、马雍、马巨译，中央编译出版社，2007

戴季陶：《孙文主义之哲学基础》，台北：帕米尔书店，1952

戴裔煊：《西方民族学史》，社会科学文献出版社，2001

五　学位论文

张世保:《三十年代"全盘西化"思潮研究》,湖北大学硕士学位论文,1999

张国义:《朱谦之学术研究》,华东师范大学博士学位论文,2004

郑先兴:《文化史研究的理论和实践》,华东师范大学博士学位论文,2004

黄有东:《黄文山文化思想研究》,中山大学博士学位论文,2007

六　工具书、年鉴

《中国大百科全书·语言文字卷》,中国大百科全书出版社,1988

吴康、罗镇欧编《中华文化学会概览》,中华文化学会,1946

覃光广、冯利、陈朴:《文化学辞典》,中央民族学院出版社,1988

中国社会科学院哲学研究所编《中国哲学年鉴》(1985 年),中国大百科全书出版社上海分社,1985

英文部分

一　期刊

American Anthropologist,vol. 34,1934

Monumenta Serica,vol. 1,1935

The American Journal of Sociology,vol. 42,1936

二　论文

George Peter Murdock;"the Science of Culture",*American Anthropologist*,vol. 34,no. 2,1934

Leslie A. White, "Culturology' in Webster's Dictionary", *Man*, nos. 30, 31, February, 1959

Robert H. Lowie, "Cultural Anthropology: A Science", *The American Journal of Sociology*, vol. 42, no. 3, Nov. 1936

Wang Gunwu, "The Chinese Urge to Civilize: Reflections on Change", *Journal of Asian History*, vol. 18, 1984

Wilhelm Schimdt, "The Oldest Culture-circles in Asia", *Monumenta Serica*, vol. I, fasc. 1. 1935

三 著作

Cheng Che-yu, *Oriental and occidental cultures contrasted : an introduction to "culturology"*, Berkeley, Calif., The Gillick press, 1943

E. B. Tylor, *Primitive Culture*, vol. I, London, Lowe & Brydone (Printers) LTD. 1871

L. A. White, *The Science of Culture: A Study of Man and Civilization*, New York : Farrar Straus, 1949

Su ching Chen（陈序经）, *Recent Theories of Sovereignty*, Canton, China, Lingnan University Bookstore, 1929

日文部分

米田庄太郎:《现代文化概论》, 京都: 弘文堂, 1924

柳父章:《文化》, 东京: 三省堂, 1995

桥川时雄编《中华文化界人物总鉴》, 中华法令编印社, 1940

铃木修次:《文明的词语》, 日本文化评论出版株式会社, 1981

人名索引

图书在版编目（CIP）数据

西学驱动与本土需求：民国时期"文化学"学科建构
研究/赵立彬著. —北京：社会科学文献出版社，2014.9
（近代中国的知识与制度转型丛书）
ISBN 978 - 7 - 5097 - 6217 - 2

Ⅰ.①西… Ⅱ.①赵… Ⅲ.①文化学 - 研究 - 中国 -
民国 Ⅳ.①G05

中国版本图书馆 CIP 数据核字（2014）第 141786 号

·近代中国的知识与制度转型丛书·

西学驱动与本土需求：民国时期"文化学"学科建构研究

著　　者／赵立彬

出 版 人／谢寿光
出 版 者／社会科学文献出版社
地　　址／北京市西城区北三环中路甲 29 号院 3 号楼华龙大厦
邮政编码／100029

责任部门／近代史编辑室　（010）59367256　　　责任编辑／宋荣欣
电子信箱／jxd@ssap.cn　　　　　　　　　　　责任校对／张俊杰
项目统筹／宋荣欣　　　　　　　　　　　　　　责任印制／岳　阳
经　　销／社会科学文献出版社市场营销中心　（010）59367081　59367089
读者服务／读者服务中心（010）59367028

印　　装／三河市东方印刷有限公司
开　　本／787mm×1092mm　1/16　　　　　　印　　张／20.25
版　　次／2014 年 9 月第 1 版　　　　　　　　字　　数／283 千字
印　　次／2014 年 9 月第 1 次印刷
书　　号／ISBN 978 - 7 - 5097 - 6217 - 2
定　　价／69.00 元